Das Scheitern der Oberfläche

Michael Turnheim

Das Scheitern der Oberfläche

Autismus, Psychose und Biopolitik

diaphanes

1. Auflage; ISBN 3-935300-71-9
© diaphanes, Zürich-Berlin 2005
www.diaphanes.net
Alle Rechte vorbehalten

Umschlagzeichnung: Nikolai Franke
Layout: iograu, www.iograu.de
Druckvorstufe: 2edit / Zürich / www.2edit.ch
Druck: Stückle, Ettenheim

Inhalt

    Vorwort   7

I. *Autismus*

    Autistische Geistesblindheit. Kognitivismus,
    Phänomenologie und Psychoanalyse   13
    Die Hand des Autisten   41
    Autismus und Schrift   63
    Überschreibung. Jenseits des Papierprinzips   75

II. *Psychose*

    Denkzwang   99
    Schrebers Herz   113
    Wahnsinn und Werkabwesenheit   133

III. *Biopolitik*

    Verrücktheit, Biopolitik und Dekonstruktion   145
    Freuds später Pazifismus   161
    Deportation und neue Gemeinschaft   179
    Überlegungen zu Otto Gross' Spätwerk   195

    Drucknachweise   207

Vorwort

Obwohl wir die Worte, die unseren Geist bevölkern, nicht selbst erfinden, haben wir den Eindruck, dass sie unsere eigenen sind. Wir sind wie ein geduldiges Blatt Papier, das sich nicht darüber beklagt, mit Buchstaben vollgeschrieben zu werden. Im besten Fall findet alles an der Oberfläche statt. Nur vergisst man leicht, dass eine solche Oberfläche erst hergestellt werden muss und immer fragil bleibt.
Was man als Wahnsinn bezeichnet, beruht auf dem Scheitern der Oberfläche.[1] Die Art, wie Autisten mit Papier umgehen, zeigt, dass diese These buchstäblich zu nehmen ist: Ein autistisches Kind durchlöchert das Papier, auf das es geschrieben hat, und lässt dadurch die vergessene Gewalt von Schrift sichtbar werden. Ein anderes schreibt auf einem schon mit Zeichen erfüllten Blatt weiter, als ob Papier unendlich aufnahmefähig wäre: Missbrauch der Oberfläche, die zu Unentzifferbarkeit führt. In der Psychose finden die eigenen Sprachproduktionen keinen Platz mehr und werden zu Parasiten, die den Kopf bewohnen. Das alles erinnert uns daran, dass der normale Umgang mit Zeichen und Plätzen strengen Regeln folgt. Sobald die Regeln sich ändern oder auflösen, bewirken die körperlichen Ursachen nicht mehr diskrete Zeichen an der Oberfläche, sondern manifestieren sich als Eindringlinge, die den Sinn zerstören. Was als Eigenes in Erscheinung hätte treten können, wird zum Fremdkörper. Nichts Eindrucksvolleres als ein autistisches Kind, das sich die Ohren zuhält, um sich gegen Sprachwirkungen zu schützen.
Es wird also im Folgenden darum gehen, die Selbstverständlichkeit des Normalen ins Schwanken geraten zu lassen. Dass eine solche Sichtweise des Verhältnisses zwischen Normalem und Pathologischem von Anfang an das psychoanalytische Denken bestimmt hat, lässt sich aus einer Kontroverse ablesen, die vor etwa einem

---

[1] Vgl. Deleuze, *La logique du sens*, Paris, 1969, S. 107

Jahrhundert zwischen Freud und Jung ausgetragen worden ist. In einem Brief an Jung vom 2. Mai 1907 bemüht sich Freud, einen wichtigen Punkt seiner Konzeption der Psychose zu klären. Freud glaubt, dass der von ihm zur Erklärung der Psychose gebrauchte Ausdruck »Zurückziehung der Libido vom Objekt« von Jung falsch verstanden worden ist. Jung hatte tatsächlich in seinem vorhergehenden Brief geschrieben: »Wenn Sie sagen, dass die Libido sich vom Objekt zurückzieht, so wollen Sie, wie ich denke, damit sagen, dass sie sich vom *realen* Objekt abzieht [...] und sich einem Phantasieabklatsch des Realen zuwendet, mit dem sie dann ihr klassisches autoerotisches Spiel beginnt.«[2] Damit ist Freud nicht einverstanden: »Ich meine *nicht*, dass sich die Libido vom realen Objekt zurückzieht, um sich auf die ersetzende Phantasievorstellung zu werfen, mit der sie dann ihr autoerotisches Spiel treibt. Dem Wortsinne nach ist sie ja nicht autoerotisch, solange sie ein Objekt hat, sei es ein reales oder phantasiertes. Sondern ich glaube, die Libido verlässt die Objektvorstellung, welche eben darum der Besetzung entblößt, die sie als innere gekennzeichnet hat [...]«. Mangels solcher Kennzeichnung wird dasjenige, was von innen kommt, in der Psychose wie eine äußere Wahrnehmung, d.h. wie etwas Fremdes behandelt werden.[3]

Selbst wenn solche Überlegungen noch Spuren der »mechanistischen« Anfänge der Psychoanalyse aufweisen, ist es bemerkenswert, dass Freud versucht, den Unterschied zwischen Normalität und Verrücktheit auf der Ebene der Repräsentation und des Phantasmas (mit Husserl könnte man sagen: auf »solipsistischer« Ebene) zu erklären. Während Jung in recht konventioneller Weise die Normalität durch deren angeblich solide Verwurzelung in einer unmittelbar zugänglichen *äußeren* Realität zu charakterisieren versucht, hält sich Freud an einen Unterschied innerhalb dessen, was seiner Meinung nach auf jeden Fall bereits etwas *innen* Situiertes, nämlich die Vorstellung betrifft. Für Freud hängt Normalität von einer bestimmten subjektiven Einstellung in Bezug auf eine Vorstellung ab, die – kann man hinzufügen – als prinzipiell wiederholbares Element bereits Abstand von demjenigen, was Unmittelbarkeit wäre, impliziert. Weil sie bereits auf Idealisierung beruht, kann die Vorstellung nicht einfach mir gehören. Worauf es Freud dann im weiteren ankommt, ist die Aufklärung der Umstände, unter welchen das nicht verrückte Subjekt dennoch den *Eindruck* haben kann, dass die »Objektvorstellung« – die es sowohl in der Neurose als auch in der Psychose gibt – ihm selbst »gehört« und ihm nicht vom anderen aufgezwungen worden ist. Für Freud muss die Phantasievorstellung *besetzt* und somit »als innere gekennzeichnet« sein, um den Eindruck des Eigenen zu erzeugen. Solche Besetzung fehlt bei der Psychose, was zur Folge hat,

---

2 Freud/ Jung, *Briefwechsel*, Frankfurt am Main, 1974, S. 48 f.
3 Ebd. S. 50 f.

dass die Vorstellung als Fremdes (wie eine von außen kommende Wahrnehmung) behandelt wird.
Man kann also sagen, dass für Freud die Vorstellung zunächst niemals »Eigentum« des Subjekts sein kann, woraus dann folgt, dass der Unterschied zwischen Normalität und Verrücktheit davon abhängt, ob die immer schon vom anderen kommende Vorstellung im weiteren (mehr oder weniger) *wiederangeeignet* wird oder nicht. Die Fremdheits-Phänomene der Psychose beruhen gemäss einer solchen Auffassung auf einem Scheitern der sekundären *Wiederaneignung* dessen, was auf jeden Fall niemals gegenwärtig, sondern immer schon auf der Ebene von *Re-Präsentation* angesiedelt war. Selbst wo sie nicht explizit auf Freud eingehen, knüpfen die folgenden Texte an dasjenige an, was dort über die stets offenstehende Möglichkeit des Fremdwerdens des Eigenen zu lesen ist: Weil der Eindruck des Eigenen ein *Produkt* darstellt, kann bei Veränderungen von dessen Herstellungsbedingungen an Stelle des Eigenen Fremdes in Erscheinung treten.

*

Teil I des Buches beschäftigt sich mit dem Autismus. Ausgangspunkt ist die sogenannte »autistische Geistesblindheit« (*mindblindness*), d.h. die Unfähigkeit, Hypothesen über die Gedanken anderer aufzustellen. Der kognitivistischen Sichtweise wird der psychoanalytische Standpunkt gegenübergestellt und gezeigt, inwiefern letzterer – implizit zumindest – von Anfang an dem Wirken des Fremden im Eigenen Rechnung zu tragen versucht hat. Es werden im weiteren spezifische Veränderungen der Sprache und des Gebrauchs der Hand im Autismus untersucht, in denen nicht ausgelöschte Heterogenität manifest wird: mechanisches, emotionsloses Sprechen; Nicht-Gebrauch der eigenen, fremd gewordenen Hand. Die Analyse der Zeichnungen zweier Autisten erlaubt es, dem Zusammenhang zwischen Sprache, Gewalt und eigenartigen Formen der Oberflächenbehandlung nachzugehen.
Das im Autismus beobachtbare *massive* Fremdwerden des Eigenen bleibt in der Psychose vergleichsweise *lokalisiert*. In Teil II wird anhand einer Lektüre von Daniel Paul Schrebers *Denkwürdigkeiten eines Nervenkranken* gezeigt, wie es in der Psychose dazu kommen kann, dass *bestimmte* Gedanken (jene, welche Schreber selbst einem »Denkzwang« zuordnet) oder Körperteile nicht mehr als die eigenen empfunden werden. An Foucaults Ausdruck »radikale Spracherfahrung« anknüpfend, wird im weiteren das alte Thema des Verhältnisses von Wahnsinn und Kunst aufgegriffen: Das Fremdwerden des Eigenen (Karl Kraus: »Je näher man ein Wort ansieht, desto ferner sieht es zurück.«[4]) als Konstante modernen Spracherlebens

---

4 Karl Kraus, »Pro domo et mundo«, *Die Fackel*, 326-328, 1911, S. 44

erlaubt die Herstellung einer jenseits gängiger Klischees existierenden Brücke zwischen den beiden Bereichen.

In Teil III werden politische Aspekte der zunächst klinisch präsentierten Phänomene aufgezeigt. Dabei bilden zwei wesentliche Züge des Autismus den Ausgangspunkt: einerseits Hervortreten des Schriftlichen (und somit, im Sinn Heideggers, Technischen) von Sprache – viele autistische Kinder schreiben bevor sie zu sprechen beginnen; andererseits Fehlen des für Melanie Klein die normale Entwicklung auszeichnenden Umwegs über die Ausbildung eines Feindbilds. Der Autismus kann derart gegenüber traditioneller, durch die Identifizierbarkeit eines Feindes konstituierter Politik (vgl. Carl Schmitt: Feindschaft als Wesen des Politischen) als Folge individueller Entpolitisierung angesehen werden. Insofern Hervortreten des Technischen und zunehmende Entpolitisierung zwei die Moderne bestimmende Phänomene darstellen, erscheint der Autismus als spezifisch zeitgenössisches, d.h. »biopolitisches« Zustandsbild. Die letzten Beiträge des Buches kommentieren psychoanalytische und psychiatrische Texte, die sich mit Krieg, Tod und Degeneration beschäftigen und somit biopolitische Fragen aufwerfen: die gegenüber seinen früheren Stellungnahmen zum Krieg letztlich pazifistische Einstellung des späten Freud; und im weiteren die Vorwegnahme biopolitischer Ideen bei Krafft-Ebing, Hans Gross und dessen Sohn Otto Gross.

Autismus

Autistische Geistesblindheit
Kognitivismus, Phänomenologie und Psychoanalyse

Nous avons perdu l'ami, dit-on dans ce siècle.
– Non, l'ennemi, dit une autre voix dans ce même siècle finissant.[1]

Kognitivistische Theorie des Autismus

Kognitivistische Psychologen haben eine Theorie erarbeitet, nach welcher der Autismus auf einer als *mindblindness* bezeichneten Schwierigkeit oder sogar Unfähigkeit beruhen soll, zu zutreffenden Aussagen über die Gedanken anderer zu gelangen. Ausgangspunkt dieser Forschungen ist die Idee, dass gewisse spezifische Fähigkeiten notwendig sind, um mit Sinnesdaten, die das Wirken eines *Agens* implizieren, richtig umzugehen. Jeglicher Vorgang, der – wie es speziell bei Lebewesen der Fall ist – einer selbsterzeugten Bewegung entspricht, führt uns dazu, das Wirken eines Agens anzunehmen.[2] Im Gegensatz zu der mechanisch erzeugten Bewegung eines materiellen Dings ist hier der Ursprung der Veränderung niemals *direkt* zugänglich, was es nötig mache, diesbezügliche Schlüsse (*inferences*) zu

---

[1] Jacques Derrida, *Politiques de l'amitié*, Paris, 1994, S. 101

[2] Vgl. Simon Baron-Cohen, *Mindblindness*, Cambridge, 2001, S. 33. – Für Husserl ist der »Leib« im Gegensatz zu Dingen »*unmittelbar spontan beweglich*« (Husserl, *Ideen zu einer reinen Phänomenologie und Phänomenologischen Philosophie*, Bd. II (im weiteren zitiert als: »*Ideen II*«), Dordrecht etc., 1991, S. 151 f.). – Kant: »*Leben* heißt das Vermögen einer *Substanz*, sich aus einem *inneren Prinzip* zum Handeln [...] zu bestimmen.« Die leblose Materie dagegen »hat keine schlechthin innere Bestimmungen und Bestimmungsgründe.« (*Metaphysischen Anfangsgründe der Naturwissenschaften*, in *Werke*, Bd. 8, Darmstadt, 1981, S. 109 f.)

ziehen.³ Für das Studium des Autismus würde sich das insofern als interessant erweisen, als bereits Leo Kanner in seinen ersten Beschreibungen dieses Zustandsbildes festgestellt hat, dass Autisten handeln »als ob sie Leute nicht von Dingen unterscheiden würden«. Eines der von Kanner beobachteten Kinder geht z.B. ohne abzuweichen am Strand über Zeitungen, Hände, Füße etc., bis es zu seinem Ziel gelangt.⁴
Dass eine solche Schwierigkeit, richtige Schlüsse bezüglich der Gedanken anderer zu ziehen, besteht, wird unter anderem durch die Ergebnisse eines Tests nahegelegt, bei dem Autisten deutlich schlechter abschneiden als gleichaltrige normale oder an nicht autistischen Störungen leidende Individuen.⁵ Dieser Test besteht darin, einem Kind zu zeigen, wie ein Mädchen namens Sally ihre Murmel an einen bestimmten Platz gibt und wie dann später, in Sallys Abwesenheit, ein anderes Mädchen Anne die Murmel anderswohin gibt. Die dem getesteten Kind gestellte Frage lautet nun, wo Sally, sobald sie wieder zurückkommt, ihre Murmel suchen wird.
Autisten antworten meistens, dass Sally die Murmel dort suchen wird, wo sie von Anne zuletzt hingegeben worden ist. Sie verstehen im Gegensatz zu anderen Kindern fast nie, dass Sally die Murmel dort suchen wird, wo sie selbst sie ursprünglich gelassen hat. Der Irrtum der Autisten wird als Hinweis dafür angesehen, dass sie den »epistemologischen Zustand des Glaubens *(belief)*« schlecht verstehen.⁶ Es würde eine Schwierigkeit bestehen, sich in den Geisteszustand des anderen zu versetzen und somit im speziellen Fall einzusehen, dass Sally die Murmel dort suchen wird, wo *sie glaubt*, dass sie sich noch befindet. Die Antwort der Autisten wird von ihrem eigenen Wissen darüber bestimmt, wo sich das Objekt *tatsächlich* befindet und nicht von der Einsicht, dass der andere in der beschriebenen Situation *nicht wissen kann*, wo das Objekt ist. Der *Glaube des anderen* wird nicht berücksichtigt, woraus man dann schließt, dass autistische Kinder nicht über eine ausreichende *theory of mind* verfügen.
An der Testsituation fällt auf, dass die Testperson selbst über hinreichende Informationen verfügt, um zu *Gewissheit* über die tatsächlich zutreffende Antwort zu

---

3 Uta Frith, *Autism. Explaining the Enigma*, Malden (Massachusetts), 1999, S. 156
4 Vgl. Simon Baron-Cohen, *Mindblindness*, a.a.O., S. 61.– Baron-Cohen meint, dass das monotone Sprechen der Autisten dadurch erklärt werden könnte, dass sie nicht über eine »Vorstellung des anderen als einem interessierten Hörer verfügen« (a.a.O., S. 69). Insofern solches ausdrucksloses Sprechen auch bei den sogenannten »intelligenten« Autisten festzustellen ist, sei hier angemerkt, dass die folgenden allgemeinen Überlegungen über den Umgang mit Fremdem im Autismus sowohl das Kanner-Syndrom als auch das Asperger-Syndrom betreffen.
5 Ebd., S. 70 f. – Der Test geht zurück auf: H. Wimmer und J. Perner, »Beliefs about beliefs: representation and constraining function of wrong beliefs in young children's understanding of deception«, *Cognition*, 13 (1983) S. 103-28.
6 Baron-Cohen, *Mindblindness*, a.a.O., S. 69

Abb. 1:
Der *Sally-Anne*-Test

gelangen. Selbst wenn Autisten häufig eine falsche Antwort geben, kann die Testperson prinzipiell *wissen*, dass Sally *nicht wissen kann*, wo sich die Murmel tatsächlich befindet, und folglich *zurecht* von der *Überzeugung* ausgehen wird, dass die Murmel noch dort sei, wo sie selbst sie hingegeben hat. Indem er lediglich das Bestehen eines durch logische Schlüsse erreichbaren Wissens prüft, berücksichtigt der Test nicht die immer bestehende Möglichkeit, dass der andere versuchen könnte, mich zu täuschen und mir somit nur mehr erlauben würde, mehr oder weniger wahrscheinliche Hypothesen aufzustellen. Lässt mich der andere z.B. in einer Kriegssituation nicht wissen, an welchem geographischen Ort er mich angreifen wird, so bin ich bei der Vorbereitung meiner Abwehr gezwungen, einen Wahrscheinlichkeitsfaktor einzuführen.

Eine solche immer mögliche Radikalisierung der Fremdheit des anderen bleibt bei dem besprochenen Test unberücksichtigt. Die Testergebnisse mögen zwar nahe legen, dass Autisten nicht über eine hinreichende (das Ziehen von spezifischen *Schlüssen* über fremdes Geistesleben implizierende) *Theorie* verfügen, sagen aber eigentlich nichts über den im alltäglichen Leben stets notwendigen Umgang mit (die Einbeziehung eines *Wahrscheinlichkeitsfaktors* notwendig machenden) *Hypothesen* über grundsätzlich Fremdes. Selbst wenn die Testergebnisse durch einen solchen Einwand nicht in Frage gestellt werden, kann man Zweifel darüber haben, ob die sich auf sie stützende Theorie des Autismus den tatsächlichen Unterschied zwischen »normaler« und »pathologischer« Denkweise hinreichend berücksichtigt. Gegen die Behauptung, dass die Kognitivisten von einer unzureichenden Auffassung der Erfahrung des Fremden ausgehen, könnte allerdings der Einwand geltend gemacht werden, dass entsprechend den Testergebnissen Autisten *nicht einmal* fähig sind, *Schlüsse* bezüglich des Fremden zu ziehen. Warum sollte man also von einem radikaleren Begriff des Fremden ausgehen? Wenn wir beim Studium des Autismus dennoch eine radikalere Erscheinungsweise des Fremden in Betracht zu ziehen versuchen, so liegt das daran, dass es bei Autisten zu einer viel massiveren Konfrontation mit Fremdem kommt als es bei nicht autistischen Individuen der Fall ist. Man beobachtet z.B. häufig, dass sich Autisten, wenn sie uns sprechen hören, die Ohren zuhalten oder uns durch vehemente Gesten am Weitersprechen zu hindern versuchen. Das scheint zu zeigen, dass ihnen die Stimme zu etwas Fremdem und Unerträglichem werden kann. Die für dieses Zustandsbild ebenfalls charakteristische Neigung zur Selbstverstümmelung scheint darauf hinzuweisen, dass selbst der eigene Körper zu einem fremden Objekt werden kann. Was den Autismus noch vor dem Auftauchen der Frage der Intersubjektivität zunächst auszeichnet, ist das Fremdwerden von Bereichen, die normalerweise als nicht als fremd erscheinen, wie die Stimme oder Teile des eigenen Körpers.

Die Unfähigkeit, zutreffende Schlüsse hinsichtlich dessen zu ziehen, was sich im Kopf anderer abspielt, würde also nicht als isolierte Störung (oder, weitere Hypothese der Kognitivisten, als Folge des unzureichenden Funktionierens eines »zentralen Denkprozesses«[7]) anzusehen sein. Sie würde eher mit einer zunächst bestehenden Unmöglichkeit, sich gegenüber mehr oder weniger allgegenwärtigem Fremden hinreichend zu schützen, zusammenhängen. Wir werden im Folgenden zu zeigen versuchen, dass der wesentliche Unterschied zwischen autistischen und nicht autistischen Individuen darin besteht, dass es bei ersteren innerhalb des Bereichs dessen, was normalerweise als Eigenes erscheint, zu einer massiven Konfrontation mit Fremdem kommt. Zu erklären wäre also zunächst, inwiefern die den Zustand der Normalität auszeichnende Auslöschung des Fremden im Eigenen (oder, um es technischer zu sagen: das Herstellen des Eindrucks der Reinheit von »Selbstaffektion«[8]) im Autismus scheitert. Die unbestreitbaren Schwierigkeiten,

---

7 Uta Frith, *Autism. Explaining the Enigma*, a.a.O., S. 97
8 Wir werden auf das zunächst bei Heidegger (vgl. *Kant und das Problem der Metaphysik*, Frankfurt am Main, 1998) untersuchte und im weiteren von Derrida konstant behandelte Phänomen der Selbstaffektion weiter unten näher eingehen.

welche Autisten bei der Beantwortung der im besprochenen Test gestellten Frage an den Tag legen, wären dementsprechend im Rahmen einer ursprünglichen Ungeschütztheit gegenüber Fremdem zu verstehen, die im weiteren zu radikalen Abkapselungsphänomenen führt.

Die folgenden Überlegungen gehen also davon aus, dasjenige, was als *mindblindness* bezeichnet wird, nicht als isoliertes Defizit, sondern als das Resultat eines den Autismus insgesamt charakterisierenden eigenartigen Umgangs mit Fremdem aufzufassen, der sich auch auf anderen Ebenen als dem *mindreading* manifestiert. Trotz des gegenwärtig bestehenden Konsensus darüber, die Ursache des Autismus einer spezifischen Unfähigkeit zuzuschreiben, soll die Möglichkeit erwogen werden, die Art, wie Autisten mit Fremdem umgehen, von einer allgemeinen Struktur her zu erklären, die sowohl das »normale« als auch das »pathologische« Verhalten zu produzieren imstande ist. Eine solche Sichtweise setzt allerdings voraus, den Begriff des Fremden radikaler zu fassen als es bei den Kognitivisten der Fall ist.

Radikalisierung der Fremdheit

Wenn Lacan schreibt, dass die Intelligenz bei der für die Konstitution von Intersubjektivität zunächst notwendigen Ablösung von den »Zufälligkeiten des Gegebenen« (im speziellen Fall des Tests die Tatsache, dass Anne die Murmel anderswo hingegeben hat) eine »schwindende Rolle«[9] spielt, so ist damit wohl gemeint, dass in einer solchen Situation andere und letztlich wichtigere Faktoren ins Spiel kommen müssen. Gerade solche nicht auf Intelligenz zurückführbare Faktoren werden aber von der kognitivistischen Theorie nicht in Betracht gezogen.

Um zu einer ersten Vorstellung über eine willkürliche Beschränktheit der kognitivistischen Erklärungsweise der Intersubjektivität zu gelangen, kann man sich auf die Art beziehen, wie Uta Frith, die als erste den oben beschriebenen und ursprünglich für normale Kinder entwickelten Test bei Autisten eingesetzt hat, uns in den Problemkreis der *mindblindness* einführt. Sie schlägt zunächst die Deutung eines Gemäldes von Georges de la Tour, *Le tricheur à l'as de carreaux*, vor, das eine Kartenpartie darstellt.[10] Wie Frith zurecht betont, lässt sich aus den Stellungen der Hände und Augen der drei um einen Tisch vereinigten Kartenspieler und einer dem Spiel zusehenden vierten Person ablesen, dass es hier um Schwindel und Betrug geht. Ähnlich wie Lacan in seinem Kommentar von Edgar Allen Poes *Pur-*

---

9   Jacques Lacan, »Séminaire sur ›La lettre volée‹«, in *Ecrits*, Paris, 1966, S. 58, dt. »Das Seminar über E.A.Poes ›Der entwendete Brief‹«, in *Schriften I*, Olten und Freiburg im Breisgau, 1973, S. 57
10 Uta Frith, *Autism. Explaining the Enigma*, a.a.O., S. 156 f.

loined letter[11] spricht Frith von einem »schweigenden Drama, das zwar vor unseren Augen gegenwärtig, aber dennoch nicht in jenem Sinn sichtbar ist wie es die daran beteiligten Personen sind«. Wir sehen die Personen, aber wir sehen nicht, was sich in ihren Köpfen abspielt. Um präzise Überlegungen über Letzteres anzustellen, müssen wir über jene *theory of mind* verfügen, die den Autisten fehlt, und die es uns erlaubt, zu »Gewissheit« (*certainty*) darüber zu gelangen, dass es um ein mit Schwindel zusammenhängendes Ereignis geht.

Die von Uta Frith gewählte Präsentation ist insofern bemerkenswert, als sie eigentlich auf der Vernachlässigung einer wesentlichen Ebene der Intersubjektivität beruht. Was sie interessiert, ist die Tatsache, dass der *Betrachter des Bildes*, »geleitet durch die Intention des Malers«, in logischer und präziser Weise *zu erkennen* imstande ist, dass es um Kartenschwindel geht.[12] Selbst wenn sie bemerkt, dass der Betrüger vielleicht nicht weiß, dass die betrogene Person weiß, dass er sie betrügt, geht sie auf die tatsächlich repräsentierte *Situation des Schwindels und des Kartenspiels* kaum ein.

Soziale Situationen wie das Kartenspiel zeigen aber besonders deutlich, dass es beim Versuch des »Gedankenlesens« keineswegs nur um neutrales Wissen und Intelligenz geht. Bei manchen Kartenspielen z.B. ist es von größter Wichtigkeit, jegliche Gewissheit ausschließende Hypothesen darüber aufzustellen, wie der andere meine eigene Risikobereitschaft einschätzt. In genau der Weise, wie der Test diesen für Intersubjektivität wesentlichen Aspekt unberücksichtigt lässt, interessiert sich Uta Frith ausschließlich für die Möglichkeit, zu erkennen, *dass es sich um Schwindel handelt* und keineswegs für das eigentliche *Phänomen des Schwindels*. Hält man sich nicht nur, wie Uta Frith es uns vorschlägt, an die subjektive Position eines äußeren Beobachters der Darstellung eines Kartenspiels, so erinnert uns Georges de la Tours Bild gerade daran, dass bei dem Bemühen, die Gedanken anderer zu lesen, Aspekte wie Begehren, Macht und Täuschung eine wesentliche Rolle spielen. Allgemeiner gesprochen, stellen die Gedanken des anderen nicht bloß das Objekt einer durch präzise Schlüsse erreichbaren Gewissheit dar, sondern betreffen vor

---

11 »Einem möglichen Zuschauer hätte also die ganze Operation [...] verborgen bleiben können [...].« (Lacan, »Séminaire sur ›La lettre volée‹«, a.a.O., S. 13, dt. S. 11). – Notieren wir hier, dass in dem von Poe in seiner Erzählung beschriebenen Spiel, bei dem es darum geht zu erraten, ob sich in der verschlossenen Hand des anderen eine gerade oder ungerade Zahl von Murmeln befindet, die im besprochenen Test unberücksichtigte Komplexität zur Wirkung kommt.
12 Die wesentliche Rolle, die hier – ähnlich wie in der hermeneutischen Kunsttheorie – dem Nachvollziehen der Intentionen des Malers beim Betrachten von Bildern zugeschrieben wird, ist symptomatisch für die Vernachlässigung der Radikalität des Fremden, welche den kognitivistischen Zugang zum Autismus bestimmt. Zur Frage der Intention im allgemeinen, vgl. Derrida, »Signature, événement, contexte«, in *Marges de la philosophie*, Paris, 1972, S. 376 f.

AUTISTISCHE GEISTESBLINDHEIT

Abb. 2: Georges de la Tour: *Le tricheur à l'as de carreaux*

allem meine Vorstellung darüber, was ich selbst für den anderen bin.[13] Insofern werden meine Vermutungen über dasjenige, was sich im mir nicht unmittelbar zugänglichen Geist des anderen abspielt, immer schon gewissermaßen »existentielle« Fragen involvieren: Was will der andere? Was bin ich für ihn? Ist er mir gut oder böse gesinnt? Das wird notwendigerweise die Entstehung einer dunklen Zone innerhalb der Fremderfahrung zur Folge haben, in welcher Phantasmen und Wünsche gedeihen können. Selbst wenn man davon ausgeht, dass Autisten gerade nicht dazu gelangen, sich solche Fragen zu stellen, müsste erklärt werden, wie solche Gleichgültigkeit zustande kommen kann.

---

13 Dass das Auftauchen einer solchen Frage des Subjekts als Folge eines durch Sprache erzeugten »Seinsverlusts« aufzufassen ist, wird von Lacan regelmäßig betont (vgl. z.B. »La signification du phallus«, in *Ecrits*, a.a.O., S. 693, dt. »Die Bedeutung des Phallus«, in *Schriften II*, Olten und Freiburg im Breisgau, 1975, S. 129). Bezüglich der Möglichkeit, über diese von Lacan in den fünfziger Jahren erarbeitete Ökonomie des Mangels hinauszugehen, vgl. Derrida, *Donner le temps / 1. La fausse monnaie*, Paris, 1991, S. 28 f.

Psychoanalytische Auffassung des Autismus

Sobald man das notwendige Bestehen eines solchen jenseits der intellektuellen Fähigkeiten gelegenen Bereichs anerkennt, erweist es sich als ergiebig, sich der von Kognitivisten wenig geschätzten psychoanalytischen Theorie zuzuwenden, welche Phänomenen wie Macht und Begehren eine zentrale Rolle zuschreibt. Bezüglich der analytischen Auffassung des Autismus werden wir uns zunächst an die unter dem Einfluss von Melanie Kleins Werk entstandenen Arbeiten von Donald Meltzer halten, die uns insbesondere deshalb interessieren, weil in ihnen davon ausgegangen wird, dass die Konfrontation mit Fremdheit den Ausgangspunkt der kindlichen Entwicklung darstellt.

Meltzer unterscheidet einen »eigentlich autistischen Geisteszustand« (*autistic state of mind proper*)[14] von anderen sich bei Autisten manifestierenden Phänomenen, die nicht dem Autismus selbst zuzuschreiben wären. Dieser autistische Geisteszustand bestände in einer »Aufhebung (*suspension*) des Geisteslebens«, wobei Meltzer solche momentane »Geistlosigkeit« (*mindlessness*) mit demjenigen vergleicht, was man bei epileptischen *petit-mal*-Anfällen beobachten kann.[15] Bei den im engeren Sinn autistischen Zuständen momentaner Geistlosigkeit würde es sich um reversible geistige »Ereignisse« (*events*) handeln, die sich dadurch von demjenigen, was man als »Erfahrung« (*experience*) bezeichnet, unterscheiden, dass sie sich als prinzipiell unverträglich mit Bindungs- und Erinnerungsvorgängen erweisen.[16] Insofern die psychoanalytische Beobachtung eng mit dem Phänomen der Übertragung zu tun habe, bleibe ihr das Phänomen solcher radikaler »Geistesabwesenheit« aus gewissermaßen epistemologischen Gründen unzugänglich.[17] Die aus dem eigentlich autistischen Zustand sich ergebenden »post-autistischen« Entwicklungen dagegen wären analytischer Einsicht durchaus zugänglich.[18]

Meltzer betont, dass die den eigentlich autistischen Zustand auszeichnende »Demontage« (*dismantling*) von den in anderen klinischen Strukturen zur Wirksamkeit kommenden »Spaltungsprozessen« (*splitting processes*) unterschieden werden muss. Solche Spaltungsprozesse stellen zunächst gegen das Objekt gerichtete Angriffe dar, die darauf abzielen, Bindungsprozesse zu verhindern, und dann sekun-

---

14 Donald Meltzer, *Explorations in Autism*, Old Ballechin Strtah Tay, 1975, S. 6 und 11. – Die von Meltzer vorgeschlagene Aufteilung erinnert an die von Bleuler bezüglich der Schizophrenie eingeführte Unterscheidung zwischen »primären« und »sekundären« Symptomen (vgl. Eugen Bleuler, *Dementia praecox oder die Gruppe der Schizophrenien*, Leipzig und Wien, 1911, S. 284 ff.).
15 Donald Meltzer, *Explorations in Autism*, a.a.O., S. 8
16 Ebd., S. 11
17 Ebd., S. 8
18 Ebd., S. 16

där zu einer Spaltung des Ich führen.[19] Die den autistischen Zustand bestimmende Demontage wäre dagegen ein rein passiver Vorgang, etwa so wie wenn man eine Ziegelmauer unter Wettereinfluss in sich zusammenstürzen ließe. Durch Aufmerksamkeitsverlust würde ein Kind die gesamte geistige Organisation, welche normalerweise die verschiedenen Sinneseindrücke (d.h., können wir hier ergänzen, das eindringende »Fremde«) zusammenhält, in passiver, keinerlei Gewalt gegenüber dem Objekt oder dem Ich implizierender Weise, in Stücke zerfallen lassen. »Ihre Zugänglichkeit sowohl zu vom Körper als auch zu von der Außenwelt kommenden Sinnesdaten erweckt den Eindruck eines Apparats, der dem Wind nackt ausgesetzt ist.«[20] Weil die in einem solchen geistlosen Zustand vorkommenden Ereignisse weder in der Erinnerung versammelt, noch Ausgangspunkt von Antizipation werden können, handelt es sich nicht um (eine bestimmte Art von Zeitbewusstsein voraussetzende) »geistige Akte« (*mental acts*). Meltzer meint, dass bei vorübergehendem (z.B. durch *post partum*-Depression verursachtem) Fehlen von Aufmerksamkeit seitens der Mutter das *self* des Kleinkindes für immer längere Zeiträume und immer tiefer in derartige geistlose »Demontage«-Zustände hineingleitet.[21]

Das Verhalten von Autisten, meint Meltzer, wird durch Durchlässigkeit für die Gefühlszustände anderer und minimale Intensität dessen, was die Klein-Schule als »Verfolgungsangst« (*persecutory anxiety*) bezeichnet, charakterisiert. Die Aggressivität der Autisten wäre insofern ungewöhnlich schwach, als auch noch die anscheinend gewaltsame Besitzergreifung eines mütterlichen Objekts niemals mit der Absicht verbunden sei, Rivalen Schaden zuzufügen.[22] Die das autistische Verhalten auszeichnenden Versuche, mit dem anderen zu verschmelzen (haftende Identifizierung (*adhesive identification*)), würden letztlich auf einem völligen Fehlen dessen beruhen, was Melanie Klein als »projektive Identifizierung« bezeichnet.[23] Mit diesem Ausdruck wird bekanntlich gemeint, dass in einer frühen Phase der kindlichen Entwicklung das (von der Theorie dem Wirken des Freudschen Todestriebs zugeschriebene) Schlechte oder Fremde zunächst aus dem Ich herausprojiziert wird und dadurch zur Bildung eines bösen Objekts führt, welches dann im weiteren durch Re-Introjektion wieder in Ich gelangt und dort das Subjekt in seiner Phantasie dauernd als böses inneres Objekt (z.B. als Über-Ich) begleitet oder verfolgt.[24]

---

19 Ebd., S. 11
20 Ebd., S. 9
21 Ebd., S. 12-16
22 Ebd., S. 9 f.
23 Ebd., S. 18. – Vgl. auch Frances Tustin, *The protective shell in children and adults*, London, 1990, S. 44
24 Vgl. Melanie Klein, »Bemerkungen über einige schizoide Mechanismen«, in *Das Seelenleben des Kleinkindes*, Stuttgart, S. 108 f.

Hinweise für das Fehlen solcher projektiver Identifizierung sieht Meltzer in verschiedenen Phänomenen, die anzuzeigen scheinen, dass es für Autisten keinen Unterschied zwischen Innen und Außen, zwischen Drinnen-Sein und Draußen-Sein gibt. Meltzer berichtet z.B. über ein Kind, das auf die beiden Seiten eines Blatts Papier die Vorder- und Hinterseite von zwei verschiedenen Häusern so zeichnet, wie wenn man im Augenblick, wo man ins eine Haus hineingeht, gleichzeitig aus dem anderen herausgehen würde. Für Meltzer stellt das einen Hinweis für das Bestehen bloß zweidimensionaler Objekte dar, d.h. von Objekten, die, im Gegensatz zu dreidimensionalen, kein Inneres aufweisen.[25] Diese topologische Eigenart der Zweidimensionalität, die Meltzer von der Eindimensionalität des »eigentlichen autistischen Geisteszustands« unterscheidet[26], bestimmt auch die im Autismus bestehende »haftende Identifizierung«, die nicht nur dazu führt, dass sich Autisten an den anderen anschmiegen, sondern allgemeiner dazu, dass der andere als verfügbar angesehen wird, »so wie man es normalerweise für selbstverständlich hält, dass die eigene Hand den eigenen Intentionen gehorcht«.[27] Wie Meltzer betont, wird der andere in solchen Situationen nicht einfach aufgefordert, Diener zu sein, sondern es wird von ihm erwartet, zum eigentlichen Ursprung einer Aktion zu werden, für die er die Verantwortung zu tragen hat. Insofern zeichnet sich das autistische Verhalten durch ein eigenartiges Zusammenwirken von Abhängigkeit und Allmacht aus.[28]

Der autistische Geisteszustand hätte also nach Meltzers Ansicht damit zu tun, dass sich eine zunächst im Innern lokalisierte Zone von Heterogenität im Sinne eines umschriebenen und somit identifizierbaren Fremdkörpers niemals ausgebildet hat. Wenn Meltzer behauptet, dass es bei Autismus nicht zu projektiver Identifizierung (und im weiteren zur Ausbildung desjenigen, was Melanie Klein als »paranoid-schizoide Position« bezeichnet[29]) kommt, so heißt das zunächst, dass Autisten – durchaus im Sinne dessen, was auch die Kognitivisten behaupten – nicht über eine *theory of mind* verfügen. Im Unterschied zur kognitivistischen Theorie wird aber in der Kleinschen Auffassung von Anfang an das Bestehen eines »existentiellen« Aspekts berücksichtigt. Meine ersten Vermutungen über dasjenige, was sich im Kopf des anderen abspielt, entsprechen nicht bloß neutraler Erkenntnis, sondern erzeugen durch Projektion desjenigen, was mir in mir selbst fremd geblieben ist, die Idee, dass der andere mir Böses will. Was sich später der von den Kognitivisten einzig in Betracht gezogenen neutralen Erkenntnis annä-

---

25 Donald Meltzer, *Explorations in Autism*, a.a.O., S. 18
26 Ebd., S. 225
27 Ebd., S. 229
28 Ebd., S. 21
29 Vgl. Melanie Klein, »Über das Seelenleben des Kleinkindes«, in *Das Seelenleben des Kleinkindes*, a.a.O., S. 146 ff.

hern mag, muss entsprechend dieser Auffassung erst der ursprünglichen paranoiden Form von Erkenntnis abgerungen werden.³⁰ Insofern gründet die Behauptung, der Zugang zum anderen beruhe auf dem Ziehen von Schlüssen, bereits in der Vernachlässigung zweier Schritte, die solcher später vielleicht teilweise erreichbaren Neutralität vorausgehen. Folglich wäre auch bezüglich des Autismus zunächst die Frage zu stellen, durch welche spezifische phantasmatische Situation die bei diesem Zustandsbild beobachtbaren Symptome bestimmt werden.

So betrachtet, kann man den Ursprung des Autismus nicht einfach einer Abwesenheit intellektueller oder neurologischer Fähigkeiten zuschreiben. Es würde eher um eine Modifikation oder um ein Ausbleiben jener ersten Spaltungsprozesse gehen, welche die Bedingung für einen bestimmten Umgang mit Heterogenität darstellen. Dasjenige, was Meltzer sehr überzeugend als eine für den Autismus charakteristische Beschränkung auf zweidimensionale Objekte beschreibt, erlaubt es nicht, jene phantasmatischen Übertragungen des Fremden vorzunehmen, welche die projektive Identifizierung – als erste *theory of mind* – bestimmen. Insofern kann die von Meltzer beschriebene »Geistlosigkeit« (*mindlessness*) oder »Kopfleere« (*empty-headedness*) nicht von einem spezifisch autistischen Verhältnis zur Heterogenität getrennt werden. Das zweidimensional-oberflächliche Haften schließt im voraus die Ausbildung eines (illusorischen) Wissens darüber aus, was sich im Geist des anderen abspielt. »Eine der charakteristischen Manifestationen der projektiven Identifizierung, nämlich die Illusion eines Wissens oder der Klarheit der Einfühlung (*insight*), scheint bei haftender Identifizierung zu fehlen.«³¹

Das Problem der Autisten würde seltsamerweise darin bestehen, sich niemals verfolgt gefühlt zu haben, was nach Meltzers Ansicht zu einer grundlegenden Verarmung des Vorstellungslebens führt.³² Das heißt freilich nicht, dass Autisten der Konfrontation mit Fremdem nicht ausgesetzt sind, sondern würde eher bedeuten, dass die für die projektive Identifizierung wesentliche Lokalisierung des Heterogenen bei ihnen nicht zustande kommt und das Fremde somit für sie allgegenwärtig ist.

---

30 »Das Zusammenbringen der geliebten und gehassten Aspekte des ganzen Objekts bringt Trauer- und Schuldgefühle mit sich, was einen lebenswichtigen Fortschritt im Geistes- und Gefühlsleben des Kindes bedeutet.« (Melanie Klein, »Bemerkungen über einige schizoide Mechanismen«, a.a.O., S. 103). Diese Überschreitung der »paranoiden Phase« wird entsprechend der Kleinschen Theorie bekanntlich durch den Eintritt in die »depressive Phase« ermöglicht.
31 Meltzer, *Explorations in Autism*, a.a.O., S. 230
32 Ebd., S. 225

Fremderfahrung bei Husserl

Wir können jetzt versuchen, die autistische *mindblindess* durch Bezug auf die Husserlsche Philosophie weiter aufzuklären. Der von Husserl betonte Unterschied zwischen »Anzeige« und »Ausdruck«[33] und im weiteren zwischen »Appräsentation« und »Präsentation«[34] betrifft ja offensichtlich die Frage der Erfahrung des anderen, die, wie wir gesehen haben, im Zentrum sowohl der psychoanalytischen als auch der kognitivistischen Deutung des Autismus steht. Bezüglich der Erfahrung des *alter ego* bei Husserl werden wir uns im Folgenden hauptsächlich an eine Lektüre seiner *Fünften Cartesianischen Meditation* halten.

Husserl schlägt dort eine Reduktion vor, die erlauben soll, »durch Abstraktion von allem, was mir transzendentale Konstitution als Fremdes ergibt«, zunächst eine »transzendentale Eigensphäre« zu untersuchen.[35] Innerhalb dieser Eigensphäre scheidet sich etwas ab, das Husserl (um den Unterschied zur »bloßen Natur« zu betonen, die das Thema des Naturforschers wird) als »eigenheitliche ›Natur‹« bezeichnet.[36] Unter den Körpern dieser Sphäre eigenheitlicher Natur zeichnet sich schließlich der eigene Leib durch die Möglichkeit sogenannter »Doppelauffassung« (»eigene Leiblichkeit, die [...] auf sich selbst zurückbezogen ist«) aus; woraus folgt, dass der Leib der einzige Körper ist, »der nicht bloßer Körper ist«.[37]

In seiner weiteren Untersuchung interessiert sich Husserl dafür, wie innerhalb der zunächst dargestellten Sphäre des Eigenen das Fremde auftritt[38], wobei er hier die zuvor eingeführte Unterscheidung zwischen Körper und Leib als entscheidend ansieht. »Wenn ich andere Menschen eigenheitlich reduziere, so gewinne ich eigenheitliche Körper, wenn ich mich reduziere als Menschen, so gewinne ich ›meinen Leib‹ und meine ›Seele‹, oder mich als psychophysische Einheit [...]«.[39] Das »Eigenwesentliche des Anderen« ist mir also, selbst wenn der andere »leibhaftig« vor mir steht, niemals wie mein eigener Leib oder meine Seele direkt zugänglich.[40] Der andere ist mir immer nur in »Appräsentation«, d.h. indirekt gegeben. Woraus sich dann die Frage ergibt, wie trotz dieser Schranke der Appräsentation Fremdes dennoch erfahren werden kann.

---

33 Vgl. Husserl, *Logische Untersuchungen*, Bd. II/1 (*Untersuchungen zur Phänomenologie und Theorie der Erkenntnis*), Tübingen, 1993. S. 23 ff.
34 Vgl. Husserl, *Cartesianische Meditationen*, Hamburg, 1995, S. 112
35 Ebd., S. 95
36 Ebd., S. 98
37 Ebd., S. 99
38 Ebd., S. 102
39 Ebd., S. 99 f.
40 Ebd., S. 111

Um diese Frage zu beantworten, untersucht Husserl zunächst, inwiefern sich der appräsentative Zugang zum *anderen* von der Art unterscheidet, wie mir ein *Ding* appräsentativ gegeben ist. Man könnte ja meinen, dass es sich um das gleiche Problem der Unzugänglichkeit handelt – auch bei einem Ding sehe ich, wenn ich es vor mir habe, nur einen bestimmten Aspekt. Im Gegensatz zur Erfahrung des anderen appräsentiert jedoch bei einem Ding die eigentlich gesehene Vorderseite notwendig eine dingliche Rückseite – trotz der vorläufigen Nicht-Sichtbarkeit der Rückseite besteht immer die Möglichkeit der Bewährung durch entsprechende erfüllende Präsentation. Ich weiß, dass mir die im Augenblick nicht sichtbare Rückseite des Dings nicht prinzipiell unzugänglich ist – »die Rückseite wird zur Vorderseite«. Bei der Erfahrung des anderen ist das aber nicht der Fall. Es muss zwar auch hier das nicht unmittelbar Zugängliche irgendwie doch zugänglich sein, aber »eine beliebige Vergegenwärtigung kann das nicht«.[41] Denn selbst wenn der andere leibhaftig vor mir steht, ist direkte Wahrnehmung seiner »spezifischen Leiblichkeit« (d.h. desjenigen, was nach Husserls Ansicht von ihm auf seiner wie von mir auf meiner Seite unmittelbar erfahren wird) ausgeschlossen. Was sich »im« anderen abspielt (seine Leibeserfahrung, aber dann auch seine »Seele« oder seine Gedanken), kann nicht wie die prinzipiell zugängliche Rückseite eines Dinges als später gegenwärtig werdend antizipiert werden. Direkte Ausweisung durch »eigentliche Wahrnehmung« bleibt hier ausgeschlossen.[42]

Die Frage ist also, wie »ein Körper innerhalb meiner primordialen Sphäre als meinem eigenen Leib-Körper ähnlich ebenfalls als Leib aufgefasst wird«; und zwar ohne dass dieser Körper – im Gegensatz zu meinem eigenen Leib, der mir als »Original immerfort lebendig gegenwärtig« ist, aber auch im Gegensatz zur Rückseite des Dings, dessen künftige Präsentation antizipierbar ist – jemals »wirklich zur Präsenz kommen kann«[43]. Soll ich einen Zugang zum anderen haben, meint Husserl, so muss das auf einer »Verflechtung« von »Vergegenwärtigung« (d.h. von Appräsentation des *Körpers* des *anderen*) und »Gegenwärtigung« (nämlich *meines Leibs*) beruhen.[44]

---

41 Ebd., S. 112
42 Ebd., S. 113
43 Ebd., S. 114 f.
44 Ebd., S. 112. – Wie immer man solche »Verflechtung« auffasst, impliziert ihr Bestehen, dass sich mein Verhältnis zum anderen von demjenigen unterscheidet, was – etwa im Sinn von Lévinas – bloßer Bezug eines »Ich« auf die absolute Alterität des anderen wäre. Daraus resultiert im weiteren, dass das andere als unbelebtes *Ding* »zugleich weniger anders (nicht absolut anders) und weniger ›das Gleiche‹ (*le même*) als Ich« ist. Sofern beim Ding die Rückseite zur Vorderseite werden kann, ist es weniger anders als der andere, bei dem das nicht möglich ist; sofern ich aber weiß, dass der andere zur Erfahrung des anderen, der ich selbst für ihn bin, genauso wenig direkten Zugang haben kann wie ich zu seiner Erfahrung, ist er gleichzeitig für mich weniger anders als das Ding (vgl. Derrida, »Violence et métaphysique«, in *L'écriture et la différence*, Paris, 1967, S. 187, dt.

Wie ist es möglich, dass der Körper des anderen, obwohl hier »eigentliche Wahrnehmung« ausgeschlossen ist, dennoch als Leib aufgefasst wird? Nach Husserl handelt es sich hier um »apperzeptive Übertragung«, die aufgrund analogisierender Auffassung erlaubt, dass der Körper des anderen durch die ihn mit meinem eigenen Körper verbindende Ähnlichkeit (»verähnlichende Apperzeption«, die, weil sie nicht auf einem »Denkakt« beruht, keinen Analogieschluss darstellt) als anderer Leib erscheint.[45] Denkbar ist das Fremde nur als »Analogon des Eigenheitlichen«[46], d. h. meines Leibs. Obwohl der Leib des anderen derart wie ein unbekanntes Ding durch Übertragung von bekannten Dingen gleichen Typus her gesehen wird, handelt es sich doch um etwas sehr Verschiedenes[47] – es kann, im Gegensatz zur immer antizipierbaren Wahrnehmung der »Rückseite« von Dingen, nie zu wirklicher Präsenz kommen. Selbst wenn es zu einer Appräsentation, d.h. zu einer bestimmten Art von Erfahrung der Originalsphäre des anderen kommt, gelangen wir zu etwas, das zwar »ähnlich«, aber dennoch nicht identisch mit der »Dingerfahrung« ist.[48] Wie Françoise Dastur zu Recht feststellt, tritt für Husserl der andere »in derart erschütternder Weise« in mein Wahrnehmungsfeld ein, dass seine Erfahrung nicht mit der Wahrnehmung nicht lebender Körper verglichen werden kann.[49]

Erst jenseits dieser mich vom anderen trennenden Barriere eröffnet sich, von der Anerkennung des Bestehens eines anderen Leibs ausgehend, die Möglichkeit, aus dessen mir sichtbarem Verhalten die »wechselnden Gehalte des anderen Ego«[50] abzulesen. Obwohl wir bei der Begegnung mit dem *alter ego* im Gegensatz zur Erfahrung eines Dings niemals Präsentation des nicht unmittelbar Zugänglichen erwarten können, »indiziert« uns die physische Seite des Leibs, nämlich sein »immerfort zusammenstimmendes ›Gebaren‹«, in appräsentativer, d.h. niemals unmittelbar gegebener Weise Psychisches. Was für mich das »Fremde« charakterisiert, besteht also in einer bestimmten »Art bewährbarer Zugänglichkeit des original Unzugänglichen«. Es handelt sich um »primordial unerfüllbare Erfahrung«,

---

in *Die Schrift und die Differenz*, Frankfurt am Main, 1972, S. 193, Übersetzung modifiziert.). Wir, die Lebewesen, ähneln einander in der Unmöglichkeit zur jeweiligen Urpräsenz des anderen vorzudringen. Von hier aus wird es vielleicht verständlich, warum Lacan in zunächst überraschender Weise behaupten kann, dass das *objet a*, in dem sich die radikalste Form der Andersheit kristallisiert, »als *unbelebt* in Funktion tritt« (Lacan, »Allocution sur les psychoses de l'enfant«, in *Autres écrits*, Paris, 2001, S. 368; meine Hervorhebung).
45 Husserl, *Cartesianische Meditationen*, a.a.O., S. 113
46 Ebd., S. 118
47 Ebd., S. 114
48 Ebd., S. 112. – Bezüglich dieses häufig verkannten radikalen Aspekts von Husserls Denken schreibt Derrida, dass »die Phänomenologie *sich selbst unterbricht*« (Derrida, *Adieu à Emmanuel Lévinas*, Paris, 1997, S. 96). Gegen ihre eigene Intention gelangt sie gewissermaßen an einen Abgrund, der mich vom anderen und im weiteren, wie man sehen wird, von mir selbst trennt.
49 Vgl. Françoise Dastur, *Husserl. Des mathématiques à l'histoire*, Paris, 1995, S. 91
50 Husserl, *Cartesianische Meditatione*n, a.a.O., S. 122

die aber, über »Indiziertes«, zur Bewährung kommen kann und gerade dadurch als »Fremdes« erfahren wird.[51]
Die von Husserl unterstrichene prinzipielle Unmöglichkeit von Präsentation schließt also nicht aus, dass durch »analogisierende Auffassung«, durch »Paarung« (Assoziation) der erscheinende fremde Körper auf die Urstiftung des eigenen Leibs bezogen und somit ebenfalls als Leib wahrgenommen werden kann. Weil nichts an ihm in meiner primordialen Sphäre original verwirklicht werden kann, bleibt aber der andere Leib doch vom eigenen unterschiedener *fremder* Leib. Seine Apperzeption ist nicht »wirklich so durchsichtig [...] wie irgendeine andere« – er ist nicht einfach »zweiter eigener Leib«.[52]
Husserl bringt diese Erfahrung des Fremden schließlich in Zusammenhang mit der Erfahrung der eigenen Vergangenheit, die nur durch Erinnerung, d.h. nicht unmittelbar gegeben ist. »Wie meine erinnerungsmäßige Vergangenheit meine lebendige Gegenwart transzendiert als ihre Modifikation, so ähnlich das appräsentierte fremde Sein das eigene«.[53] Es gibt Analogie zwischen Einfühlung in den anderen und Erinnerung insofern der zeitliche Abstand zwischen dem *ego* als Objekt der Erinnerung und dem sich erinnernden *ego* analog ist der Alteritätsbeziehung des *ego* und *alter ego*.[54] Obwohl die »Weckung«, auf welcher die Erfahrung des Fremden beruht, im Gegensatz zur Erfahrung des vergangenen Eigenen »nicht zu einer Erinnerungs-Anschauung wird, vollzieht sich Paarung«. »Das primordiale Unverträgliche in der Koexistenz wird verträglich dadurch, dass mein primordiales Ego das für es andere Ego durch eine appräsentative Apperzeption konstituiert, die ihrer Eigenart gemäss nie Erfüllung durch Präsentation fordert und zulässt.«[55] Die Möglichkeit einer Einfühlung in den anderen ändert also nichts an der prinzipiellen Unmöglichkeit einer Präsentation des Eigenen des anderen.

Dekonstruktivistische Husserl-Lektüre

Bei der von ihm für die Fremderfahrung als wesentlich angesehenen Konstitution des Leibs schreibt Husserl der Funktion des Tastens eine spezifische und entscheidende Rolle zu. Diese zunächst in *Ideen II*[56] ausführlich behandelte Frage wird in den *Cartesianischen Meditationen* kurz wiederaufgenommen: »Wahrnehmend tä-

---

51 Ebd., S. 117 f.
52 Ebd., S. 115 f.
53 Ebd., S. 118. – Über die Analogie zwischen der Erfahrung der Zeit und des anderen, vgl. auch Derrida, *La voix et le phénomène*, Paris, 1967, S. 5, 58 und 77.
54 Vgl. Françoise Dastur, *Husserl. Des mathématiques à l'histoire*, a.a.O., S. 76 f.
55 Husserl, *Cartesianische Meditationen*, a.a.O., S. 121 f.
56 Vgl. ders., *Ideen II*, a.a.O., S. 143 ff.

tig erfahre ich (oder kann ich erfahren) alle Natur, darunter die eigene Leiblichkeit, die darin also auf sich selbst zurückbezogen ist. Das wird dadurch möglich, dass ich jeweils ›mittels‹ der einen Hand die andere, mittels einer Hand ein Auge usw. wahrnehmen ›kann‹, wobei fungierendes Organ zum Objekt und Objekt zum fungierenden Organ werden muss.«[57] Wie man früher gesehen hat, meint Husserl, dass mir mein »eigener Leib-Körper«, im Gegensatz zum nur durch Appräsentation zugänglichen Leib des anderen, als urstiftendes Original »immerfort lebendig gegenwärtig ist«. Er kommt wirklich zur »Präsenz«, zu »eigentlicher«, d.h. unmittelbarer Wahrnehmung.[58] Anders gesagt: es gibt für Husserl auf der Ebene des Tastens tatsächlich »reine Selbstaffektion«.

Wenn Husserl schreibt, »dass ich jeweils ›mittels‹ der einen Hand die andere, mittels einer Hand ein Auge usw. wahrnehmen ›kann‹«, so führt er, ohne an dieser Stelle näher darauf einzugehen, bezüglich der Selbstaffektion einen wesentlichen Unterschied zwischen dem Tasten und den anderen »Sinnen«, speziell dem Sehen, ein. Im Gegensatz zur Hand, die sich tastend betasten kann, kann sich das Auge nicht sehend sehen. Dieser Unterschied zeigt sich daran, dass Husserl in der zitierten Stelle nicht schreibt, dass das *Auge* das Auge wahrnimmt, sondern dass die *Hand* ein Auge wahrnehmen kann. Man kann das zunächst mit demjenigen in Zusammenhang bringen, was Husserl als eine »merkwürdig unvollkommene« Konstituierung des eigenen Körper bezeichnet[59]: Weil meine Augen nicht aus meinem Körper herauszutreten imstande sind, kann ich die Gesamtheit meines eigenen Körpers und speziell meine eigenen Augen nicht ohne ein in Bezug auf dasjenige, was unmittelbare Erfahrung wäre, fremdes technisches Hilfsmittel (z.B. einen Spiegel) sehen.[60] Beim Sich-Betasten wäre dagegen, zumindest nach Husserls Ansicht, das Eingreifen von solchem Fremden nicht notwendig.

Wesentlicher ist aber für Husserl ein anderes Argument: Obwohl freilich Tast- und Bewegungsempfindungen des Auges bestehen (ich kann »mittels einer Hand ein Auge [...] wahrnehmen«), gibt es keine *optischen* Eigenempfindungen des Sehorgans. Im Gegensatz zur Erfahrung des Tastend-Getasteten, bei dem »fungierendes Organ zum Objekt und Objekt zum fungierenden Organ« wird, gibt es im Bereich des Sehens keine lokalisierenden Selbst-Empfindungen, die der *gleichen* Art wären wie jene, mittels welcher dieses Organ dem Objekt Eigenschaften

---

57 Ders., *Cartesianische Meditationen*, a.a.O., S. 99
58 Ebd., S. 144 f.
59 Ders., *Ideen II*, a.a.O., S. 159; vgl. unten »Die Hand des Autisten«, speziell S. 55 f.
60 Ähnliche Überlegungen (allerdings in einem anderen theoretischen Kontext) findet man bei Ernst Mach: »*Mein* Leib unterscheidet sich von anderen menschlichen Leibern [...] dadurch, dass er nur theilweise und insbesondere ohne Kopf gesehen wird.« Mach stellt diese Eigenart des Sehens in einer Zeichnung dar, die wir hier (vgl. Abbildung 3) wiedergeben (Ernst Mach, *Analyse der Empfindungen* (2. Auflage), Jena, 1900, S. 12 f.).

AUTISTISCHE GEISTESBLINDHEIT

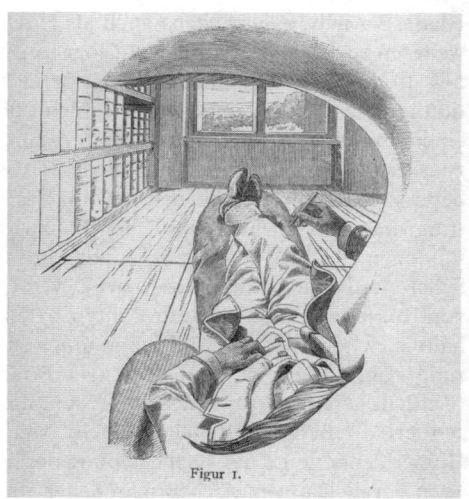

Abb. 3: Zeichnung aus Ernst Mach:
Analyse der Empfindungen

zuschreibt. Es können nicht dieselben Farben, die dem äußeren Objekt zugeschrieben werden, »im« Auge visuell lokalisiert empfunden werden: Ich kann mich nicht sehend sehen – »das Auge erscheint nicht visuell«.[61] Insofern das Visuelle von Husserl derart aus dem Bereich »reiner Selbstaffektion« ausgeschlossen wird, ist es durchaus konsequent, dass er bezüglich des Sich-Sehens den (ansonsten von ihm der nur durch Appräsentation gegebenen Erfahrung des *anderen* zugeordneten) Ausdruck »Einfühlung« gebraucht: »Natürlich wird man nicht sagen, ich sehe mein Auge im Spiegel; denn mein Auge, das sehende als sehendes, nehme ich nicht war; ich sehe etwas, von dem ich indirekt, durch ›Einfühlung‹ urteile, dass es identisch ist mit meinem (etwa durch Tasten sich konstituierenden) Ding Auge, ebenso wie ich das Auge eines Anderen sehe.«[62]
Husserls Ausführungen lassen sich von zwei Seiten her betrachten. Einerseits wird in Hinsicht auf das Tasten die Möglichkeit »reiner«, d.h. durch nichts Fremdes verunreinigter Selbstaffektion behauptet. Husserls Darstellung des Bereichs des Sehens, innerhalb dessen solche reine Selbstaffektion nicht zustande kommen kann, erscheint insofern im Vergleich zum Tasten, dem hinsichtlich der Konstitution des Leibs eine privilegierte Funktion zugeschrieben wird, zunächst als von einem Mangel behaftet. Aber unter einem anderen Blickwinkel betrachtet kann

---

61 Ebd., S. 147
62 Ebd., S. 148

Husserls Analyse des Sehens auch als Hinweis auf die Möglichkeit (und, wie im weiteren zu zeigen wäre, vielleicht sogar auf die Notwendigkeit) des Eingreifens eines »fremden« Faktors innerhalb des Bereichs der anscheinend reinen Selbstaffektion angesehen werden. Wenn ich mich selbst sehe, sehe ich mich eigentlich wie einen Fremden, der sich nur »indirekt«, durch »Einfühlung« als sich selbst wiederzuerkennen vermag. Insofern impliziert Husserls Auffassung des Sehens eigentlich bereits die Möglichkeit einer Erfahrung des »Fremden im Eigenen«.
Aufgrund dieser beiden möglichen Blickwinkel ergeben sich – jenseits einer »orthodoxen« Lektüre, die sich darauf beschränken würde, Husserls Auffassung möglichst »treu« wiederzugeben – jeweils verschiedene Interpretationsmöglichkeiten von Husserls Texten. Merleau-Ponty z.b. kehrt das von Husserl beschriebene Verhältnis zwischen Tasten und Sehen um, wenn er schreibt, »dass die visuelle Erfahrung wahrhaftiger ist als die taktuelle Erfahrung«, und zwar deshalb, »weil ihre reichhaltigere Struktur mir beim Tasten nicht vermutbare Seinsmodalitäten präsentiert«.[63] An anderen Stellen scheint Merleau-Ponty, ebenfalls im Gegensatz zu Husserl, eher von einer Gleichstellung der beiden Bereiche auszugehen und somit »den Parallelismus zwischen dem Sehen und dem Tasten, den Husserl bestritten hat, wiederherzustellen«.[64] Sowohl durch die Umkehrung des Verhältnisses zwischen Sehen und Tasten als auch durch deren Gleichstellung wird der von Husserl auf das Tasten beschränkte Bereich von reiner Selbstaffektion auf das Sehen ausgeweitet.
Derridas Lektüre wird im Gegenteil von dem Prinzip bestimmt, das von Husserl bezüglich des Visuellen anerkannte Bestehen von »Hetero-Affektion« (d.h. des Eingreifens von Fremdem innerhalb des Bereichs der Eigenen) einer allgemeinen und irreduktiblen Struktur zuzuordnen, die somit auch für das Tasten bestimmend ist. Was als »reine« Selbstaffektion und als »lebendige Gegenwart« erscheint, ist nicht als ursprünglich anzusehen, sondern stellt bereits eine durch »Auslöschung« (*effacement*)[65] des Heterogenen erzeugte »Auswirkung« (*effet*)[66] dar: Es gibt keine reine Selbstaffektion.[67] Doch selbst wenn es keine reine Selbstaffektion gibt, ist es offensichtlich, dass dasjenige, was man als »Normalität« bezeichnet, durch den

---

63 Maurice Merleau-Ponty, *Phénoménologie de la perception*, Paris, 1945, S. 270 (Fußnote); zitiert in Derrida, *Le toucher, Jean-Luc Nancy*, Paris, 2000, S. 233.
64 Françoise Dastur, »Monde, chair, vision«, in *Chair et langage. Essai sur Merleau-Ponty*, Fougères, 2001, S. 99
65 Vgl. Derrida, *La voix et le phénomène*, a.a.O., speziell S. 57, 60 und 86.
66 Vgl. Derrida, *Le toucher, Jean-Luc Nancy*, a.a.O., S. 207
67 Wie Derrida es bereits in seiner Kritik der Lévinas'schen Sichtweise betont, impliziert die für den anderen bestehende Unmöglichkeit, direkten Zugang zu meiner eigenen Erfahrung zu haben, auch die Unmöglichkeit, das Selbst (*le même*) als »in sich geschlossene Totalität« aufzufassen (vgl. Derrida, »Violence et métaphysique«, a.a.O., S. 186, dt. S 192). Als anderer des anderen bleibe ich mir – gerade weil ich dem anderen gleiche – notwendigerweise selbst fremd.

Eindruck des Bestehens eines durch keinerlei Eingreifen einer fremden Instanz verfälschten Verhältnisses des Subjekts zu sich selbst gekennzeichnet wird. Das wurde von Derrida zunächst anhand einer Analyse des Phänomens der »Stimme« gezeigt – »sie wird als absolut reine Selbstaffektion erlebt, in einer Nähe zu sich selbst, die nichts anderes wäre als die absolute Reduktion des Raums im allgemeinen.«[68]

Autismus und Scheitern der Auslöschung des Fremden

Die von Derrida behauptete Irreduzibilität der Hetero-Affektion in der Erfahrung des Eigenen erlaubt es, auf die psychoanalytische Theorie zurückzukommen, die sich ja ebenfalls von gängigen psychologischen Theorien dadurch unterscheidet, dass sie – sowohl für das normale als auch für das nicht normale Seelenleben – von dem Wirken eines inneren Fremdkörpers ausgeht. Dabei soll es freilich nicht darum gehen, die eine Auffassung in die andere zu übersetzen, sondern lediglich versucht werden, die Wege der Psychoanalyse und der Dekonstruktion einander kreuzen zu lassen.[69]

Beginnen wir mit folgender vielleicht überraschenden Feststellung: Im psychoanalytischen Denken spielen Phänomene der Selbstaffektion eine wesentliche Rolle. Es geht z.B. um ein sich selbst affizierendes Subjekt, wenn Freud in einem seiner ersten psychoanalytischen Texte schreibt, dass er nicht daran zweifle, dass die »Wunschbelebung zunächst dasselbe ergibt wie die Wahrnehmung, nämlich eine *Halluzination*«.[70] Man kann hier auch notieren, dass die ersten beiden kollektiven Publikationen der jungen psychoanalytischen Bewegung Phänomenen der Selbstaffektion gewidmet waren: der Onanie und dem Selbstmord.[71] Das Subjekt stellt *sich selbst* in halluzinatorischer Weise die Befriedigung eines Wunsches vor, es verschafft *sich selbst* ein sexuelles Erlebnis, es nimmt *sich selbst* das Leben.

Was die drei erwähnten Phänomene charakterisiert, ist zweierlei: Das Subjekt versucht, sich ohne Aufschub und ohne Umweg Gegenwärtigkeit zu verschaffen. Weder bezüglich der Befriedigung noch bezüglich des Todes erwartet es, was vom anderen kommen mag. Trotz solcher Verfügbarkeit von Gegenwärtigkeit ist aber gleichzeitig nicht zu übersehen, dass die Selbstaffektion in den drei Fällen insofern nicht als »rein« zu erscheinen vermag, als es – im Gegensatz zum Phänomen der

---

68 Derrida, *La voix et le phénomène*, a.a.O., S. 89
69 Vgl. Derrida, *Mal d'archive*, Paris, 1995, S. 123
70 Freud, *Entwurf einer Psychologie*, in *Gesammelte Werke, Nachtragsband*, S. 412
71 *Über den Selbstmord* (Diskussionen des Wiener Psychoanalytischen Vereins, Bd. 1), Wiesbaden, 1910; und *Die Onanie* (Diskussionen der Wiener Psychoanalytischen Vereinigung, Bd. 2), Wiesbaden, 1912

Stimme – nicht verborgen bleibt, dass es sich um etwas »Gemachtes« handelt. Es ist jeweils offensichtlich, dass das Zustandekommen der Selbstaffektion von einer in Bezug auf das scheinbar unmittelbare Verhältnis des Subjekts zu sich selbst fremden Verfügbarkeit abhängt: Es gibt keine »Selbst«-Befriedigung ohne die Möglichkeit des »Vorstellens«, welches als Eingreifen eines »Dritten« die anscheinend reine Selbstaffektion zur »Auto-Hetero-Affektion«[72] macht. Der »Skandal« der Masturbation besteht, wie Derrida betont, darin, dass »sie eine Spur ihrer selbst in der Welt hinterlässt« und somit »die Möglichkeit der Selbstaffektion als solche zutage tritt«[73]. Dasselbe gilt auch für die gegenüber der normalen Wahrnehmung als »gemacht« erscheinende Halluzination[74] und für den Selbstmord, bei dem nicht zu übersehen ist, dass das Subjekt »sich selbst etwas antut« oder »Hand an sich legt«. Selbst wenn es nicht zu einer expliziten Auseinandersetzung mit dieser Frage kommt, zeigt die Bedeutung, welche den drei erwähnten Phänomenen in den Diskussionen der jungen analytischen Bewegung zugemessen wurde, dass der Unterschied zwischen anscheinend »reiner« (d.h. durch Auslöschung des Fremden bestimmter) und offensichtlich nicht reiner (d.h. durch das nicht übersehbare Wirken eines »Supplements« oder eines Ersatzes erzeugter) Selbstaffektion von Anfang an im Zentrum psychoanalytischer Überlegungen gestanden ist.

Das Offensichtlichwerden des Bestehens von Hetero-Affektion hat im »normalen« bewussten Seelenleben, das von solcher »Unreinheit« frei zu sein scheint, etwas »Undenkbares«[75] an sich. In Derridas Sichtweise tritt in den erwähnten Phänomenen jedoch nur hervor, was Selbstaffektion insgesamt auszeichnet, dass nämlich der Eindruck von Gegenwärtigkeit eine das Bestehen von Heterogenität voraussetzende Wirkung eher als einen Ort des Ursprungs darstellt.

Insofern Melanie Kleins Theorie das Bestehen eines inneren Fremdkörpers[76] als notwendigen Ausgangspunkt dessen darstellt, was sie als projektive Identifizierung bezeichnet, berücksichtigt sie die grundsätzliche Unmöglichkeit reiner Selbstaffektion und erlaubt es gleichzeitig, die weiteren Auswirkungen solcher Un-

---

72 Derrida, *Le toucher, Jean-Luc Nancy*, a.a.O., S. 206
73 Ders., *De la Grammatologie*, Paris, 1967, S. 235. – Derrida spricht bezüglich der schuldbeladenen Selbstbefriedigung von »anderem«, das auftaucht innerhalb der »schmalen Differenz, die das Handeln (*agir*) vom Hinnehmen (*pâtir*) trennt«. Die Gleichzeitigkeit von »Gemachtem« und »Genossenem« erlaubt es der Selbstaffektion nicht, als »rein« zu erscheinen.
74 Es soll hier nicht entschieden werden, ob es in der aus dem *Entwurf* zitierten Stelle um Halluzination im strengen Sinn oder um (die Spur von Hetero-Affektion auslöschende) phantasmatische Wunscherfüllung geht.
75 Derrida, *De la Gammatologie*, a.a.O., S. 222
76 Das Bestehen eines solchen Fremdkörpers und die daraus folgende Tatsache, dass das äußere Objekt »feindselig« erscheint, schreibt Melanie Klein dem Todestrieb zu (vgl. »Zur Theorie von Angst und Schuldgefühl«, in *Das Seelenleben des Kleinkindes*, a.a.O., S. 133), woraus sich die Möglichkeit ergibt, eine Beziehung zwischen der notwendigen »Unreinheit« von Selbstaffektion und dem Wirken des Todestriebs herzustellen.

reinheit als Ursprung einer ersten *theory of mind* anzusehen.[77] Man kann versuchen, das solcher Identifizierung zugrunde liegende ursprüngliche und illusorische Wissen über den anderen mit demjenigen in Zusammenhang zu bringen, was Husserl über den Unterschied zwischen dem Zugang zum Ding und dem Zugang zum anderen sagt. Der durch projektive Identifizierung erzeugte Eindruck, dass der andere mir Böses will, wäre darauf zurückzuführen, dass die Erfahrungsmöglichkeit bezüglich des anderen wie diejenige eines Dings gehandhabt wird. Es wird nicht berücksichtigt, dass Lebewesen (»Animalien«) zwar Realitäten darstellen, die »Urpräsenz voraussetzen« (sie haben, meint Husserl, wie ich selbst unmittelbaren Zugang zu ihrem eigenen Leib), jedoch »selbst in Urpräsenz nicht gegeben sind«[78] (ihre eigene Erfahrung ihres Leibs und ihr »Inneres« insgesamt sind mir nur indirekt, über Appräsentation, zugänglich). Der Abgrund, der mich vom anderen trennt und bewirkt, dass er mir nur durch indirekte »Einfühlung« zugänglich ist, wird bei der projektiven Identifizierung durch einen Schein von Wissen übersprungen[79], so als ob mir die Rückseite dessen, was mir nicht unmittelbar gegeben ist, dennoch direkt zugänglich werden könnte – »die Rückseite wird zur Vorderseite«, und das ist nur möglich aufgrund der Verkennung der Tatsache, dass über die Rückseite prinzipiell kein Wissen möglich ist. Der voll ausgebildete psychotische Verfolgungswahn beruht darauf, dass der ursprüngliche paranoide Zugang zum anderen nicht modifiziert und weiter verfestigt wird.[80]

Das durch die Unmöglichkeit reiner Selbstaffektion im Inneren bestehende Fremde wird durch Projektion ausgestoßen, was zu dem Schluss führt, dass der andere mir grundsätzlich Böses will. So unzureichend sich ein solcher Mechanismus auch im weiteren erweisen wird, erfüllt er zumindest die »Aufgabe, Freund und

---

77 Wobei hier freilich der Ausdruck Theorie nicht wirklich angebracht erscheint. Die von Melanie Klein beschriebene Konstitution der guten und bösen Objekte erweist sich gerade dadurch interessant, dass es sich um Kategorien handelt, die sich *nicht* »von einer theoretischen formalen Ontologie und von einer Wissenschaft der Objektivität des Objekts im allgemeinen ableiten lassen« (Derrida, *De la Grammatologie*, a.a.O., S. 132). Nicht unähnlich behauptet Heidegger in *Sein und Zeit* (Tübingen, 1972, S. 69) eine Priorität der praktischen »Zuhandenheit« gegenüber der aus der Theorie erwachsenden und der Metaphysik zugeordneten »Vorhandenheit«.
78 Husserl, *Ideen II*, a.a.O., S. 163
79 Die Herstellung solchen Scheins von Wissen wird bedingt durch dasjenige, was Freud (»Weitere Bemerkungen über die Abwehr-Neuro-Psychosen«, *Gesammelte Werke*, Bd.I, S. 386 ff.; vgl. dazu auch mein »Der Unglaube in der Psychose«, in *Freud und der Rest*, Wien, 1993, S. 23 ff.) als einen die Paranoia charakterisierenden *Unglauben* beschreibt. Derrida (*Foi et Savoir*, Paris, 2000, S. 98) spricht von einem Zusammenhang zwischen Glauben und der notwendigen (und, kann man hier folgern, in der Psychose verkannten) Unterbrechung der Beziehung zum radikal Anderen.
80 Husserls Analyse des Zugangs zum Ding legt es nahe, Kanners oben erwähnte Behauptung, wonach Autisten Personen wie Dinge behandeln, zu nuancieren. Im Gegensatz zu Paranoikern wird ihnen die Rückseite des anderen niemals zur Vorderseite. Autisten bleiben gewissermaßen diesseits des Abgrunds stehen, ohne ihn zu überspringen oder durch Glauben auszufüllen.

Feind richtig zu unterscheiden«[81]. Solche Identifizierung des Fremden kommt beim Autisten nicht zustande – sein Problem, haben wir gesagt, besteht seltsamerweise darin, sich niemals verfolgt gefühlt zu haben. Die Herstellung von Gewissheit über die Absichten des anderen würde bereits die Wirkung jener von Melanie Klein postulierten Spaltungsprozesse voraussetzen, durch welche inneres Fremdes, bevor es projiziert wird, als lokalisierbar zu erscheinen vermag. Wie man gesehen hat, bringt Meltzer den Autismus mit dem Ausbleiben solcher Spaltungsprozesse in Zusammenhang. Das würde heißen, dass sich bei diesem Zustandsbild die der Projektion vorausgehende Lokalisierung der Unreinheit nicht herzustellen vermochte. Das Fremde manifestiert sich auf der Ebene dessen, was Meltzer als »eigentlich autistischen Geisteszustand« bezeichnet, als formlose Kraft, welcher der Autist ausgesetzt ist. In Anbetracht solcher »Ausgesetztheit« stellen die im Autismus beobachtbaren »beschützenden« Funktionen[82] wie der Umgang mit sogenannten »autistischen Objekten«[83] (das zwanghafte Drehen propellerähnlicher Gebilde, das ständige Haften an harten Gegenständen) bereits sekundäre Reaktionen dar. Das

---

81 Carl Schmitt, *Der Begriff des Politischen*, Berlin, 1996, S. 37. – Wenn wir im Folgenden mehrfach auf die politische Auffassung Carl Schmitts eingehen, so liegt das daran, dass die autistische »Strategie« mit einer radikalen Ablehnung der von Schmitt vertretenen »reaktionären« Auffassung der Beziehung zu Fremdem in Zusammenhang gebracht werden kann. In durchaus an Carl Schmitt gemahnender Weise spricht Meltzer – der zur Erhellung seiner klinischen Thesen häufig auf interessante politische Beispiele zurückgreift – davon, dass die autistische Demontage mit dem Fehlen der Herstellung von Kriterien einhergeht, die es erlauben würden, Feinde und Nahestehende voneinandereiner zu unterscheiden (Meltzer, *Explorations in Autism*, a.a.O., S. 25). In Derridas Schmitt-Kommentar ist die Rede von einer »doppelten Identifikation«, auf der in der traditionellen, von Schmitt geforderten Politik sowohl der Begriff des »freundlichen« als auch des »feindlichen« (d.h. in einer klassischen, geregelten Kriegssituation gegenüberstehenden) »Bruders« beruht (Derrida, *Politiques de l'amitié*, a.a.O., S. 129). Das den Autismus bestimmende Ausbleiben projektiver Identifizierung (Unmöglichkeit von Feindschaft) und die daraus resultierende reaktive Abkapselung (Unmöglichkeit von Freundschaft) beruht auf einem Scheitern (oder einer grundsätzlichen Verweigerung) dieser doppelten Identifikation. Das verleiht dem autistischen Zustandsbild in Anbetracht moderner »Entpolitisierung« (historisches Schwinden eines klar identifizierbaren und lokalisierbaren Feindes) etwas »Zeitgemäßes«. Das Zeitgemäße des Autismus kann auch durch eine Bemerkung Benjamins erhellt werden, wonach »im modernen Leben [...] Übergänge immer unkenntlicher und unerlebter« geworden sind (Walter Benjamin, *Das Passagen-Werk*, Bd. 1, Frankfurt am Main, 1983, S. 617). Baudrillard meint, dass der Autismus (im Gegensatz zum alten »vertikalen Wahnsinn« der Schizophrenie) unseren heutigen »horizontalen Wahnsinn« darstellt (Jean Baudrillard, *Cool Memories II*, Paris, 1990, S. 49 f.). Wir werden auf diese Konstellation im Kapitel »Verrücktheit, Biopolitik und Dekonstruktion« (insb. S. 158 ff.) näher eingehen.
82 Vgl. Derridas Bemerkungen über den Zusammenhang zwischen »Ausgesetztheit« (*exposition*) und »Beschützung« (*protection*) im Verhältnis zur Schrift (Derrida, *De la Grammatologie*, a.a.O., S. 223). Wie wir im weiteren ausführen werden, kann die gesamte autistische Symptomatologie als Folge einer ungeschützten Ausgesetztheit gegenüber der normalerweise verdeckten Gewalt von Sprache (in Derridas Terminologie: »Schrift«) aufgefasst werden.
83 Vgl. Frances Tustin, *The protective Shell*, a.a.O., S. 17 f.

autistische Kind, schreibt Frances Tustin, »ist dem Nicht-Ich in übermäßig schmerzhafter Weise begegnet. [...] Als Resultat davon hat es autosensorische Reaktionen entwickelt, um den psychosomatischen Kern des *self* zu beschützen, der für sein psychisches Überleben wesentlich war.«[84] Die autistischen Objekte »werden als Ausdehnung (*prolongation*) körperlicher Empfindungen oder Bewegungen erfahren. In diesem Zustand nachahmender Verschmelzung wird alles als ›Ich‹ erfahren, obwohl [das Kind] paradoxerweise keine Vorstellung (*sense*) von ›Ich‹ oder ›Nicht-Ich‹ besitzt.«[85]
Was dem Autisten in »übermäßig schmerzhafter Weise« begegnet, wäre nichts anderes als dasjenige, was Husserl als »Körper« bezeichnet: nicht zu Leib gewordenes »Eigenes«[86], das – insofern es bereits von sprachlichen Differenzen betroffen ist, sich aber indirekte »Einfühlung« in es nicht herzustellen vermag – fremd erscheint. Nachdem aufgrund der Allgegenwart von Fremdem Projektionsprozesse nicht in Gang kommen können, unterscheidet sich die autistische »Abwehr« grundsätzlich von der die Paranoia bestimmenden Strategie: Gegenmanöver in Anbetracht einer Bedrohung durch »irregulär« kämpfende Partisanen[87], könnte man sagen, und nicht Krieg (*polemos*) gegen einen klar definierten äußeren Feind.[88] Die von Tustin beschriebenen autosensorischen Vorgänge unterscheiden sich aber nicht nur von der paranoiden oder paranoischen Haltung gegenüber Fremdem, sondern sind auch anders strukturiert als die bereits lokalisiertes Fremdes auslöschenden Formen »normaler« Selbstaffektion. Was immer Tustin unter dem zu beschützenden »psychosomatischen Kern des *self*« verstehen mag, ist gewiss, dass die von ihr postulierten »autosensorischen Reaktionen« das Subjekt nicht dazu führen, sich (wie

---

84 Frances Tustin, *Autistic States in Children (Revised edition)*, London and New York, 1992, S. 41. – Tustin ist bekanntlich in ihren späteren Texten insofern zu einer Modifizierung ihrer ursprünglichen Auffassung gelangt, als sie die Verschmelzung mit der Mutter nicht mehr als normales kindliches Stadium, sondern als einen anomalen Zustand ansah (vgl. »Revised understanding of psychogenic autism«, in *International Journal of Psycho-Analysis* (1991) 72, S. 586).
85 Frances Tustin, *Autistic States in Children*, a.a.O., S. 53. – Autistische Objekte sind (im Sinne Meltzers) insofern als grundsätzlich zweidimensional anzusehen, als ihre Unbelebtheit es ausschließt, in eine prinzipiell unzugängliche »Rückseite« beliebige Inhalte hineinzuprojezieren.
86 Wenn wir hier die Extremsituation des Autismus zu formulieren versuchen, soll nicht übersehen werden, dass es aufgrund der Irreduktibilität des Technischen auch im Normalfall niemals zu einer vollständigen Deckung oder Verflechtung von »Körper« und »Leib« kommt. Vgl. Derrida, *Le toucher, Jean-Lus Nancy*, a.a.O., S. 266 ff. (»denn der ›Leib‹ ist auch ein Körper«, wobei unter Körper hier weniger eine ursprüngliche Gegebenheit, als ein innerhalb des Leibs fortbestehender unlebendiger Rest zu verstehen wäre).
87 »Der Partisan kämpft irregulär.« (Carl Schmitt, *Theorie des Partisanen*, Berlin, 1963, S. 11)
88 Vgl. Derrida, *Politiques de l'amitié*, a.a.O., S. 109 f. – Insofern Derrida, im Gegensatz zu Carl Schmitt, die prinzipielle Ununterscheidbarkeit dieser beiden Formen des Krieges behauptet (vgl. ebd. S. 133), kann die spezifische Problematik des Autismus (Ausbleiben der Ausbildung eines »klassischen« Feindes) nicht als einfache Anomalie angesehen werden, sondern stellt einen spezifischen, von einer allgemeinen Struktur her ermöglichten Umgang mit Fremdem dar.

das bei Winnicotts *transitional object*[89] oder bei dem von Derrida analysierten Phänomen der Stimme[90] der Fall ist) durch Vorstellungen »Gegenwart« zu verschaffen. Das von Tustin zu Recht angedeutete Paradox würde damit zusammenhängen, dass die auf die Herstellung von Einheit abzielenden autistischen Schutzmechanismen auf der Ebene (oder zumindest in der Nähe) dessen einzugreifen haben, was Derrida als Spur (»*absoluter Ursprung des Sinns im allgemeinen*«[91]), oder als *différance* bezeichnet: nicht Wiederaneignung von bereits identifizierbarem Fremdem, sondern Versuche, Splitter von rätselhaftem Fremdem, die sich an einer undeutlich wahrgenommenen Grenze manifestieren, durch »Ausdehnung« in ein stets bedrohtes »zweidimensionales« (d.h. objektloses) Versteck (in Tustins Ausdrucksweise: »weder ›Ich‹ noch ›Nicht-Ich‹«) hineinzuziehen.

Selbst wenn die paranoide Phantasmatik im Autismus nicht zur Wirkung kommt, lassen sich die charakteristischen Verhaltensweisen der Autisten nicht einfach, wie Meltzer es meint, auf eine »sensorische Offenheit« zurückführen, welche eine »Bombardierung durch Sinnesdaten« erzeugen würde.[92] Hält sich ein Autist, sobald er uns sprechen hört, die Ohren zu, so wird ihm nicht ein beliebiges rohes Sinnesdatum, sondern die Andersheit von Sprache als Fremdes unerträglich.[93] Sein Bestreben, die Hand des anderen für ihn agieren zu lassen, kann ebenfalls als Hinweis dafür angesehen werden, dass ihm das bereits Andersheit implizierende Hervortreten eines Teils des eigenen Körpers unzumutbar erscheint.[94] Das Fremde, mit dem er zu tun hat, setzt bereits das Wirken einer »ursprünglichen Gewalt der Sprache«[95] (»Schrift«) voraus, die in die angebliche Unmittelbarkeit von Sinneserfahrung immer schon Abstand und Differenz eingeführt hat.[96] Das daraus

---

89 Vgl. D. W. Winnicott, »Transitional Objects and Transitional Phenomena«, in *Playing and Reality*, Harmondswort, 1971, S. 1-30
90 Vgl. Derrida, *La voix et le phénomène*, a.a.O., *passim*.
91 Derrida, *De la Grammatologie*, a.a.O., S. 95
92 Meltzer, *Explorations in Autism*, a.a.O., S. 20
93 Vgl. Lacan, »Allocution sur les psychoses de l'enfant«, in *Autres écrits*, a.a.O., S. 367. – Ein Kind, das sich die Ohren zuhält wenn es jemanden sprechen hört, »schützt sich vor dem Wort«, schreibt Lacan, und befindet sich somit schon im Bereich des »Postverbalen«.
94 Die Tatsache, dass der andere für den Autisten handeln soll, kann freilich auch als Hinweis für Verschmelzung mit dem mütterlichen Objekt angesehen werden (vgl. Francis Tustin, *Autistic States in Children*, a.a.O., S. 198). Nur würde es sich hier in der oben angedeuteten Weise bereits um eine Reaktion auf den »eigentlich autistischen Geisteszustand« handeln, die darin besteht, den anderen zum »autistischen Objekt« zu machen. – Könnte die Tatsache, dass Autisten häufig auf den Zehenspitzen gehen, nicht als Hinweis dafür angesehen werden, dass ihnen der Gebrauch der aus dem Körper heraustretenden Extremitäten insgesamt zum Problem wird?
95 Vgl. Derrida, *De la Grammatologie*, a.a.O., S. 164
96 »Das Schreiben rührt an die Körper *entlang der absoluten Grenze*, die den Sinn des einen von der Haut und den Nerven des anderen trennt.« (Jean-Luc Nancy, *Corpus*, Paris, 2000, S. 13, dt. Corpus, Berlin, 2003, S. 15)

resultierende Zurückweichen betrifft eine instabile Zone, innerhalb derer sich niemals durch Auslöschung des Fremden »Eigenes« hat konstituieren können. Im »Normalfall« entstehen die Phänomene anscheinend reiner Selbstaffektion aufgrund der Auslöschung bereits in identifizierbarer Weise in Wirkung getretener Hetero-Affektion.[97] Im Autismus schließt die Allgegenwart des Fremden solche Auslöschung prinzipiell aus, was zu dem hoffnungslosen Versuch führt, eine Domäne diesseits des dauernden Einbruchs von Heterogenem zu kontrollieren. Wesentlich ist hier aber, dass dasjenige, was einbricht – wie in den parasitären Phänomenen der Psychose, jedoch in viel radikalerer Weise – normalerweise vergessener Fremdheit entspricht. Weil der Autist im Gegensatz zum »Normalen« nicht vergessen kann, dass seine eigene Hand, sobald sie agiert, nicht mehr ganz zu ihm gehört, fordert er den anderen auf, an seiner Stelle zu handeln; weil er sich die bereits die Heterogenität des Signifikanten voraussetzende Stimme nicht wiederanzueignen vermag, hält er sich die Ohren zu. Im gleichen Sinn entspricht der Gebrauch der sogenannten autistischen Objekte wohl nicht einer Abschirmung gegen rohe Sinnesdaten, sondern stellt den Versuch dar, eine am eigenen Körper wahrgenommene Grenze zu verschieben, an der aufgrund der auch beim schweigenden Autisten wirkenden Sprache Enteignetes (z.B. ein fremd gewordener Sinneseindruck) auftaucht.

Das alles hängt freilich damit zusammen, »wie das Eine sich teilt und sich entgegensetzt, sich, indem es sich setzt, sich selbst entgegensetzt, die Differenz, die es in sich trägt, verdrängt und vergewaltigt, Krieg führt, *gegen sich selbst Krieg führt, sich Angst macht*, sich, indem es sich vorm anderen bewahrt, in verängstigte Gewalt verwandelt [...].«[98] Kein Zweifel, dass der Autist sich »vorm anderen bewahrt« und »gegen sich selbst Krieg führt«. Anders als es bei anderen klinischen Strukturen der Fall ist, scheint jedoch das den Autismus bestimmende Streben nach Einheit gewissermaßen in sich selbst, d.h. in ursprünglicher »Selbstverschiedenheit« steckenzubleiben. Weil schon das keimende Eine zu keiner scharfen Teilung gelangt, gibt es nichts zu verdrängen oder auszulöschen, und mangels eines deutlich identi-

---

97 Da es bei solchem durch Auslöschung bewirkten Eindruck von Reinheit um einen (allerdings *wesentlichen*) *Schein* geht, sei hier angeführt, dass Carl Schmitt in einem anderen Zusammenhang (Verkennung des grundlegenden Freund-Feind-Verhältnisses durch Berufung auf ästhetische oder ökonomische Argumente) von »polemischer Reinheit« spricht (Carl Schmitt, *Der Begriff des Politischen*, a.a.O., S. 32). Wie Derrida zeigt, sind seine eigenen Begriffe für Schmitt paradoxerweise nicht weniger polemisch, sollen aber zu einer »reinen Unreinheit« des Politischen vorstoßen (vgl. Derrida, *Politiques de l'amitié*, a.a.O., S. 135).
98 Derrida, *Politiques de l'amitié*, a.a.O., S. 110 (die Hervorhebungen betreffen Derridas Kommentar der Texte von Carl Schmitt); vgl. ders., *Mal d'archive*, a.a.O., S. 124 f.

fizierbaren Feindes auch keinen »klassischen« Krieg zu erklären.[99] Die aus der Sehnsucht nach Einheit resultierende Vergewaltigung betrifft ein »Selbst«, das sich niemals »als solches« zu konstituieren imstande war. Die »Selbst«-Verstümmelung der Autisten richtet sich gegen den unmittelbar wahrgenommenen körperlichen Unterschied (*différance*) »selbst«, gegen den Körper *als* Unterschied. Um zum Einen zu gelangen, soll das andere des Körpers, z.B. die aus diesem »hervorragende« reale Hand, geschädigt (»ausgelöscht«) werden oder zumindest unbenützt bleiben. Weil dasjenige, was Husserl Leib nennt, nicht möglich wäre ohne solche normalerweise vergessene Differenz, lassen die autistischen Phänomene so etwas wie eine »Wahrheit« an den Tag treten. Sie vermögen uns daran zu erinnern, dass auch wir einen (fremden) »Körper« (gehabt) haben.

*

Entsprechend der Kleinschen Theorie bewirkt das Eintreten in die »depressive Position« die Überschreitung der durch projektive Identifizierung erzeugten ersten *theory of mind*. Mit der »Introjektion des Objekts als eines Ganzen«, meint Melanie Klein, »ändert sich die Objektbeziehung des Kindes grundsätzlich.«[100] »Die geliebten und gehassten Aspekte der Mutter werden nicht mehr so weit voneinander getrennt empfunden.«[101] Die Fähigkeit, mehr oder weniger differenzierte Hypothesen über fremdes Geistesleben aufzustellen, wäre also nicht als eine ursprüngliche Gegebenheit, sondern – sofern sie das Verlassen der paranoiden Position voraussetzt – eher als eine Errungenschaft anzusehen.
Insofern die den Autismus bestimmende Struktur diesseits des Eintritts in die paranoide Position zu situieren ist, trennt den Autisten eine doppelte Barriere von jenen Leistungen, welche die kognitivistischen Experimente ihm abverlangen. Weil nie die Vorstellung eines identifizierbaren Feindes produziert worden ist, hat sich im weiteren die »depressive« Differenzierung des Verhältnisses zum anderen, welche erst die Möglichkeit eröffnet, zu »vernünftigen« Schlüssen über dasjenige zu

---

99 Tustin berichtet, dass autistische Kinder, sobald sie zu sprechen beginnen, manchmal Sätze wie »Ich bin Gott« oder »Ich bin der König« aussprechen (*Autistc States in Children*, a.a.O., S. 13). Solche Äußerungen erinnern an die aussichtslosen Souveränitätserklärungen eines machtlosen und allseits von »irregulär« kämpfenden Feinden umzingelten größenwahnsinnigen Potentaten. Wesentlich ist hier aber, dass Tustin, wie man gesehen hat, meint, dass Autisten »alles als ›Ich‹ erfahren«, obwohl sie »paradoxerweise keine Vorstellung von ›Ich‹ oder ›Nicht-Ich‹« besitzen. Autismus stellt gewissermaßen einen Zustand vollständiger »Entpolitisierung« des Geisteslebens dar: kein Freund, kein Feind, keinerlei souveräne Instanz, bloße Selbstverschiedenheit.
100 Melanie Klein, »Bemerkungen über einige schizoide Mechanismen«, a.a.O., S. 103
101 Ebd., S. 115

gelangen, was sich im Kopf anderer abspielt, nicht ausbilden können.¹⁰² Für solche Leistungen fehlt dem Autisten somit nicht die intellektuelle Kapazität, sondern der neutralisierende »Rahmen«, innerhalb dessen derartige Überlegungen erst angestellt werden könnten. Was in den kognitivistischen Untersuchungen übersehen wird, ist die Tatsache, dass der existentielle und der formale Aspekt des Gedankenlesens stets eng miteinander verwoben bleiben.¹⁰³ Beschränkt man die Beurteilung des Verhältnisses zu Fremdem auf die Prüfung der Kapazität des Ziehens von *formalen* Schlüssen, so hat man schon vergessen, wie solche *Form* sich hat herstellen können – nämlich dadurch, dass das normale Subjekt »eine Kraft gegen eine Form« eingetauscht hat.¹⁰⁴ Was Meltzer als »eigentlich autistischen Geisteszustand« bezeichnet, besteht darin, dass durch die bloße Existenz von Sprache (welche einerseits bereits beim nicht sprechenden Individuum zur Wirkung kommt und andererseits nicht notwendigerweise die Herstellung des beschriebenen »Austauschs« impliziert) formlose Kraft fremd geworden ist. Die im Autismus beob-

---

102 Das offensichtliche Scheitern, von dem er zeugt, sollte uns nicht übersehen lassen, dass der Autismus auch – speziell für die Psychoanalyse – eine Herausforderung darstellt: Wären »normale« Formen des Umgangs mit Fremdem denkbar, die nicht auf der sekundären »Neutralisierung« eines zunächst identifizierten Feindes beruhen? Die Frage scheint umso aktueller, als die traditionelle Festmachung eines Feindes in der modernen politischen Situation zunehmend an Glaubwürdigkeit verloren hat und diese Veränderung auf der Ebene des Individuellen nicht ohne Auswirkungen bleiben kann. – Thomas H. Ogden (*Frühe Formen des Erlebens*, Wien-New York, 2000) spricht von einer den beiden Kleinschen vorausgehenden »autistisch-berührenden« Position. Obwohl ein solcher Versuch, nicht alles auf ursprünglicher Paranoia beruhen zu lassen, angesichts des erwähnten politischen Kontexts interessant erscheint, haben wir dennoch Bedenken anzumelden: Während Ogden mit dem Ausdruck »autistisch-berührenden Position« frühe Formen von Bewusstsein, Kontinuität, unmittelbarer Nähe und Gemeinsamkeit bezeichnet, die mit späteren Erfahrungsformen in »dialektische Beziehung« (ebd. S. 46) treten sollen, versuchen wir hier eher die prinzipielle *Unmöglichkeit* solcher Kontinuität zu betonen – wobei die Irreduzibilität von Trennung, Differenz und Unterbrechung freilich keineswegs *Erlebnisse* von Einheit und Kontinuität ausschließt. Trotz der Möglichkeit solchen Eindrucks von Einheitlichkeit und Unmittelbarkeit scheint uns die Irreduzibilität der Trennung dagegenzusprechen, auf theoretischer Ebene – wie Ogden es tut – dem Kleinschen Ursprungswahnsinn ein Kontinuitätsprinzip vorauszuschalten.
103 Kommen wir noch einmal auf Husserl zurück. Hält man sich an dessen Terminologie, so wäre der Autismus mit einer Schwierigkeit, mit »Anzeichen« umzugehen, in Zusammenhang zu bringen. Bedingung des Umgangs mit Anzeichen, könnte man mit Derrida hinzufügen, ist das Erleben der Möglichkeit »meines Verschwindens im allgemeinen« (vgl. Derrida, *La voix et le phénomène*, a.a.O., S. 60). Solches Erleben, dessen phantasmatischen Aspekt die Kleinsche Theorie letztlich beschreibt, bleibt im Autismus ausgeschlossen, und zwar in radikalerer Weise als in der Psychose.
104 Dieser Formel geht bei Derrida folgender Satz voraus: »Ein jeder, der sich diesen Formen und diesen Normen unterwirft oder unterworfen sieht, *ohne sie in seinem Körper zu denken*, wird auf diese Weise *wohl geformt*, das heißt normiert: normal.« (Derrida, »Forcener le subjectile«, in: Derrida und Thevenin, *Antonin Artaud*, Paris, 1986, S. 72, dt. »Das Subjektil ent-sinnen«, in *Antonin Artaud. Zeichnungen und Porträts*, München, 1986, S. 72)

achtbaren »beschützenden« Funktionen gelangen nicht über den Versuch hinaus, die beunruhigenden Wirkungen solcher entfremdeter Kraft hinauszuschieben. Das immer notwendige Eingreifen des Heterogenen in die Erfahrung des Eigenen steht am Ursprung der paranoiden *theory of mind*, die im weiteren die Möglichkeit »depressiver« Differenzierung des Zugangs zum anderen eröffnet. Die Konfrontation mit Fremdem ist auf der Ebene des »eigentlich autistischen Geisteszustandes« zu massiv, um über die beiden von Melanie Klein beschriebenen Schritte zur Möglichkeit jener neutralen Überlegungen über fremdes Geistesleben zu führen, zu denen Autisten gemäß den von den Kognitivisten erlangten Testergebnissen nicht fähig sind. Man versteht, warum uns die auf der Vernachlässigung der von der psychoanalytischen Theorie beschriebenen Vorgeschichte des »Gedankenlesens« beruhende kognitivistische Erklärung autistischer Phänomene unzureichend erscheint: Es wird vergessen, dass sowohl dem »normalen« als auch dem »pathologischen« Verhältnis zu Fremdem ein schmerzhaftes Drama vorausgeht.

Die Hand des Autisten

Man kann nicht über die Hand sprechen,
ohne über Technik zu sprechen.[1]

Am 31. Jänner 1800 schreibt Constans Saint Severin, Regierungskommissar des Kantons Saint Sernin, an seinen Vorgesetzten einen Bericht über ein von Jägern im Wald von Caune eingefangenes »wildes Kind«[2], welches er bei sich aufgenommen hat und das unter dem Namen Victor de l'Aveyron berühmt geworden ist. In diesem Bericht findet sich die Beschreibung folgender Szene: »Wenn er Durst verspürte, richtete er seine Blicke nach rechts und links; sobald er einen Krug erblickte, nahm er, ohne das geringste Zeichen von sich zu geben, meine Hand in die seine und führte mich zum Krug, auf den er mit seiner linken Hand schlug, um mich um etwas zu trinken zu bitten. Ich ließ Wein herbeibringen, den er verschmähte, und er wurde ungeduldig, bis ich ihm Wasser brachte.«[3]
Victor, meint man heute, war ein von seiner Familie ausgestoßener Autist.[4] Das wird unter anderem dadurch nahe gelegt, dass die in dem Bericht beschriebene Geste zu den eindrucksvollsten und konstantesten Phänomenen des Autismus gehört. Autisten neigen dazu, auf den direkten Gebrauch der eigenen Hand zu verzichten und sich der Hand des anderen wie eines Werkzeugs zu bedienen, das

---

1 Derrida, »La main de Heidegger«, in *Heidegger et la question*, Paris, 1990, S. 186
2 Vgl. Lucien Malson, *Die wilden Kinder*, Frankfurt am Main, 1972, S. 117; und P. J. Blumenthal, *Kaspar Hausers Geschwister*, Wien-Frankfurt am Main, 2003, S. 129-143
3 Zitiert nach: Thierry Gineste, *Victor de l'Aveyron*, Paris, 1993, S. 119
4 Vgl. Uta Frith, *Autism. Explaining the Enigma*, Oxford und Cambridge, 1999, S. 17 ff.

an ihrer Stelle agieren soll.[5] Häufig betrifft eine solche Vorgangsweise Handlungen, die unter anderen Umständen durchaus ohne fremde Hilfe ausgeführt werden können. Man scheint es also weniger mit einer Unfähigkeit, spezifische Handlungen auszuführen, zu tun zu haben, als mit einer globalen Veränderung einer bestimmten Funktion der Hand. Obwohl ein solches Verhalten durch seine Ungewöhnlichkeit beeindruckt, sollte man nicht übersehen, dass indirekter, d.h. technischer Umgang mit Objekten auch außerhalb des Autismus gängig ist. Wenn man z.b. mit einer Schreibmaschine schreibt, schiebt sich offensichtlich ein drittes Element in die anscheinend unmittelbare Beziehung zwischen der Hand und ihrem Objekt ein. Die Tatsache, dass die Hand lediglich Auslöser einer von einer anderen Instanz ausgeführten Tätigkeit ist, kann also insofern nicht als prinzipiell abnorm angesehen werden, als das immer schon unzählige menschliche Handlungen gekennzeichnet hat und heute geläufiger ist denn je.[6] Was beim autistischen Verhalten allerdings auffällt, ist einerseits die Einfachheit der Gesten, die nicht selbst ausgeführt werden und andererseits die Art, wie andere Menschen zu Werkzeugen gemacht werden. Außerdem hat man den Eindruck, dass das Delegieren an die Hand des anderen beim Autisten auf ein Fremdbleiben der eigenen zurückgeht.

Die Hand wird häufig als spezifisches Charakteristikum angesehen, das den Menschen von anderen Lebewesen unterscheiden soll, wobei darüber hinaus ihre Funktion mit der ebenfalls für den Menschen spezifischen Sprache in Zusammenhang gebracht wird. Es gibt zweifellos zahlreiche Argumente, die für eine solche Annäherung von Hand und Sprache sprechen. Leroi-Gourhan z.B. beschreibt Formen der Zusammenarbeit des Mundes mit der Hand entsprechenden Organen, die sich schon früh in der Evolution – etwa bei der dem Erfassen und der Vorbereitung der Nahrung dienenden Zange der Krabbe – abzeichnen.[7] Er zeigt im weiteren, wie dieses im Laufe der Evolution mehrmals angebahnte Zusammenwirken zweier Organe schließlich die spezifische menschliche Konstellation der tastenden, greifenden oder schreibenden Hand und des sprechenden Mundes ergibt: »Abenteuer der Be-

---

5   Vgl. ebd., S. 151. – Wie wir bereits gesehen haben (vgl. oben, S. 22), betont Melzer, daß der andere in solchen Situationen nicht einfach aufgefordert wird, Diener zu sein, sondern daß von ihm erwartet wird, zum eigentlicher Ursprung einer Aktion zu werden, für die er die Verantwortung zu tragen hat. Insofern zeichnet sich das autistische Verhalten durch ein eigenartiges Zusammenwirken von Abhängigkeit und Allmacht aus (vgl. Donald Meltzer, *Explorations in Autism*, Old Ballechin Strtah Tay, 1975, S. 21). Meltzer bemerkt im weiteren, dass man solches Verhalten nicht mit »tyrannischer Kontrolle« verwechseln sollte. »Die Dienstleistungen der elterlichen Figuren werden eher als selbstverständlich angenommen, so wie man es für selbstverständlich annimmt, dass die eigene Hand den eigenen Intentionen folgt.« (ebd., S. 229)
6   »Eine zahnlose Menschheit, die liegend leben und dasjenige, was ihr an Gliedern bleibt, dazu benützen würde, um auf Knöpfe zu drücken, ist nicht völlig undenkbar […]« (André Leroi-Gourhan, *Le geste et la parole*, Bd. I, Paris, 1994, S. 183). – Eine solche Sichtweise erlaubt es, im Autismus das Bestehen eines spezifisch »zeitgemäßen« und sogar »zukunftsträchtigen« Zugs zu erkennen.
7   Ebd., S. 49 ff.

züge zwischen Gesicht und Hand«.[8] Von einer solchen Darstellung, die das spezifisch Menschliche als einen bestimmten Moment in der Geschichte des Lebens untersucht[9], ist allerdings eine andere zu unterscheiden, die einen »Abgrund«[10] zwischen der tierischen und menschlichen Funktion der Hand postuliert, wobei häufig der »natürliche«, »ursprüngliche« oder »eigentliche« Gebrauch der menschlichen Hand nicht weniger scharf gegenüber allem Technischen abgegrenzt wird. Wenn wir im Folgenden versuchen, hinsichtlich des Verhältnisses von Tierischem und Menschlichem der »Alternative zwischen aneignender Projektion und schneidender Unterbrechung«[11] (d.h. zwischen der »Vermenschlichung« des Tieres und dessen strikter Abgrenzung vom Menschen) zu entgehen, so ist das für die hier zu behandelnden Phänomene nicht unbedeutend. Denn der Gebrauch sowohl der Hand als auch der Sprache erfährt im Autismus Veränderungen, durch welche letztlich die Frage der Menschlichkeit aufgeworfen wird. Ist das Ausfallen des »normalen« Gebrauchs der Hand im Autismus als ein »primitiver« und im weiteren sogar tierischer Zug anzusehen? Oder legt es der werkzeughafte Umgang mit anderen im Gegenteil nahe, im autistischen Verhalten etwas übertrieben Technisches – und das heißt, zumindest gemäß einer gewissen Sichtweise, ebenfalls nicht eigentlich Menschliches – zu vermuten? Auch die Tatsache, dass Autisten häufig schreiben bevor sie zu sprechen beginnen, gehört diesem Fragenkomplex an. Die Schrift wird ja häufig als ein sekundäres und »technisches« Medium angesehen, welches lediglich das »ursprünglichere« Phänomen der Rede abbildet und dadurch dessen angebliche Authentizität degradiert. Wie ist die Umkehrung der normalen Reihenfolge des Auftretens der entsprechenden Phänomene im Autismus zu interpretieren?
Der Autismus stellt uns also vor eine Alternative: Entweder wir schließen ihn aufgrund dessen, was wir über die Menschlichkeit von Hand und Sprache zu wissen glauben, aus dem eigentlich Menschlichen aus; oder wir sehen ihn im Gegenteil als eine Herausforderung an, solches Wissen in Frage zu stellen und dadurch zu einer Auffassung zu gelangen, die nicht mehr darauf beruht, das Menschliche durch scharfe Gegensätze und Grenzen zu definieren. Entgegen den Schlüssen, welche uns zahlreiche klassische Überlegungen über die Hand nahe legen würden, wird es im folgenden darum gehen, energisch die grundsätzliche Menschlichkeit der autistischen Eigenarten zu behaupten. Dabei werden wir uns an Derridas Lektüre klassischer philosophischer Texte – insbesondere von Husserl und Heidegger – halten.

---

8 Derrida, *De la Grammatologie*, Paris, 1967, S. 126
9 Ebd., S. 125
10 »Die Hand ist von allen Greiforganen: Tatzen, Krallen, Fängen, unendlich, d.h. durch einen Abgrund des Wesens verschieden.« (Heidegger, *Was heißt denken?*, Tübingen, 1961, S. 51)
11 Derrida, »L'animal que donc je suis«, in Marie-Louise Mallet (Hrsg.), *L'animal autobiographique*, Paris, 1999, S. 269

Aus dem Wort entsprungene Hand

Die Hand ist in Heideggers Überlegungen von großer Bedeutung. Gehen wir zunächst kurz auf den Unterschied zwischen »Zuhandenheit« und »Vorhandenheit« ein, den man in *Sein und Zeit* (§ 15) findet. Heidegger betont dort, dass die »nächste Art des Umganges« in der Welt und mit dem innerweltlichen Seienden »nicht das nur noch vernehmende Erkennen, sondern das hantierende, gebrauchende Besorgen« ist, »das seine eigene ›Erkenntnis‹ hat« (und somit nicht bloß »atheoretisch«[12] ist). Heidegger versucht zu zeigen, dass das »Gebrauchte«, d.h. »Zuhandene« im Gegensatz zur gängigen philosophischen Ansicht dem »theoretischen ›Welt‹-Erkennen« von nur noch als Gegenstand »Vorhandenem« *vorausgeht*. Die Praxis ist nicht atheoretisch, und das theoretisch Erfassen des nur noch Vorhandenen hat keinen Anspruch auf Vorrangigkeit. In diesem Sinn bemerkt Heidegger auch bezüglich der Zuhandenheit, dass wir uns in die »Seinsart des besorgenden Umgangs« nicht erst »versetzen« müssen – das »alltägliche Dasein *ist* schon immer in dieser Weise«.[13] Die Weise, wie uns im alltäglichen, immer schon praktischen Umgehen Seiendes gegeben ist, bezeichnet Heidegger als »Zeughaftigkeit«, wobei sich letztere durch eine für sie wesentliche »Verweisung« auszeichnet – Zeug ist niemals nur für sich allein da. »*Ein* Zeug ›ist‹ strenggenommen nie. Zum Sein von Zeug gehört je immer schon ein Zeugganzes, darin es dieses Zeug sein kann, das es ist. Zeug ist wesenhaft ›etwas, um zu ...‹«.[14]

Obwohl die beiden Ausdrücke »Zuhandenheit« und »Vorhandenheit« eng an die deutsche Sprache gebunden bleiben, geht es, wie Derrida betont, um zwei mögliche Verhältnisse zur Hand: »Buchstäblich: welcher dieser beiden Bezüge auf die Hand

---

12 Heidegger, *Sein und Zeit*, Tübingen, 1972, S. 69
13 Heidegger, *Sein und Zeit*, a.a.O., S. 67
14 Ebd., S. 68. – Ein von Heidegger angeführtes Beispiel von Zuhandenheit zeigt, dass wir uns nicht von der Frage des Autismus, um die es hier geht, entfernen: »z.B.: die Tür öffnend mache ich Gebrauch von der Klinke« (ebd., S. 67). Wenn uns Autisten, wie es so häufig geschieht, dazu auffordern, eine Tür zu öffnen, so scheint das zu implizieren, dass die »eigene«, nicht mehr dem Kontext von Zuhandenheit (»gebrauchendes Besorgen«) angehörige und somit selbst bloß »vorhandene« (und im weiteren fremde) Hand nur mehr dazu dient, anzuzeigen, dass diejenigen Funktionen, die von Heidegger der »Zuhandenheit« zugeschrieben werden, vom anderen ausgeführt werden sollen. Allerdings kann man nicht übersehen, dass solche Aufforderung ihrerseits ein (in diesem Fall sogar doppeltes) »um zu« impliziert (Ergreifen der Hand des anderen, *um* ihn aufzufordern, eine Handlung auszuführen, *um* ein bestimmtes Resultat zu erlangen), woraus sich ergibt, dass Heideggers Unterscheidung an Schärfe einbüsst sobald ein irreduktibel technischer (d.h. hier: bloß »auslösender« und nicht »unmittelbar selbst vollständig vollziehender«) Aspekt *jeglichen* Handelns berücksichtigt wird. – Man kann hier notieren, dass Derrida von einer in den phänomenologischen Untersuchungen vernachlässigten »Anzeige-Funktion« der Hand spricht (Derrida, *Le toucher, Jean-Luc Nancy*, Paris, 2000, S. 187).

fundiert den anderen?«¹⁵ Die Hand, die sich auf das Ding als manövrierbares Zeug bezieht oder die Hand, die sich auf das Ding als unabhängig bestehendes, d.h. »vorhandenes« Objekt bezieht? Und allgemeiner geht es um die Dekonstruktion der klassischen Ordnung der Fundierung, d.h. ums Handeln in seinem Verhältnis zum der Theorie zugeordneten Sehen: »Der nur ›theoretisch‹ hinsehende Blick auf Dinge entbehrt des Verstehens von Zuhandenheit. Der gebrauchend-hantierende Umgang ist aber nicht blind, er hat seine eigene Sichtart, die das Hantieren führt und ihm seine spezifische Dinghaftigkeit verleiht. Der Umgang mit Zeug unterstellt sich der Verweisungsmannigfaltigkeit des ›Um-zu‹. Die Sicht eines solchen Sichfügens ist die *Umsicht*.«¹⁶

In *Was heißt denken?* (Vorlesung 1951/52) geht es wiederum, und diesmal viel deutlicher, um die Hand. Heidegger vollzieht hier eine Art doppelten Ausschluss, wobei sich aber die beiden ausgeschlossenen Gebiete teilweise überdecken: Die Hand des Menschen ist weder als bloß *technisch* noch als bloß *tierisch* bestimmbar, was dann impliziert, dass etwaige Abweichungen vom Wesen der derart postulierten wahrhaften Hand als gleichzeitig technisch und animalisch zu qualifizieren und letztlich auch zu brandmarken sind. Heidegger kommt in seiner Vorlesung vom Denken zum Lernen des Denkens und dann zum Handwerk, welches ebenfalls durch einen doppelten Ausschlussprozess bestimmt wird: Das »Hand-Werk«, d.h. die »Beschäftigung« des »echten« Handwerkers, wird weder durch Nützlichkeit noch »lediglich durch das Geschäft bestimmt«.¹⁷

Das Tun des Handwerkers orientiert sich, wie das wahre Denken, an demjenigen, was uns schon in den Dingen erwartet. Es geht darum, »die Sache zu schützen« (was freilich, muss man hier ergänzen, von der Feststellung bloßer »Vorhandenheit«, die – ohne es zuzugestehen – die Dinge schon entstellt, zu unterscheiden wäre). »Lernen heißt: das Tun und Lassen zu dem in Entsprechung bringen, was sich jeweils an Wesenhaftem zuspricht. Je nach der Art dieses Wesenhaften, je nach dem Bereich, aus dem sein Zuspruch kommt, ist das Entsprechen und damit die

---

15 Derrida, »La main de Heidegger«, a.a.O., S. 197
16 Heidegger, *Sein und Zeit*, a.a.O., S. 69. – Es wäre zu überlegen, inwiefern das Auftreten verbaler Halluzinationen als plötzliches Auftauchen der »Vorhandenheit« eines normalerweise »zuhandenen« (d.h. in einen sinnvollen Kontext eingebundenen) Sprachelements aufgefasst werden könnte. In diesem Sinn würde paradoxerweise »Zuhandenheit« schon auf der Auslöschung der als bloß »vorhanden« erscheinenden Materialität des Signifikanten beruhen. Zuhandenheit würde sich auf der Seite anscheinend reiner Selbstaffektion ansiedeln, während bei Ausbleiben der für das Phänomen reiner Selbstaffektion notwendigen Auslöschung des Fremden »Vorhandenes« in Erscheinung treten würde. Eine solche Sichtweise stellt die von Heidegger behauptete hierarchische Beziehung zwischen den beiden Haltungen in Frage.
17 Heidegger, *Was heißt denken?*, a.a.O., S. 50. – Das Bestehen peinlicher politischer Resonanzen sind bei einer derartigen Abstandnahme vom »Geschäft« nicht auszuschließen. Das Geschäft und der Kapitalismus sind in einem solchen Kontext immer diejenigen des anderen (vgl. Derrida, »La main de Heidegger«, a.a.O., S. 190 f.) .

Art des Lernens verschieden.«[18] Das Beispiel wäre hier der Schreinerlehrling, der »echte« zumindest, der sich »zu den verschiedenen Arten des Holzes und zu den darin schlafenden Gestalten in die Entsprechung« bringt; »zum Holz, wie es mit der verborgenen Fülle seines Wesens in das Wohnen des Menschen hineinragt«[19]. Weil er Handwerker ist, zwingt der Schreiner einerseits dem Holz nichts auf und lässt sich andererseits von Geschäft und bloßer Nützlichkeit nichts aufzwingen. Bezüglich der Formel »Wohnen des Menschen« betont Derrida, dass es gemäß dieser Auffassung »das Handwerk des Schreiners nicht geben würde ohne diese Entsprechung zwischen dem Wesen des Holzes und dem Wesen des Menschen« – die Tätigkeit des Schreiners und im weiteren des Denkers würde ohne solche Entsprechung »leer« sein, bloße durchs »Geschäft« bestimmte »Beschäftigung.«[20] Der Lernende (und somit auch der das Denken Lernende) ebenso gut wie der Handwerker hört auf den »Zuspruch« des »Wesenhaften«, und zwar »je nach dem Bereich«, aus dem der »Zuspruch« kommt. Was dann zu der Vermutung führt, dass Denken vielleicht »auch nur dergleichen wie das Bauen an einem Schrein« ist.[21]

Vom Hand-Werk kommt Heidegger zur Hand, was auch – weil es von Anfang an eigentlich um das Lernen des Denkens gegangen ist – impliziert, dass sich etwas zwischen dem menschlichen Denken und Sprechen einerseits und der Hand andererseits abspielt. »Mit der Hand hat es eine eigene Bewandtnis«, schreibt Heidegger. Wie schon beim Verhältnis von »Zuhandenheit« und »Vorhandenheit« geht es darum, sich von der »gewöhnlichen Vorstellung«[22] zu entfernen – diesmal von einer, die behaupten würde, dass die Hand »zum Organismus unseres Leibes« gehört. »Allein das Wesen der Hand lässt sich nie als ein leibliches Greiforgan bestimmen oder von diesem her erklären.« Und dann der eindrucksvolle Satz: »Greiforgane besitzt z.B. der Affe, aber er hat keine Hand.« Die Hand sei von »allen Greiforganen: Tatzen, Krallen, Fängen, unendlich, durch den Abgrund des Wesens verschieden«. Derrida betont, dass sich Heidegger hier auf keinerlei »zoologisches Wissen« beruft und sich um etwaige metaphysische Voraussetzungen seiner Behauptung keine Sorgen zu machen scheint.[23] Der Ton ist auf jeden Fall kategorisch: »Nur ein Wesen, das spricht, d.h. denkt, kann die Hand haben und in der Handhabung Werke der Hand vollbringen.« Die lapidare Formel eines solchen Zusammenhangs lautet: Das Denken »ist jedenfalls ein Hand-Werk.« Das heißt, dass wir von der Analogie zwischen Handwerk und Denken – beide respektieren das Ding

---

18 Heidegger, *Was heißt denken?*, a.a.O., S. 49
19 Ebd., S. 50
20 Derrida, »La main de Heidegger, a.a.O., S. 188
21 Heidegger, *Was heißt denken?*, a.a.O., S. 50
22 Ebd., S. 51
23 Vgl. Derrida, »La main de Heidegger, a.a.O., S. 192

und sind unabhängig von Nützlichkeit und Geschäft – zur Behauptung übergehen, dass beim Denken und Sprechen tatsächlich die Hand am Werk ist. Damit ist aber noch nicht alles über das »Werk« der Hand gesagt, denn »es ist reicher als wir gewöhnlich meinen«. »Die Hand reicht und empfängt und zwar nicht allein Dinge, sondern sie reicht sich und empfängt sich in der anderen«.[24] Für Derrida geht es hier »zunächst zumindest« um Folgendes: »Die Hand des Menschen *gibt und gibt sich* wie das Denken oder dasjenige, was sich zu denken gibt und das wir noch nicht denken« (entsprechend den »schlafenden Gestalten« im vom Schreiner bearbeiteten Holz), »während das Organ des Affen oder des Menschen als bloßem Tier, sogar als *animal rationale*[25]*, nur nehmen, ergreifen, sich der Sache bemächtigen* kann.«[26] Was Derrida hier bedenklich erscheint, ist der als gesichert präsentierte Gegensatz zwischen *Geben* und *Nehmen*, der in Wirklichkeit (entsprechend der Spannung zwischen dem englischen *gift* und dem deutschen *Gift* oder der Doppelbedeutung des Wortes *pharmakon*) »prekär« sei.[27] Heidegger schwebe hier letzten Endes ein Gegensatz vor zwischen dem »das-Ding-*als solches*-geben/nehmen« und dem geben/nehmen ohne dieses *als solches* und im weiteren ohne das Ding selbst, wobei dem »weltarmen« Tier lediglich die zweite dieser beiden Möglichkeiten zugänglich wäre.[28] Das Tier lässt das Ding nicht sein, was es seinem Wesen nach ist.[29] Diese scharfe Unterscheidung, diese »absolute gegensätzliche Grenze«[30] zwischen Mensch und Tier hält aber Derrida, wie er immer wieder betont, für äußerst problematisch. Es handle sich um die Auswirkung einer »metaphysischen Voraussetzung«[31] im Augenblick selbst, wo Heidegger sich von Metaphysik verabschieden möchte. Was natürlich keineswegs heißt, dass der Unterschied zwischen Tier und Mensch einfach vernachlässigt werden sollte.

---

24 Heidegger, *Was heißt denken?*, a.a.O., S. 51. – Das Geben der Hand spielt eine große (aber von Heideggers Auffassung verschiedene) Rolle bei Merleau-Ponty (speziell in »Le philosophe et son ombre«, in *Signes*, Paris, 2001, S. 274 f.). Einwände gegen die Behauptung der Universalität dieser Geste in Derrida, *Le toucher, Jean-Luc Nancy*, a.a.O., S. 216, Fußnote.
25 Derrida vermutet bei Heidegger eine doppelte Abgrenzung des wahrhaft Menschlichen – nicht nur gegenüber dem »Greifen« des Affen, sondern auch gegenüber demjenigen des »Begriffs« (Derrida, «La main de Heidegger«, a.a.O., S. 191; vgl. auch *Le toucher, Jean-Luc Nancy*, a.a.O., S. 176, Fußnote).
26 Derrida, «La main de Heidegger«, a.a.O., S. 196
27 Derrida (ebd., S. 196) verweist hier auf sein *Donner le temps* (Paris, 1991).
28 Vgl. Derrida, «La main de Heidegger«, a.a.O., S. 64-66. – In *Donner le temps* (a.a.O., S. 26) behauptet Derrida einen Gegensatz zwischen dem Geben des *Dinges selbst* und dem Geben eines *symbolischen Äquivalents dieses Dinges*, wobei letzteres mit der eigentlichen (und gleichzeitig letztlich nur als unmöglich möglichen) Gabe unvereinbar wäre.
29 Derrida, »La main de Heidegger«, a.a.O., S. 196
30 Ebd., S. 193
31 Derrida, »La main de Heidegger«, a.a.O., S. 192

Zeitlich zwischen *Sein und Zeit* und *Was heißt Denken?* siedelt sich ein anderer Text Heideggers an: *Parmenides* (1942/43). »Das Wort als Wesensbereich der menschlichen Hand«, heißt es im Zwischentitel der uns interessierenden Stelle[32], und kurz später: »die Hand ist in einem mit dem Wort die Wesensauszeichnung des Menschen«. Heideggers Überlegungen werden durch die Idee einer in Verfall begriffenen Einheit Wort-Hand geprägt, die es einstmals »noch« gegeben hat, jetzt aber – selbst wenn es sich um das Wesen selbst dieses Paars und somit des Menschen handelt – »nicht mehr« in Erscheinung tritt: Bei den frühen Griechen bestand »noch unzertrennte und im Wesen auch unzertrennliche Einheit«. »Die Hand west nur als Hand, wo Entbergung und Verbergung ist«, was für Heidegger heißt, dass es Wahrheit nur für den eine Hand habenden sprechenden Menschen geben kann. Mensch, Wort und Hand gehören zusammen, und nur durch die Hand gibt es Gebet, Mord, Gruß, Dank, Schwur und Wink und Handwerk überhaupt. »Kein Tier hat eine Hand und niemals entsteht aus einer Pfote oder einer Klaue oder einer Kralle eine Hand«[33], womit schon etwas vorausgenommen wird, das man später in *Was heißt Denken?* finden wird, dass nämlich Mensch und Tier, wie man gesehen hat, »durch den Abgrund des Wesens verschieden« sind. »Nur aus dem Wort und mit dem Wort ist die Hand entsprungen«, *die* Hand (im Singular) und nicht etwa »die Hände«.[34] Halten wir auch fest, dass die Hand hier mit dem »Handeln« in Zusammenhang gebracht wird: »Der Mensch selbst ›handelt‹ durch die Hand […]«[35], was unterschieden wird vom »Begriff der ›Sache‹, um die es ›sich handelt‹«.[36]

Hier beginnt eine gleichzeitig faszinierende und fragwürdige Überlegung über die Beziehung, welche Hand und Wort mit der Schrift unterhalten. Heidegger unterscheidet zwischen Handschrift und Maschinenschrift – ohne allerdings zu erwähnen, dass das Maschinenschreiben ebenfalls mit der Hand erfolgt.[37] Handschrift ist »das Wort als die Schrift«. Sie ist das Wort als »eingezeichnetes«, dem Blick sich zeigendes. Handschrift gehört zum Wort, Maschinenschrift dagegen »ist mit ein Hauptgrund für die zunehmende Zerstörung des Wortes«, sie »entreißt die Schrift dem Wesensbereich der Hand«. Handschrift entsteht durch die schreibende und somit eigentlich handelnde Hand, Maschinenschrift dagegen lediglich durch den

---

32 Heidegger, *Parmenides*, in *Gesamtausgabe*, Bd. 54, Frankfurt am Main, 1992, S. 117
33 Ebd., S. 118
34 Ebd., S. 119. – »Die Hände, das ist schon und noch organische oder technische Zerstreuung«, kommentiert Derrida (»La main de Heidegger«, a.a.O., S. 205).
35 Heidegger, *Parmenides*, a.a.O., S. 118
36 Ebd., S. 118. – Aber nicht nur der Mensch, auch die »Dinge« handeln, zumindest noch bei den frühen Griechen (Pindar), »insofern sie als die Vorhandenen und Zuhandenen im Bereich der ›Hand‹ anwesen.« (ebd., S. 118)
37 Vgl. Derrida, »La main de Heidegger«, a.a.O., S. 200

mechanischen Druck der Hand. Sie verbirgt den Charakter – »in der Maschinenschrift sehen alle Menschen gleich aus«, Maschinenschrift ist bloße »Abschrift«. »Das maschinelle Schreiben nimmt der Hand im Bereich des geschriebenen Worte den Rang und degradiert das Wort zu einem Verkehrsmittel«.[38]

»Die Schrift ist in ihrer Wesensherkunft die Hand-schrift.«[39] Derrida bemerkt, dass alles darauf hinweist, dass es hier um einen ganz bestimmten Aspekt von Schrift geht, eine »*unmittelbar* an die Rede (*parole*) gebundene Schrift«[40], das heißt, selbst wenn Heidegger es nicht präzisiert, um phonetische Schrift, die Sprechen alphabetisch mehr oder weniger genau festhalten soll: »Bestimmung« (*vocation*) der Hand, die mit einem bestimmten Aspekt von Sprache, eben der *Stimme*, verbunden wird.[41] Was Heidegger hier »Lesen«, »Lese« (als »Sammeln«) nennt und mit dem Logos und letztlich mit (hier allerdings nicht erwähnter) »Versammlung« in Zusammenhang bringt, hat sich – als gleichzeitig der Stimme (»Wort«, »Rede«) und der Handschrift zugehörend – gewissermaßen gegen die andere, schlechte, technische Maschinenschrift zur Wehr zu setzen. Weil aber Schrift für ihn dem irreduzibel Technischen jeglicher Sprache entspricht, zögert Derrida nicht mit seinem Urteil: »Diese anscheinend positive Bewertung der Handschrift schließt keineswegs eine Entwertung der Schrift insgesamt aus, im Gegenteil. [...] Die Schreibmaschine ist nur eine Verschlimmerung des Übels« der Schrift insgesamt.[42] Eines Übels, in der Geschichte dessen »die Erfindung der Druckerpresse«, »Vorform der Schreibmaschine«, eine Etappe darstellt: »Die Wortzeichen werden zu Buchstaben, der Zug der Schrift verschwindet«, schreibt Heidegger.[43]

»Die Wesenszusammengehörigkeit der Hand mit dem Wort als der Wesensauszeichnung des Menschen offenbart sich darin, dass die Hand Verborgenes entbirgt, indem sie zeigt, und zeigend zeichnet und zeichnend die zeigenden Zeichen zu Gebilden bildet.«[44] Die Schreibmaschine »entzieht dem Menschen den Wesensrang

---

38 Heidegger, *Parmenides*, a.a.O., S. 119. – Ähnliche Überlegungen finden sich in Walter Benjamins aus dem Jahr 1916 stammendem Aufsatz »Über Sprache überhaupt und über die Sprache des Menschen« (in Walter Benjamin, *Gesammelte Schriften*, Bd. II/1, Frankfurt am Main, 1991, S. 140-157): Durch den »Sündenfall« verließ der Mensch die »Unmittelbarkeit in der Mitteilung des Konkreten« und verfiel in den Abgrund des »Wortes als Mitteilung« und des »Geschwätzes« (ebd., S. 154; vgl. Derrida, *Force de loi*, Paris, 1994, S. 154, dt. *Gesetzeskraft*, Frankfurt am Main, 1991, S. 103).
39 Ebd., S. 125
40 Derrida, »La main de Heidegger, a.a.O., S. 202
41 Ebd., S. 194
42 Ebd., S. 202
43 Heidegger, *Parmenides*, a.a.O., S. 125 f. – Vom Zug war schon in *Was heißt Denken?* die Rede (vgl. Derrida, »La main de Heidegger, a.a.O., S. 203).
44 Heidegger, *Parmenides*, a.a.O., S. 125. – Merken wir hier an, dass in der von Derrida (»La main de Heidegger, a.a.O., S. 185) zitierten Übersetzung das Wort »zeichnen« französisch durch *tracer des signes*, d.h. »Zeichen aufzeichnen«, wiedergegeben wird.

der Hand«, sie ist »eine bei aller Aufdringlichkeit sich entziehende Verbergung«[45], »zeichenlos«. Sie zeugt von einem »gewandelten neuzeitlichen Bezug der Hand zur Schrift, d.h. zum Wort, d.h. zur Unverborgenheit des Seins.« »In der ›Schreibmaschine‹ erscheint die Maschine, d.h. die Technik, in einem fast alltäglichen und daher unbemerkten und daher zeichenlosen Bezug zur Schrift, d.h. zum Wort, d.h. zur Wesensauszeichnung des Menschen.«[46]

*

Wenn wir jetzt überlegen wollen, welche Tragweite eine solche Sehweise für ein Verständnis des Autismus haben könnte, so kann es keineswegs darum gehen, Heideggers Bemerkungen, so problematisch sie uns auch erscheinen mögen, einfach kritisch abzutun. Wenn Heidegger behauptet, dass Hand und Sprechen (und im weiteren Sinn Leib und Denken[47]) miteinander zusammenhängen, so ist das ja genau dasjenige, was wir beim Autisten beobachten: Wir haben es mit Subjekten zu tun, die entweder gar nicht oder in eigenartiger Weise sprechen, und gerade bei ihnen konstatieren wir gleichzeitig einen eigenartigen Gebrauch der Hand. Zunächst einmal findet sich also Heideggers Anschauung – zumindest was die Zusammenstellung mehrerer Elemente betrifft – bestätigt.

Auch bezüglich der nicht weniger problematischen Bemerkungen über die Schrift müssen wir zunächst feststellen, dass sie anregend sind für die Untersuchung des Autismus. Wie wir gesehen haben, gibt es bei Heidegger eine scharfe Unterscheidung zwischen zwei Arten von Schrift: Die Handschrift ist »das Wort als die Schrift«[48], sie gehört der Serie *Wort, menschliche* (d.h. nicht bloß *greifende*) *Hand* an. Die Maschinenschrift dagegen »entzieht dem Menschen den Wesensrang der Hand«[49], und entsprechend muss sie auch das Wort (als lebendige Rede) zerstören. Das stellen wir aber auch beim Autisten fest – seine Schrift- und Maschinenfreundlichkeit (sein häufig mehr oder weniger kopierendes Schreiben und die Leichtigkeit, mit der er mit Computern umgeht) würde es in Heideggers Augen sicher nicht verdienen, mit der »echten« Handschrift in Verbindung gebracht zu werden. Und genau dieses Mechanisch-Schriftliche geht – durchaus in Einklang mit Heideggers Präsentation – mit eigenartigem Gebrauch der Hand und Sprachveränderungen einher.

---

45 Heidegger, *Parmenides*, a.a.O., S. 126. – Zum Wort »Aufdringlichkeit«, vgl. Heidegger, *Sein und Zeit*, a.a.O., S. 73 f.
46 Heidegger, *Parmenides*, a.a.O., S. 126 f.
47 Vgl. Derrida, »La main de Heidegger, a.a.O., S. 190
48 Heidegger, *Parmenides*, a.a.O., S. 119
49 Ebd., S. 126

Das für eine richtige Einschätzung des Autismus wesentliche Problem besteht jedoch einerseits darin, dass – wie man sehen wird – der *Eindruck* der »Echtheit« von Rede, Hand und Schrift vielleicht nur eine *Wirkung* von Mechanismen darstellt, die durchaus als technisch oder äußerlich zu qualifizieren sind. Und andererseits, dass Heideggers Ausführungen beanspruchen, das *Wesen* des Menschen zu bestimmen. Wie Derrida betont, liefert uns Heidegger einen »sehr klassisch aufgestellten, einen [...] sehr dogmatisch und metaphysisch aufgestellten Gegensatz zwischen der Hand des Menschen und der Hand des Affen«.[50] Nicht eine Mehrzahl von Unterschieden zwischen Mensch und Tier, sondern eine »absolute gegensätzliche Grenze«[51] wird behauptet. Alles was solcher Bestimmung nicht konform ist, wäre folglich als nicht eigentlich menschlich zu betrachten. Als Menschen ohne echte Hand, als Menschen ohne wahres Wort, als mit Maschinen schreibende Menschen wären die Autisten letztlich keine echten Menschen. Wir würden den Autismus als mindere Form, als Verfallsform des eigentlich Menschlichen anzusehen haben, bei der wir gleichzeitig tierische und maschinelle Züge antreffen, die nicht wesentlich zum Menschen gehören.

Es kann hier freilich nicht darum gehen, das Absonderliche oder Krankhafte zu bestreiten, mit dem uns der Autismus konfrontiert. Aber statt den Autismus oder zumindest dessen typischsten Symptome, wie es uns Heideggers Sichtweise nahelegen würde, aus dem eigentlich Menschlichen auszuschließen, werden wir uns dafür interessieren, wie ein solches Krankheitsbild aufgrund eines eigenartigen ökonomischen Verhältnisses zwischen Elementen entstehen kann, die im Menschlichen überhaupt (und nicht unbedingt nur dort) *immer* wirksam sind und jeweils dasjenige ergeben können, was wir als »normal« oder als »verrückt« (und im speziellen Fall als »autistisch«) bezeichnen.

Bedrohung der Hand

Heideggers Denken der Hand betrifft die spezifische Konstellation eines »den Axiomen des tiefsten metaphysischen Humanismus« verpflichteten Denkens, welche das »menschliche Dasein« der Technik und dem Tierischen gegenüberzustellen versucht und von Derrida regelmäßig als »aufklärungsfeindlich« (*obscurantiste*) qualifiziert wird.[52]

---

50 Derrida, »La main de Heidegger, a.a.O., S. 185
51 Ebd., S. 193; vgl. auch ders., »De l'esprit«, in *Heidegger et la question*, a.a.O., S. 23.
52 In *Glas* z.B. schreibt Derrida, dass die »wesensmäßige Gegenüberstellung von Mensch und Tier« auf einem »eindeutigen, homogenen, aufklärungsfeindlichen Begriff der Animalität« beruht (Derrida, *Glas*, Paris, 1974, S. 35).

Die Behauptung eines das Menschliche bestimmenden Privilegs der Hand stellt jedoch keineswegs eine bloße Eigenart des Heideggerschen Denkens dar, sondern bestimmt insgesamt und nicht zufällig die reichhaltige dem Thema der Hand gewidmete philosophische Literatur.
Dieses Privileg der Hand hängt zunächst mit einer Bevorzugung des in ihr lokalisierten Tastsinns gegenüber anderen Sinnen, d.h. mit einer gewissen »haptozentrischen« Tradition[53] zusammen. Für Aristoteles ist der Tastsinn der einzige, der »für die Existenz des Lebendigen als solchem notwendig ist«.[54] Er meint, dass der Tastsinn »der einzige Sinn ist, dessen Verlust den Tieren den Tod bereiten muss. Denn einerseits muss diesen Sinn jedes Tier haben, andererseits braucht das Tier außer diesem einen anderen Sinn nicht zu haben.«[55] Selbst wenn für Aristoteles der Tastsinn Bedingung des Lebens ist und exzessive Tasteindrücke (»Stoß«, »Schlag«) den Tod des Lebewesens herbeiführen können[56], ist für Derrida *De anima* eine Abhandlung über »das reine Leben des Lebendigen«, womit gemeint ist, dass hier nicht von demjenigen die Rede ist, was das Seelische als solches an Tödlichem an sich haben könnte.[57]
Nichts über das Tasten der Hand bei Aristoteles. Die Hand ist zwar für ihn »das Werkzeug aller Werkzeuge«[58], aber gerade deshalb eher die Hand, die greift als die Hand, die etwas verspürt. Bei Kant dagegen gehören Hand und Tasten zusammen und beide gemeinsam zur Erkenntnis. Das stellt trotz gemeinsamer Bewunderung für die Hand einen Unterschied zu Heidegger dar, der, wie man gesehen hat, die »echte«, d.h. menschliche Hand von dem für ihn quasi-tierischen *Griff* des Begreifens abgrenzen will. Der Tastsinn (»*Sinn der Betastung*«), schreibt Kant, »liegt in den Fingerspitzen und den Nervenwärzchen (papillae) derselben, um durch die Berührung der Oberfläche eines festen Körpers die Gestalt desselben zu erkundigen. – Die Natur scheint allein dem Menschen dieses Organ angewiesen zu haben, damit er durch Betastung von allen Seiten sich einen Begriff von der Gestalt eines Körpers machen könne; denn die Fullhörner der Insekten scheinen nur die Gegenwart desselben, nicht die Erkundigung der Gestalt zur Absicht zu haben.« Die Hand erfüllt hier also einen Zweck, für welchen die Natur sie dem Menschen, und nur ihm, »an-

---

53 Derrida, *Le toucher, Jean-Luc Nancy*, a.a.O., S. 55
54 Ebd., S. 61
55 Aristoteles, *Über die Seele*, Leipzig, 1911, S. 94 (435b)
56 Ebd.; vgl. Derrida, *Le toucher, Jean-Luc Nancy*, a.a.O., S. 61
57 Ebd., S. 31. – Tod, Zeit und der andere werden hier von Derrida gemeinsam einem »Enteignungstrieb« (*pulsion d'expropriation*) zugeordnet. Die Erfahrung der Zeit und diejenige des anderen wurden bereits in früheren Texten Derridas mit der Notwendigkeit einer gewissen »Nicht-Ursprünglichkeit« in Zusammenhang gebracht (vgl. Derrida, *La voix et le phénomène*, Paris, 1967, S. 5, 58 und 77).
58 Aristoteles, *Über die Seele*, a.a.O., S. 84 (432a); vgl. Jean-Louis Chretien, *L'appel et la réponse*, Paris, 1992, S. 114; kommentiert in Derrida, *Le toucher, Jean-Luc Nancy*, a.a.O., S. 85 (Fußnote).

gewiesen« hat. Der Tastsinn ist »der wichtigste und am sichersten belehrende«, er dient der objektiven Erkenntnis.[59] Notieren wir hier noch, dass etwa bei Maine de Biran Hand und Tastsinn aufgrund der Beweglichkeit der Hand (was diese ihrerseits mit dem – auch in Husserls Hand-Gedanken präsenten – Willen in Zusammenhang bringt) spezifische (d.h. spezifisch menschliche) Erkenntnismöglichkeiten bieten.[60] Die dem Elefanten aufgrund seines Rüssels zugeschriebene Intelligenz[61] erklärt sich durch diese Betonung der Verbindung von Beweglichkeit und Tasten: Projektion des Menschlichen aufs Tier, die, anders als man zu glauben versucht sein könnte, die strenge Trennung zwischen Mensch und Tier keineswegs aufhebt, sondern erst recht bestätigt. Das Hervorragen des Menschlichen erscheint wie das Resultat des endlichen Gelingens zunächst unvollkommener Entwürfe. Wir gelangen zu einer für diese Sichtweise wesentlichen Reihe von Gipfelpunkten: »Am Gipfelpunkt der Erkenntniswille und das wollende Subjekt – Anstrengung (*effort*) –; am Gipfelpunkt der Anstrengungssinne jener Quasi-Sinn, welchen das Betasten darstellt, Über-Sinn; am Gipfelpunkt der Tastorgane die Hand, die ganze Hand, ihre Oberfläche und ihre Finger. [...] Aber diese Hand ist die Hand des Menschen. Als *animal rationale*.«[62]

Auch für Husserl ist der Leib »*Willensorgan*«, »*das einzige Objekt, das für den Willen meines reinen Ich unmittelbar spontan beweglich* ist«, wobei die Hand, die »stößt, ergreift, hebt u. dgl.«, sogleich als wesentliches »Beispiel« solcher Spontaneität angeführt wird (wohingegen »*bloße materielle Dinge* [...] *nur mechanisch beweglich und nur mittelbar spontan beweglich sind*«).[63] Die Hand ist also wie bei Maine de Biran mit dem Willen verknüpft. Wesentlich ist aber, dass sich dem Willen und der Beweglichkeit bei Husserl die für die Konstitution eines »Leibes« als Voraussetzung angesehene Möglichkeit unmittelbarer Selbstaffektion hinzu-

---

59 Kant, *Anthropologie in pragmatischer Hinsicht*, in *Werke*, Bd. X, Darmstadt, 1981, S. 447
60 Vgl. Derrida, *Le toucher, Jean-Luc Nancy*, a.a.O., S. 172 f.
61 »Der Rüssel des Elefanten erfüllt ungefähr die gleichen Funktionen wie die Hand des Menschen; auch hier finden sich Bewegungsfähigkeit und Empfindungsvermögen vollkommen vereinigt; auch besteht kein Zweifel, wie Buffon es festgestellt hat, dass der Elefant diesem Organ die Intelligenz verdankt, die ihn auszeichnet [...]« (Maine de Biran, *Influence de l'habitude sur la faculté de penser*, Paris, 1953, S. 21, zitiert nach Derrida, *Le toucher, Jean-Luc Nancy*, a.a.O., S. 176).
62 Derrida, *Le toucher, Jean-Luc Nancy*, a.a.O., S. 175 f. – Die »Anstrengung« (oder »Bestrebung«) – Korrelat der Tatsache, dass das Objekt sich nicht lediglich dem Blick darbietet, sondern auch dem Griff und dem Begreifen Widerstand leistet – wird von Derrida in seinem Kommentar von Main de Birans Texten der Endlichkeit zugeordnet, die ihrerseits, sofern sie mit dem Willen zusammenhängt, Unendlichkeit in sich aufnimmt (vgl. ebd., S. 128 und 160 ff.).
63 Husserl, *Ideen zu einer reinen Phänomenologie und Phänomenologischen Philosophie*, Bd. II (im weiteren zitiert als: »*Ideen II*«), Dordrecht etc., 1991, S. 151 f.

gesellt. Wir haben es also mit einem »freien Ich«[64] zu tun, das sich, wie Derrida schreibt, »durch seine *eigene* Bewegung *unmittelbar* als *Leib* selbst affiziert«[65]. Zentrales Element von Husserls Darstellung der Selbstaffektion ist die sogenannte »Doppelauffassung«, die, wie er immer wieder betont, lediglich auf der Ebene des Tastens (und z.b. nicht im Bereich des Visuellen) möglich ist. Durch das Betasten konstituiert sich das äußere Objekt, aber *gleichzeitig* kann die *gleiche Tast*empfindung auch als Empfindung des eigenen Körpers, d.h. des »Leib-Objekts« (»etwa« des tastenden Fingers, schreibt Husserl) aufgefasst werden. Im Fall, wo ein Leibesteil zugleich äußeres Objekt wird für den anderen – ich berühre z.b. mit dem Finger meiner rechten Hand den Finger meiner linken Hand – gibt es gleichzeitig »Doppelempfindung« (jeder der beiden Körperteile hat seine Empfindungen) und »Doppelauffassung«.[66] Beim Wahrnehmen eines äußeren Objekts – unabhängig davon, ob es sich um einen Teil des eigenen Körpers handelt oder nicht – ist eine »Selbstempfindung« gewissermaßen immer mit dabei, und zwar beim Tasten (und nur bei ihm) eine Empfindung (»Empfindnis« in Husserls Ausdrucksweise), die *ebenfalls* die Qualität des Tastens hat: »getastetes Tastendes«, was genau die Besonderheit eines eben durch solche Selbstaffektion konstituierten »Leibes« ausmacht[67]; »Sub-Objektivität«[68], angebliche Gleichzeitigkeit einer Erfahrung des äußeren Objekts und einer unmittelbaren Erfahrung jenes besonderen Objekts, welches der eigene Körper (der durch solche Gleichzeitigkeit zum »Leib« wird) darstellt.

Unabhängig von der etwaigen Triftigkeit der Behauptung der Möglichkeit solcher unmittelbarer Selbstaffektion kann man zunächst feststellen, dass Husserl in seinen Ausführungen ausschließlich die Hand als »Beispiel« wählt (»etwa« der tastende Finger, »z.B.« die Handfläche etc.). Derrida betont dagegen, dass die von Husserl angenommene »Doppelempfindung« (ein Leibesteil ist äußeres Objekt für den anderen) als solche nicht auf die Hand zu beschränken ist, sondern auch den Fuß, die beiden Lippen oder Schamlippen, die Berührung der Lippe mit der Zunge, des Gaumens mit der Zunge, das Schließen der Augenlider etc. betrifft.[69]

Husserl geht von einem Privileg der Hand aus, das »sich erklären, selbst wenn es sich nicht notwendigerweise rechtfertigen lässt.«[70] Derridas Erklärung dieses Pri-

---

64 Ebd., S. 152
65 Derrida, *Le toucher, Jean-Luc Nancy*, a.a.O., S. 184
66 Husserl, *Ideen II*, a.a.O., S. 147
67 Ebd., S. 149 f.
68 Derrida, *Le toucher, Jean-Luc Nancy*, a.a.O., S. 188
69 Ebd., S. 188. – Derrida geht hier in einer Fußnote auf das Werk von Luce Irigaray ein, die sich (z.B. in *Ce sexe qui n'en est pas un*, Paris, 1977) für spezifisch weibliche Formen der Selbstaffektion interessiert hat.
70 Ebd., S. 188; vgl. auch ebd., S. 191

vilegs der Hand: Es geht Husserl, wie man gesehen hat, um die Konstitution des äußeren, »materiellen oder ausgedehnten« Objekts, d.h. um »Objektivität«[71], und zwar innerhalb eines Rahmens, der als »anthropologisch«[72] zu qualifizieren ist. Obwohl nichts dagegen einzuwenden ist, den Menschen, »ein sehr eigenartiges« Objekt, innerhalb des tierischen Gebiets abzugrenzen, greifen bei Husserls Wahl des Beispiels der menschlichen Hand neben der unbestreitbaren Eigenart des Objekts Mensch noch zwei andere Faktoren ein: Zunächst einmal fordert uns die phänomenologische Methode insofern auf, beim Allernächsten, d.h. bei »uns« Menschen, zu beginnen, als sie ihre Untersuchungen diesseits dessen, was nur über »indirekte Appräsentation« zugänglich ist, anzusiedeln sucht[73]: »Unterschied zwischen *Urpräsenz* und *Appräsenz*«, wobei bei ersterer, wie Husserl schreibt, »beständig der Gegenstand selbst in Urpräsenz bewusst ist«[74]. Gerade weil mich nach Husserl ein Abgrund vom anderen trennt, muss ich bei mir selbst anfangen, und es trifft sich eben, dass ich ein Mensch bin (»das Menschliche möge uns als Repräsentant des Animalischen überhaupt genügen«, schreibt Husserl wohl in diesem Sinn[75]). Darüber hinaus bleibt aber in Husserls Denken ein hierarchischer Aspekt gegenwärtig – die »Phänomenologie des Psychischen« befreit sich niemals von demjenigen, was Derrida als »Bewertung« innerhalb einer »teleologischen Philosophie des Lebens« ansieht[76]: »Menschen-Erfahrung«[77], in Bezug auf welche, trotz Berufung auf eine »Identität der Natur für alle Menschen und Tiere«, das Tier (unabhängig davon, ob es der Hand gleichende Organe besitzt oder nicht) nur als »niederste Stufe«[78] Platz hat.

Zwei Gründe erklären für Husserl, warum Selbstaffektion nur beim Betasten und nicht in anderen Sinnesbereichen, speziell im Visuellen möglich ist. Einerseits gibt es im Auge – im Gegensatz zu den Organen des Tastens, in welchen *tastende* Eigenempfindungen zustande kommen – keine *visuellen* (wohl aber tastende) Eigenempfindungen im Sinn der »Doppelauffassung«: »Das Auge erscheint nicht visuell, und es ist nicht so, dass an dem visuell erscheinenden Auge dieselben Farben als Empfindungen lokalisiert erscheinen (und zwar visuell lokalisiert seinen verschiedenen Erscheinungsteilen entsprechend), welche in der Auffassung des gesehenen Außendings dem Gegenstand zugemessen werden, im zu-objektiviert werden als Merkmale.« Ich kann mein Auge, mittels welchen ich sehe, *selbst* berühren, es lie-

---

71 Ebd., S. 186
72 Ebd., S. 188 f.
73 Ebd., S. 191
74 Husserl, *Ideen II*, a.a.O., S. 162 f.
75 Ebd., S. 181
76 Vgl. Derrida, *Le toucher, Jean-Luc Nancy*, a.a.O., S. 191 f.
77 Husserl, *Ideen II*, a.a.O., S. 342
78 Ebd., S. 162

fert auch *selbst* Tastempfindungen und ich kann seine Bewegungen *selbst* empfinden, weshalb es zu meinem »Leib« gehört, aber ich kann *mich* nicht *sehend sehen*. Es gibt kein »gesehenes Sehendes«, während es sehr wohl »getastetes Tastendes« gibt. Nur im Bereich des Tastens kann *dieselbe* Empfindung *gleichzeitig* als Merkmal des äußeren Objekts und als Empfindung des Leib-Objekts aufgefasst werden.[79] Und die Hand ist für Husserl privilegierter Ort solchen Tastens.

Wichtiger für die Erklärung des Privilegs der Hand ist der zweite von Husserl angeführte Grund der Unmöglichkeit visueller Selbstaffektion, nämlich die Tatsache, dass die im Bereich des Tastens mögliche »Doppelempfindung« sich beim menschlichen Auge nicht herstellen kann. Das Auge kann sich aufgrund seiner anatomischen Eigenart nicht unmittelbar, d.h. ohne Eingreifen eines technischen Hilfsmittels (Spiegel) selbst sehen: wesentliche »Indirektheit« des »Sich-Sehens«, »Appräsentation«, was für Husserl – wenn ich mein eigenes Auge im Spiegel als »Eigenes« erkennen möchte – die Notwendigkeit von »Einfühlung« (genau so, wie wenn es sich um »das Auge eines Anderen« handeln würde) mit sich bringt.[80] Wir haben keine Stielaugen, die erlauben würden, »dass fortschreitend Auge an Auge entlanggehen und das Phänomen der Doppelempfindung entstehen könnte«, während wir Hände haben, die aus dem Körper hervorragen und diesen selbst betasten können – wobei Husserl allerdings, wie man gesehen hat, vernachlässigt, dass auch andere, nicht unbedingt hervorragende Körperteile (Lippen, Augenlider) solche tastende »Doppelempfindungen« hervorbringen können. Das Sehen weist auf jeden Fall einen Mangel auf (»es fehlt« ihm etwas, schreibt Husserl wörtlich), mit dem das Tasten nicht behaftet ist [81], und welcher es mit sich bringt, dass der Zugang zum Eigenen nur durch das Eingreifen einer technischen Prothese ermöglicht werden kann.

Die Hand als tastende, meint Husserl, ist mir stets ohne die Notwendigkeit indirekter Einfühlung als meine eigene gegenwärtig aufgrund ihres Selbstberührung ermöglichenden Hervorragens, welches darüber hinaus, speziell in den von Kant gelobten »Fingerspitzen«, Ort eines Tastens ist, welches im Gegensatz zum Visuellen das Privileg der Möglichkeit »reiner«, d.h. unmittelbarer Selbstaffektion genießt. Während ich im Spiegel etwas sehe, »von dem ich indirekt, durch ›Einfühlung‹ urteile, dass es identisch ist mit meinem (etwa durch Tasten sich konstituierenden) Ding Auge, ebenso wie ich das Auge eines Anderen sehe«[82], braucht es keinen »Tast-Spiegel« (als technischen Umweg), um gleichzeitig das Betastete und gewissermaßen »von innen« unmittelbar den eigenen tastenden Finger der

---

79 Ebd., S. 147 ff.
80 Ebd., S. 148, Fußnote
81 Ebd., S. 148; vgl. Derrida, *Le toucher, Jean-Luc Nancy*, a.a.O., S. 195
82 Husserl, *Ideen II*, a.a.O., S. 148, Fußnote

Hand wahrzunehmen. Beim Tasten, im Gegensatz zum Sehen, könnte ich nicht sagen, dass ich bloß »durch Einfühlung« zu urteilen vermag, dass meine Haut oder meine Hand meine eigenen und nicht Haut und Hand »eines Anderen« sind. Meine tastend-betastete Hand, »eben die *Hand selbst*«, die Hand meiner »Empfindnisse« – zu unterscheiden von demjenigen, was als »reale Dingbeschaffenheit« der Hand (»Rauhigkeit der Hand, ihre Farbe«) erscheint – erweckt den Eindruck, unmittelbar mir zu gehören. Die »Ausdehnung« (*extensio*) der Hand muss unterschieden werden von einer dem Bereich von Urpräsenz angehörenden phänomenologischen Innerlichkeit (»Ausbreitung«, »Hinbreitung«, »Verbreitung«). Solche »Verbreitung«, durch welche Empfindungen an der »Handfläche« (d.h. an der Oberfläche der Hand) gewissermaßen in die phänomenologische Innerlichkeit hineingezogen werden, ist für Husserl nicht dasselbe wie die Wahrnehmung der »realen Dingbeschaffenheit« der Hand.[83]

Die aus meinem Körper hervorragende Hand scheint mir zu gehören aufgrund der »Art, in der sie an mir ist«[84]. Die Art, wie die Hand »an mir ist« (Ort eines anatomischen Hervorragens *und* des einzigen reine Selbstaffektion ermöglichenden Sinns), wird aber für Derrida genau zur eigenen *Bedrohung*, d.h. zur Selbstbedrohung der Hand.[85] Denn das anscheinend »Eigene« des Doppelempfindungen erlaubenden »Draußen-Seins« (oder »Hervorragens«) meiner Hand beruht schon auf Wiederaneignung, und das anscheinend »Eigene« des »Drinnen-Seins« meiner sich durch Doppelauffassung auszeichnenden Tast-Empfindnisse setzt schon Unterscheidung voraus. Die zunächst theoretische (aber, wie man sehen wird, *keineswegs bloß theoretische*) Bedrohung der Hand ergibt sich aus einer Art Demontage der Kreuzung der beiden Elemente, die sich nach Husserl für die Konstituierung des »Vorzugs« der Hand gegenseitig voraussetzen.

Derrida stellt die »absolute *Gleichzeitigkeit* des Tastenden und des Betasteten, des Aktiven und Passiven in der unmittelbaren und direkten Intuition« in Frage[86] und postuliert die Notwendigkeit des Eingreifens eines heterogenen Faktors für das Zu-

---

83 »Das Empfindnis, das sich über die Handfläche und in sie hinein verbreitet, ist nicht eine reale Dingbeschaffenheit [...] so wie die Rauhigkeit der Hand, ihre Farbe usw. Die letzteren realen Dingeigenschaften konstituieren sich durch sinnliches Schema und Abschattungsmannigfaltigkeiten. Für das Empfindnis hat es von dergleichen zu sprechen gar keinen Sinn.« (ebd., S. 149; vgl. Derrida, *Le toucher, Jean-Luc Nancy*, a.a.O., S. 198)

84 Husserl, *Ideen II*, a.a.O., S. 150

85 Vgl. Derrida, *Le toucher, Jean-Luc Nancy*, a.a.O., S. 208. – Das Wort »Bedrohung« (*menace*) taucht bereits früher im gleichen Text auf. Die als »männlich« qualifizierte Ethik von Lévinas würde durch das Weibliche bedroht, und jegliches Versprechen sei notwendigerweise mit einer Bedrohung verbunden (ebd. S. 96 ff.). Bevor er von einer »Bedrohung der Hand« spricht, findet man bei Derrida mehrfach den Ausdruck »Bedrohung der Schrift« (vgl. Derrida, *De la Grammatologie*, a.a.O., S. 127, 139, 147 und 149).

86 Ders., *Le toucher, Jean-Luc Nancy*, a.a.O., S. 197

standekommen des Eindrucks der Eigenheit der Hand. Es gab gute Gründe, meint Derrida, sowohl für die Wahl des »Beispiels« der Hand als auch für die des »taktuell sich konstituierenden *äußeren Objekts*«[87], dass nämlich »eine gewisse *Äußerlichkeit*, eine sogar in Bezug auf den realen Sinneseindruck heterogene Äußerlichkeit (und sogar, wie Husserl es in Erinnerung ruft, eine ›reale optische Eigenschaft der Hand‹[88]), eine *als* real wahrgenommene Äußerlichkeit *Bestandteil ist* der Erfahrung des getasteten Tastenden und der ›Doppelauffassung‹, sogar Bestandteil sein *muss* [...].«[89] Es muss für das Zustandekommen der von Husserl beschriebenen Doppelauffassung schon Äußerlichkeit, d.h. etwas in Bezug auf dasjenige, was phänomenologisch als jeweils Tastendes und Betastetes erscheint, Fremdes geben. Damit es möglich wird, dass »ich, das ›Subjekt des Leibes‹, sage: was Sache des materiellen Dinges ist, ist seine und nicht meine Sache«[90], muss es schon in irgendeiner Weise »Umweg über fremdes Äußeres« gegeben haben. Ansonsten gäbe es keine Unterscheidung zwischen Ich und Nicht-Ich, »meiner« und »seiner« Sache – die Teile des »Doppelten« der Doppelauffassung wären ununterscheidbar miteinander verschmolzen und könnten gar nicht als Teile einer Einheit in Erscheinung treten.

Die »Sichtbarkeit, das dem Draußen Ausgesetztsein, der appräsentative Umweg, das Eindringen des anderen« müssen innerhalb der »Doppelauffassung« von Anfang an »*schon* gewirkt haben«: ursprünglicher Abstand oder ursprüngliches »Räumen« (*espacement*)[91], wodurch bereits Platz entsteht für Ersatz und Technik.[92] Gerade die Hand als *bestes* Beispiel der Möglichkeit reiner Selbstaffektion wird heimgesucht von Fremdem, was heißt, dass Heterogenes, wie Husserl es für den Bereich des Visuellen anerkennt, schon in die Erfahrung des getasteten Tastenden eingreift. Derrida gelangt derart dazu, anstelle einer einem einzelnen Sinnesgebiet zugeordneten reinen Selbstaffektion »mehrere Arten von Auto-Hetero-Affektion« anzunehmen, was freilich nicht durch Hetero-Affektion ermöglichte »Wirkun-

---

87 Husserl, *Ideen II*, a.a.O., S. 149
88 Ebd., S. 149
89 Derrida, *Le toucher, Jean-Luc Nancy*, a.a.O., S. 200
90 Husserl, *Ideen II*, a.a.O., S. 150. – Bezüglich des »Sagens« (»ich, das ›Subjekt des Leibes‹, sage«), d.h. des trotz Husserls Bemühung um Vorsprachlichkeit dennoch irreduzibel Sprachlichen seiner Analysen, vgl. Derrida, *Le toucher, Jean-Luc Nancy*, a.a.O., S. 195.
91 Derrida, *Le toucher, Jean-Luc Nancy*, a.a.O., S. 34. – Derrida zitiert hier Jean-Luc Nancy (*Ego sum*, Paris, 1979, S. 162 f.), der sich seinerseits auf Heideggers Gebrauch des Wortes »Räumen« (in Heidegger, *Die Kunst im Raum*, St. Gallen, 1969, S. 9 f.) beruft. Derrida selbst bringt *espacement* mit Heideggers Ausdruck »Gespanntheit« (vgl. Heidegger, *Grundprobleme der Phänomenologie*, in *Gesamtausgabe*, Bd. 24, Frankfurt am Main, 1975, S. 372 f.) in Zusammenhang (Derrida, *Le toucher, Jean-Luc Nancy*, a.a.O., S. 48, Fußnote). Hans-Dieter Gondek (»Zeit und Gabe«, in Hans-Dieter Gondek und Bernhard Waldenfels, *Einsätze des Denkens*, Frankfurt am Main, 1997, S. 207, Fußnote) schlägt vor, *espacement* mit »Zwischenräumlichkeit« zu übersetzen.
92 Derrida, *Le toucher, Jean-Luc Nancy*, a.a.O., S. 205

gen«[93] von Selbstaffektion ausschließt, die somit – wie Derrida es zunächst für das Phänomen der Stimme gezeigt hat – auf der *Auslöschung*[94] von Fremdem beruhen müssen. Die Konstitution des Leibs *(corps propre)* muss immer schon das Draußen durchquert haben.[95] Damit fällt auch das Privileg des Tastens gegenüber anderen »Sinnen« (Sehen, Hören, Schmecken, Riechen). Derrida schlägt schließlich die Erstellung einer »allgemeinen Haptologie« vor, welche an keinen besonderen Sinn mehr gebunden wäre.[96]

Das »Paradox« wäre also folgendes: »obwohl sie dafür bestimmt war, am besten die reine Selbstaffektion des getasteten Tastenden zu illustrieren, zwingt die Hand mehr als jeglicher andere Teil des eigenen Körpers den Umweg über die Sichtbarkeit auf, die Ausgesetztheit an der Oberfläche *(exposition à la surface)*.« »Herausgehen *(sortie)* der Hand«, welches die Möglichkeit bloß einfühlender Appräsentation mit sich bringt; »Ent-Aneignung *(ex-appropriation)*, endlose Wiederaneignung eines irreduktiblen Nicht-Eigenen, welches jeglichen Prozess von Aneignung gleichzeitig bedingt, konstituiert und begrenzt.«[97] Das »Natürliche«, »Menschliche«, »nicht Artifizielle« der Hand erweist sich als Artefakt. Alles was die »phänomenologische Reduktion« aus der Hand und aus dem solipsistischen Leib herauszuhalten versucht, wäre wieder einzuführen: »das Draußen selbst, der andere, das Leblose, die ›materielle Realität‹ – und der Tod, das Nicht-Lebendige, das Nicht-Psychische im allgemeinen, die Sprache, die Rhetorik, die Technik etc.«[98]

*

Derrida meint also, dass gerade dasjenige, was »anhand« der Hand gezeigt oder bewiesen werden soll, den angeblichen Beweis widerlegt: »Bedrohung« der Hand – »sie bedrohte im voraus dasjenige, was sie möglich machen sollte«.[99] Unsere

---

93 Vgl. ebd., S. 26, 57 und 206 f.
94 Ders., *La voix et le phénomène*, a.a.O., S. 57, 60 f. und 86 (»Auslöschung des Zeichens« *(effacement du signe)*).
95 Ders., *Le toucher, Jean-Luc Nancy*, a.a.O., S. 206
96 Ebd., S. 206
97 Ebd., S. 207 f.
98 Ebd., S. 206
99 Ebd., S. 208. – Man denkt hier an eine von Heidegger erwähnte »Gefahr«, welcher durch das oben besprochene »Geschäft« das »Handwerk« (und somit die Hand) ausgesetzt sei: »Jedes Handwerk, alles menschliche Handeln steht immer in der Gefahr. Das Dichten ist hiervon so wenig ausgenommen wie das Denken.« (Heidegger, *Was heißt denken?*, a.a.O., S. 50) Es gibt also für Heidegger so etwas wie eine Gefährdung der Hand, die allerdings trotz einer gewissen Analogie einer anderen Logik gehorcht als Derridas »Bedrohung der Hand«. Heideggers »Gefahr« stellt eine *vermeidbare äußere* Störung dar, während es bei Derridas »Bedrohung« um eine *unvermeidbare*, jedoch normalerweise ausgelöschte *innere* (man könnte sagen: »unheimliche«) Störung durch Äußeres geht.

These: genau diese Bedrohung findet sich im Autismus *verwirklicht*. Die Hände des Autisten sind immer schon (oder bleiben) »*Hände des anderen*«.[100] Sie sind niemals zu jener nur durch Auslöschung des Fremden erreichbaren Wiederbelebung gelangt, die sie zu »eigenen« hätte machen können. Für den Autisten ist das »Hervorragende« der Hand das Hervorragen von Fremdem, das sich nicht zum direkten »Handeln« »eignet« und folglich, könnte man sagen, »aus dem Handel gezogen« wird. Die häufig beobachtbaren, die Hand betreffenden Selbstverstümmelungstendenzen wären Extremfolgen dieses Zustands.

Ohne der Sichtweise des die philosophische Literatur bestimmenden Humanismus zuzustimmen, kann man sich mit dem in ihr behaupteten Zusammenhang zwischen Hand und Sprache einverstanden erklären. Die gewissermaßen tot »hervorragende« Hand des Autisten[101] würde derselben Struktur entspringen wie das im Autismus entweder abwesende oder ausdruckslose Sprechen, welches als nicht wiederbelebtes Sprechen aufzufassen ist, in dem der schriftliche, das heißt letztlich »tödliche« Aspekt von Sprache insgesamt in den Vordergrund rückt. Das den Autismus bestimmende »Hervorragen« der Schrift (ausdruckslos-schriftliches Sprechen *und* tatsächliche Bevorzugung des Schreibens) geht zurück auf ein Ausbleiben der Auslöschung des Zeichens, wodurch dessen normalerweise dem Vergessen anheim fallende Fremdheit manifest wird.

Die hier kommentierte philosophische Literatur würde es nahelegen, das Zusammentreffen dieser Erscheinungen als Beweis dafür anzusehen, dass sich der Autismus durch die Abwesenheit genau jener Züge auszeichnet, die ein Lebewesen zu einem Menschen machen. Hält man sich dagegen an Derridas Analyse dieser selben Literatur, so gelangt man zu einer ganz anderen Sichtweise: Falls es prinzipiell keine »reine Selbstaffektion« geben kann und der Eindruck von deren Bestehen einen Auslöschungs- und (notwendigerweise immer unvollständigen) Wiederaneignungsprozess zur Voraussetzung hat, so entspricht dasjenige, was im Autismus zutage tritt, der normalerweise ausgelöschten und somit vergessenen Unreinheit von Phänomenen, die sich – selbst wenn sie beim Menschen besonders ausgeprägt

---

100 Derrida, *Le toucher, Jean-Luc Nancy*, a.a.O., S. 66
101 Eindrucksvoll die Art, wie ein autistisches Mädchen ihre völlig schlaff gemachten, herunterhängenden Arme wie diejenigen eines Hampelmanns durch Schulterbewegungen herumschleudert, sodass die Hände Gegenstände oder andere Personen treffen. – Artaud – gewiss kein Autist, aber jemand, dem körperliche Fremdheitserlebnisse bekannt waren – spricht von »dieser Hand, die mehr als die Geste des Nehmens vergessen hat, die nicht mehr den Raum zu bestimmen vermag, in dem sie ihr Greifen vollziehen soll« (Antonin Artaud, »Correspondance de la momie«, in *Œuvres complètes*, Bd. I/2, Paris, 1976, S. 57). Interessant ist, dass Artaud im selben Satz von entsprechenden Veränderungen des Sich-Betastens, der Sprache und der Stimme spricht. – Über den kranken Nietzsche schreibt Heinrich Köselitz 1892, dass er seine eigenen Hände betrachtet habe »wie als ob er sich wunderte, dass sie noch zu ihm gehören« (zitiert in *Friedrich Nietzsche / Chronik in Bildern und Texten*, München, 2000, S. 770).

erscheinen – nicht bloß auf den Menschen beschränken. Prinzipiell zumindest bestimmen sie als allgemeine Struktur der Selbstaffektion jegliche Erfahrung von Lebewesen insgesamt.[102] Deshalb ist eine Betrachtung des Autismus dazu angetan, uns daran zu erinnern, dass ein nicht spezifisch menschlicher, gleichzeitig »technischer« und »animalischer« Faktor keinesfalls aus dem »Menschlichen« ausgeschlossen werden kann. Was Agamben über die sogenannten »wilden Kinder« sagt, trifft auch für die Autisten zu – sie sind «Botschafter der Unmenschlichkeit des Menschen«[103], d.h. einer dem Menschen »eigenen« Unmenschlichkeit.

---

102 Vgl. Derrida, *De la Grammatologie*, a.a.O., S. 236
103 Giorgio Agamben, *L'ouvert*, Paris, 2002, S. 50. – Es sei hier notiert, dass Agamben diese Funktion der »wilden Kinder« der »anthropologischen Maschine der Alten« (d.h. hier des 18. Jahrhunderts) zuordnet, welche das Tier vermenschlicht hat, während die moderne Variante dieser Maschine (deren Extremform in der in den Konzentrationslagern vollzogenen Politik zutage tritt) den Menschen animalisiert (oder »vertiert«) (vgl. ebd., S. 60; der Ausdruck »Vertierung des Menschen« findet sich in Heidegger, *Parmenides*, a.a.O., S. 226).

Autismus und Schrift

Spezialisten des Autismus haben die Vermutung geäußert, dass die psychoanalytische Methode, die auf der Beobachtung und Deutung von Übertragungsphänomenen beruht, mit den diesem Zustandsbild zugrundeliegenden Mechanismen nichts anzufangen weiß.[1] Ohne das Bestehen einer solchen Schwierigkeit zu bestreiten, kann man sich allerdings fragen, ob im analytischen Denken nicht häufig eine tatsächlich diesseits späterer Übertragungsmöglichkeiten angesiedelte Ebene vernachlässigt wird, deren Wirken in den Phänomenen des Autismus offensichtlich wird. Gemeint ist ein ursprünglicher Zusammenhang zwischen Schrift und Gewalt, dessen Bestehen allerdings bereits aus Freuds frühesten Texten herausgelesen werden könnte. Dass die Berücksichtung dieser Konstellation das klinische Verständnis zu fördern vermag, soll hier anhand der eigenartigen graphischen Produktionen eines autistischen Kindes gezeigt werden.

Repräsentation und Gewalt

Bengally stammt aus einer senegalesischen Familie. Als er etwa ein Jahr alt war, soll er während einer kurzen Zeitspanne einige Worte gesprochen haben. Dann sei die Sprache verschwunden, und er habe zu brüllen begonnen. Als ich ihm zum ersten Mal begegne, ist er acht Jahre alt und spricht immer noch nicht. Er ist ein waches und freundliches Kind, das aufmerksam verfolgt, was in seiner Umgebung vor sich geht. Bei unseren regelmäßigen Sitzungen beginnt Bengally sehr rasch, sich des

---

1 Vgl. Donald Meltzer, *Explorations in Autism*, Old Ballechin Strtah Tay, 1975, S. 8

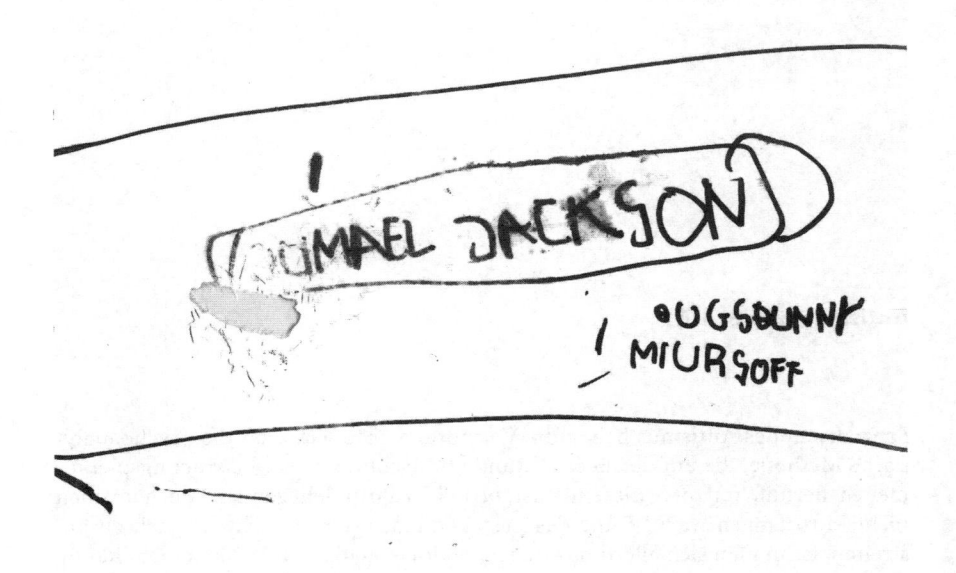

Abb. 4: Zeichnung von Bengally, Vorderseite

Papiers und der Filzstifte zu bedienen, die ich ihm zur Verfügung stelle[2], und entwickelt eine Tätigkeit, die sich über lange Zeit mehr oder weniger identisch wiederholt.
Bengally zieht parallel zu den längeren Seiten eines rechwinkeligen Blatts zunächst zwei horizontale Linien. Dann schreibt er in Grossbuchstaben mehrere Worte in das derart abgegrenzte Feld. Selbst wenn es oft schwierig bleibt, seine Schrift zu entziffern, erkennt man, dass alles, was er schreibt, der Welt des Films und des Fernsehens angehört: Filmtitel, Namen von Schauspielern und französische Worte wie *réalisateur*, *scénario* oder *musique*. Das alles scheint von Video-Kassetten oder

---

2   Weil es für das Folgende nicht unwesentlich ist, sei hier unter Berufung auf Meyer Schapiro angemerkt, dass diese Ausgangssituation keineswegs als neutral angesehen werden kann: »In scrutinizing the drawings of children of the most primitive processes of imagemaking, one forgets that these drawings, made on rectangular sheets of smoothed paper, often with a variety of colors, inherit the results of a long culture, just as their simple speech after the phase of lallation shows elements of an already developed phonic system and syntax.« Meyer Schapiro, »On some problems in the semiotics of visual art: field and vehicle in image-signs«, in *Theory and Philosophy of Art: Style, Artist, and Society*, New York, 1994, S. 3.

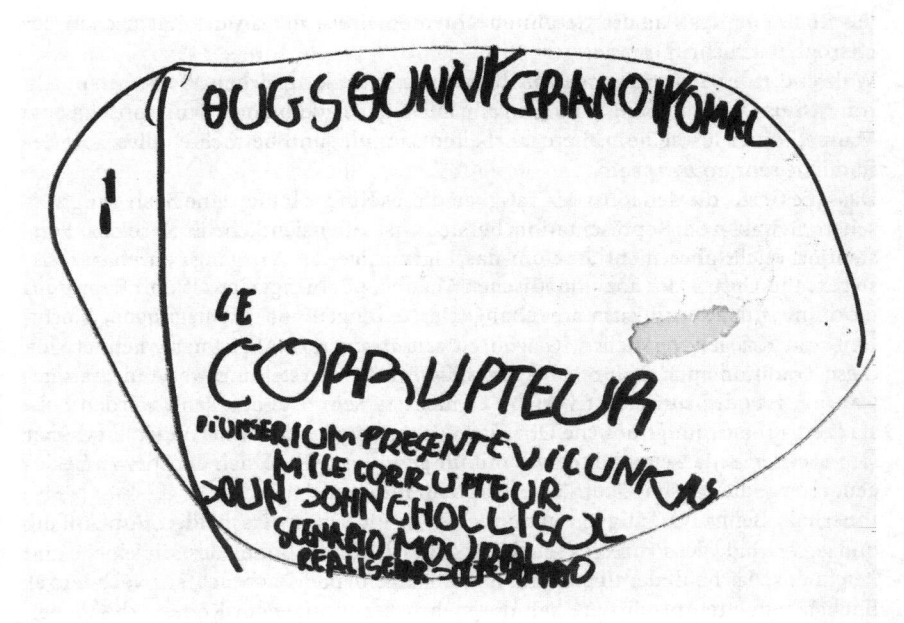

Abb. 5: Zeichnung von Bengally, Rückseite

aus dem Vorspann von Filmen zu stammen, die er sich gerne ansieht. Nachdem er einige Worte geschrieben hat, zeichnet Bengally, weiterhin innerhalb des abgegrenzten Feldes, eine Figur, die wie ein Lastwagen oder eine Kanone mit zwei Rädern aussieht, aber auch einer phallischen Form ähnelt.
An dieser Stelle seiner Arbeit angelangt, macht Bengally etwas Eigenartiges. Seit dem Beginn der Sitzung hat er seinen Speichel im Mund zurückgehalten und spuckt jetzt ein- oder mehrmals sehr heftig und zugleich gezielt auf die Figur, die er zuvor gezeichnet hat.[3] Dann reibt er mit seinem Finger die derart befeuchtete Stelle des Blattes. Die Figur verwischt sich zunächst. Im weiteren bewirkt das kräftige Reiben die Ablösung von kleinen Papierfetzen, bis schließlich, ohne dass es ihn zu stören scheint, ein Loch entsteht. Manchmal schreibt er noch einige Worte in die abgegrenzte Zone und wendet dann das Blatt. Er schreibt auf der Hinterseite weiter, wobei er dort – durch mehrmaliges Wenden des Blatts – häufig kopiert, was sich bereits auf der Vorderseite geschrieben fand. Am Schluss zieht er um das auf

---

3 »Der Mund *spricht*, aber er tut es *unter anderem*. Er kann auch blasen, essen, spucken.« (Derrida, *Le toucher, Jean-Luc Nancy*, Paris, 2000, S. 33).

die Rückseite des Papiers Geschriebene einen Kreis, der an die Kartuschen der Hieroglyphenschrift erinnert.
Während jeder Sitzung werden mehrere Blätter in der gleichen Weise behandelt. Am Schluss jeder Sitzung holt Bengally aus einer Lade meines Schreibtischs eine Mappe, in der ich seine früheren Arbeiten sammle, und betrachtet alles dort Befindliche sehr aufmerksam.
Dass die Geste, die den Kern der Tätigkeit dieses Kindes bildet, eine Beziehung zwischen Gewalt und Repräsentation herstellt, ist offensichtlich. Eine solche Feststellung reicht aber nicht aus, um das Eigenartige des Vorgangs zu charakterisieren. Ein Gutteil der abendländischen Malerei z.b. bringt Gewalt und Repräsentation miteinander in Zusammenhang: Darstellungen von Kreuzigungen, Martyrien und Kriegen versuchen, *Gewalt* zu *repräsentieren*. Allerdings zeichnet sich diese Tradition auch dadurch aus, dass die *Art* der Darstellungsweise niemals gewaltsam ist oder zumindest vorgibt, es nicht zu sein. Äußerst sanft werden Substanzen auf eine jungfräuliche Oberfläche aufgetragen, die ohne Widerstand über sich ergehen zu lassen scheint, was mit ihr geschieht. Ohne sich darüber zu beklagen, erträgt die passive Oberfläche, was man ihr antut.[4]
Innerhalb Bengallys Tätigkeit kann man zwei Phasen unterscheiden. Am Anfang und gegen Ende des Prozesses scheint er gewisse Konventionen des Schreibens und Zeichnens, das heißt der Repräsentation im allgemeinen, zu beachten. Nachdem er Buchstabenketten produziert hat, die mehr oder weniger im Kode vorhandenen Worten oder allgemein bekannten Eigennamen entsprechen[5], zeichnet er etwas, das an ein tatsächlich existierendes und vielleicht mit Gewalt in Zusammenhang stehendes Objekt erinnert: eine Kanone, eine phallusartige Gestalt. In der Mitte des Vorgangs kommt es aber zu einer Art von Riss, sobald das Kind auf die Oberfläche spuckt, reibt und ein Loch erzeugt. Sein heftiges Vorgehen zielt präzise auf die Gestalt, die er gezeichnet hat. Man hat also den Eindruck, dass in der zentralen Phase mittels einer *anderen* Gewalt eine *konventionelle Darstellung* von Gewalt *zerstört* wird. Hält man sich an eine solche Unterscheidung, so kann man sagen, dass man zunächst innerhalb dessen bleibt, was Derrida als »Schauplatz der Repräsentation« (*scène de la représentation*) bezeichnet hat, und dass das Kind dann, wie es sich

---

4 Unzählige Beispiele zeigen, dass diese Situation sich in der sogenannten modernen Malerei ändert. Inwiefern allerdings bereits in der klassischen Malerei Gewalt in weniger verborgener Weise ins Spiel kommen kann, hat Antonin Artaud in seinen Bemerkungen über Lucas van Leydens Bild *Loth und seine Töchter* betont (Artaud, »La mise en scène et la métaphysique«, in *Le théâtre et son double*, S. 47 f.).
5 Insofern Bengally schreibt ohne zu sprechen, bleibt allerdings die Frage offen, ob seine Gesehenes reproduzierende Schrift – trotz der Verwendung entsprechender Zeichen – als alphabethisch zu qualifizieren ist. Hegel schreibt über die Hieroglyphenschrift, dass es sich um »ein taubes Lesen und ein stummes Schreiben« handelt (Hegel, *Enzyklopädie der philosophischen Wissenschaften*, in *Werke*, Bd. 10., Frankfurt am Main, 1970, S. 277 (§ 459)).

Artaud für sein »Theater der Grausamkeit« gewünscht hat, diese Szene »sprengt«.[6] Ohne die Eigenart des jeweiligen Verfahrens zu vernachlässigen, kann man hier anmerken, dass Artaud zu einem bestimmten Zeitpunkt seines Lebens mittels eines Zündholzes Löcher in das Papier machte, auf das er zunächst gezeichnet und geschrieben hatte.[7]

Sprachverweigerung

Gehen wir davon aus, dass Autismus – und das selbst noch bei dessen nicht seltenen »redseligen« Formen[8] – mit einer Weigerung zusammenhängt, sich durch Sprache repräsentieren zu lassen.[9] Falls das zutrifft, so haben wir es einerseits mit einem Kind zu tun, das, weil es Autist ist, ein eigenartiges Verhältnis zur Repräsentation unterhält, und das andererseits eine graphische Aktivität entwickelt, die ebenfalls von einem bestimmten Umgang mit Repräsentation zeugt. Es besteht also die Frage, ob es möglich ist, zwischen der Eigenart dieser beiden Phänomene einen Zusammenhang herzustellen. Könnte das Gewaltsame, das in die graphische Aktivität einbricht, mit der Weigerung zu sprechen zusammenhängen?

Dass es einen Zusammenhang zwischen Gewalt und Sprache gibt, ist oft behauptet worden (»ursprüngliche Gewalt der Sprache«[10]) und kann bereits aus Freuds frühesten analytischen Schriften herausgelesen werden. Wenn Freud z.B. im *Entwurf* davon spricht, dass die ersten Erinnerungsspuren in »Bahnungen« bestehen, deren Herstellung auf einen Widerstand stößt, so handelt es sich um sprachliche Ereig-

---

6 Derrida, »Le théâtre de la cruauté et la clôture de la représantation« in *L'écriture et la différence*, Paris, Seuil, 1967, S. 344; dt. in *Die Schrift und die Differenz*, Frankfurt/Main, 1972, S. 355. – In einem anderen Kontext unterscheidet Hubert Damisch in analoger Weise zwischen einer »Gewalt *im* Film« (d.h. einer Gewalt, deren »Träger« (*véhicule*) der Film, indem er sie darstellt, sein kann) und einer »ontologischen«, »dem Film *eigenen*« Gewalt (Hubert Damisch, »Trouer l'écran«, in *La Dénivelée*, Paris, 2001, S. 168).
7 Vgl. Derrida, »Forcener le subjectile«, in Derrida und Thevenin, *Antonin Artaud*, Paris, 1986, S. 70, dt. »Das Subjektil ent-sinnen«, in *Antonin Artaud. Zeichnungen und Porträts*, München, 1986, S. 68 f.
8 Vgl. Lacan, »Conférence à Genève sur le symptôme«, in *Le bloc-notes de la psychanalyse*, 5 (1985) S. 17 (Autisten sind »letztlich ziemlich redselige Personen« (*des personnages finalement assez verbeux*)); und Oliver Sacks, »An Anthropologist on Mars«, in *An Anthropologist on Mars*, London, 1995, S. 234 (»verbosity, empty chatter, cliché-ridden and formulaic speech«).
9 In diesem Sinn hat man zu Recht bezüglich des Autismus von einer »Weigerung, in die Entfremdung (*aliénation*) einzutreten«, gesprochen (Colette Soler, »Autisme et paranoïa«, in *groupe petite enfance*, bulletin 10, janvier 1997, S. 22); hinsichtlich des hier gemeinten Begriffs der Entfremdung, vgl. Lacan, »Position de l'inconscient«, *Ecrits*, S. 840, dt. in *Schriften II*, S. 218.
10 Derrida, *De la Grammatologie*, Paris, 1967, S. 164

nisse, die mit Gewalt zusammenhängen.[11] Bezüglich eines solchen Zusammenhangs von Gewalt und Sprache kann man auch Lacans Diktum zitieren, wonach sich das Symbol zunächst als »Mord des Dings« darstellt.[12] Wobei das gemordete Ding zunächst derjenige selbst wäre, der spricht, von dem es nachträglich scheint, dass er, sobald er durch Sprache »repräsentiert« wird, dasjenige verloren hat, was seine Singularität hätte sein können.

Für das Problem, das hier untersucht werden soll, ist es wesentlich, dass diese ursprüngliche Gewalt (letztlich jene der Benennung) mit Schrift in Zusammenhang gebracht worden ist. »Das Einzige *im* System zu denken, es dort einzuschreiben, ist die Geste der Ur-Schrift: Ur-Gewalt, Verlust des Eigenen, der absoluten Nähe, des Sich-Gegenwärtig-Seins, in Wahrheit Verlust dessen, was niemals statt gehabt hat [...].« Normalerweise vergessene Gewalt (was man als »Normalität« bezeichnet, würde von solchem Vergessen abhängen), die von einer »zweiten, wiederinstandsetzenden Gewalt«, die »vorschreibt, die Schrift zu verbergen«, verdeckt würde.[13] Was sich durch solches Vergessen herstellt, ist die »*pathologische* Passivität« des »unterworfenen Körpers« (*corps asujetti*) eines normalen Subjekts.[14] Das normale Subjekt wäre jenes, das wie die Oberfläche »klassischer« Darstellung Sprachwirkungen mehr oder weniger ruhig über sich ergehen lässt. Insofern »normales« Sprechen »keinerlei Eingreifen einer bestimmten Oberfläche in der Welt« zu erfordern scheint, wird das Bestehen eines materiellen Trägers, d.h. möglichen Widerstands, überhaupt vergessen.[15] Das normale Sprechen stellt sich als reine (d.h. jeglichen »äußeren« Eingriffs entbehrende) Selbstaffektion dar.[16] Selbst wenn es sich nur um *Wirkungen* von Reinheit handelt, ist die Möglichkeit der Nicht-

---

11 Freud, *Entwurf einer Psychologie*, in *Gesammelte Werke, Nachtragsband*, S. 393, vgl. Derrida, »Freud et la scène de l'écriture«, in *L'écriture et la différence*, a.a.O., S. 298, dt. S. 308
12 Lacan, »Fonction et champ de la parole et du langage«, *Ecrits*, S. 319, dt. in *Schriften I*, S.166 (Übersetzung modifiziert). – In *L'origine de la géometrie* (Paris, 1962, S. 59) führt Derrida diese Sichtweise, gemäß welcher der Name mit der Abwesenheit des Dings einhergeht, auf Hegel zurück: »Bei dem Namen Löwe bedürfen wir weder der Anschauung eines solchen Tieres noch auch selbst des Bildes, sondern der Name, indem wir ihn *verstehen*, ist die bildlose einfache Vorstellung. Es ist in Namen, dass wir *denken*.« (Hegel, *Enzyklopädie der philosophischen Wissenschaften*, Bd.III, Frankfurt am Main, 1986, S. 278 (§ 462)
13 Derrida, *De la Grammatologie*, a.a.O., S. 164f. – Derridas Betonung einer Unmöglichkeit des Ursprungs (»Verlust in Wahrheit dessen, was niemals statt gehabt hat«) impliziert eine gewisse Verschiebung hinsichtlich dessen, was Lacan an der oben zitierten Stelle über einen »Mord des Dings« schreibt.
14 Ders., »Forcener le subjectile«, a.a.O., S. 72, dt. S. 72
15 Ders., *La voix et le phénomène*, Paris, 1967, S. 89
16 »Als reine Selbstaffektion scheint der Vorgang des Sich-Sprechen-Hörens auch noch die innere Oberfläche des eigenen Körpers zu reduzieren, *er scheint als Phänomen dieser Äusserlichkeit in der Innerlichkeit entbehren zu können*« (Derrida, *La voix et le phénomène*, a.a.O., S. 88; meine Hervorhebung).

Herstellung oder des Zusammenbruchs derart erzeugten Scheins von Reinheit für die klinischen Phänomene, um die es hier geht, wesentlich.

Wir gelangen somit zur Auffassung, dass der Autist eine solche Oberfläche, die hinsichtlich dessen, was sich in sie einschreibt, anscheinend jeglichen Widerstand aufgegeben hat und dadurch in Vergessenheit gerät, *nicht hat werden wollen*. Beim Autisten scheitert die normalerweise bewirkte anscheinende Auslöschung der Oberfläche. Das Kind Bengally will sich *keinesfalls* als leeren Platz, als jungfräuliche Oberfläche repräsentiert sehen, d.h. als ein wie ein weißes Blatt funktionierender Ort, auf dem Zeichen sich umso ruhiger niederlassen können, als die dadurch ausgeübte Gewalt vergessen wird. Hält man sich an diese Hypothese, ist es interessant festzustellen, dass das gleiche Kind, nachdem es zunächst die ihm zur Verfügung gestellte Oberfläche »normal« behandelt hat, diese zu misshandeln beginnt. Das abrupte, inmitten seiner graphischen Aktivität einbrechende Ereignis (spucken, reiben, ein Loch machen) würde uns nicht nur die an Sprache gebundene Gewalt in Erinnerung rufen, sondern uns auch zeigen, was dieses Subjekt im Verhältnis zur Sprache *nicht hat werden wollen*; oder, weil es der Vergewaltigung trotz des »Scheiterns der Oberfläche« doch nicht entgehen kann: was *zu sein es nicht erträgt*.[17] Die grausame Behandlung der Oberfläche würde uns somit Auskunft darüber geben, warum dieses Kind nicht spricht.

Bengally ist zum Zeitpunkt, wo er den beschriebenen Umgang mit Papier und Filzstiften entwickelt, ein Kind, das schreibt ohne zu sprechen.[18] Das bestätigt zunächst nur etwas, das allen Spezialisten bekannt ist, dass nämlich die Schrift im Autismus eine wichtige Rolle spielt. Wobei freilich die Frage offen bleibt, wie diese Tatsache zu interpretieren ist.

Um diese Frage der eigenartigen Funktion der Schrift im Autismus anzugehen, kann man mit einer Bemerkung Derridas über Rousseaus Verhältnis zum Schreiben beginnen. Indem Rousseau in seinen theoretischen Texten »eine Wiederherstellung der Gegenwärtigkeit anstrebt« – d.h. einen Standpunkt vertritt, welcher die metaphysische Tradition insgesamt auszeichnet – »wertet er Schrift gleichzeitig auf und ab. [...] Rousseau verurteilt die Schrift als Zerstörung der Gegenwärtigkeit

---

17 Die »Unterlage« der Repräsentation (das *subjectile*) durchbohren, »nicht so sehr, um es zu unterwerfen, sondern um darin von einer Unterwerfung zu befreien, um darin jemand anderen oder etwas anderes zu befreien, das noch nicht geboren ist.« (Derrida, »Forcener le subjectile«, a.a.O., S. 59, dt. S. 55). Bei Deleuze findet man in Bezug auf Artaud die Alternative zwischen »nicht geboren werden« und der Herstellung eines glorreichen und flüssigen »Körpers ohne Organe« (Deleuze, *Logique du sens*, Paris, 1969, S. 113).

18 Merken wir hier an, dass Bengally im weiteren durch eine Art von Lautmachen dessen, was er schreibt, zu sprechen beginnt. Es scheint plausibel, das Bestehen eines entsprechenden Prozesses als Grundlage des häufig beobachtbaren späteren Spracherwerbs zunächst sprachloser Autisten anzusehen, und zwar auch dort noch, wo solches Lautmachen von Schrift sich nicht direkt (d.h. als Übergang von tatsächlich Geschriebenem zu Gesprochenem) beobachten lässt.

und als Krankheit der Rede. Er rehabilitiert sie, sofern sie die Wiederaneignung desjenigen verspricht, wessen sich die Rede hatte berauben lassen.«[19] Als der metaphysischen Tradition verpflichteter Sprachtheoretiker verurteilt Rousseau die Schrift[20], als durch lebendige Konversation eingeschüchterter Schriftsteller, der in Gegenwart anderer das Gefühl hat, »seiner Rede beraubt zu werden«[21], rehabilitiert er sie. Durch sein einsames Schreiben versucht er wiederzuerlangen, was ihm zunächst verlorengegangen zu sein scheint.

Das Verhältnis zu Schrift tritt derart in ein komplexes Spiel zwischen »Aussetzung« (*exposition*) und »Beschützung« (*protection*) ein.[22] Für Rousseau *setzt* uns die Rede dem realen anderen *aus*, während die Schrift uns gegenüber der Gefahr solcher Aussetzung *beschützt*. Aber gleichzeitig würde uns die Schrift, indem sie uns immer weiter in ein Trugbild hineintreibt, einer Art Verfall oder sogar Krankheit der Rede *aussetzen*, gegenüber welcher eine Rückkehr zur lebendigen Rede uns zu *beschützen* imstande wäre. Für Derrida hängt die Vorstellung einer Möglichkeit solcher Rückkehr vom Vergessen der Funktion der Schrift ab. Gewiss, Rousseau hat nicht unrecht zu denken, dass die Rede sich hat enteignen lassen. »Aber wodurch anderes als durch eine Schrift, die älter ist als [die Rede] und die sich schon an ihrem Platz befindet.«[23] Was darauf hinausläuft, dass der Gegensatz zwischen »Rede« und »Schrift« (im herkömmlichen Sinn) genauso gut wie jener zwischen »Beschützung« und »Aussetzung« von einer »Ur-Schrift« her zu erklären wäre, die im voraus einen Verlust produziert, den keinerlei späterer Wiederaneignungsversuch rückgängig zu machen imstande ist.

Kraft und Form

Eine solche Auffassung von Schrift scheint den typischen Phänomenen des Autismus am ehesten gerecht zu werden. Sie unterscheidet sich von jener, der man ihn der Mehrzahl der psychoanalytischen Arbeiten über Autismus begegnet und speziell in einer in vieler Hinsicht bemerkenswerten Studie, die Jean-Claude Maleval der Funktion des Buchstabens (*lettre*) im Autismus gewidmet hat.

Malevals Arbeit beruht auf einer bestimmten Auffassung des Verhältnisses zwischen »Aussetzung« und »Beschützung«. Weil er sich der »Gegenwärtigkeit des Anderen« nicht aussetzen will, würde der Autist zur schützenden Funktion des Buchstabens Zuflucht nehmen oder sich mit ihr begnügen. »Der Autist interessiert

---
19 Derrida, *De la Grammatologie*, a.a.O., S. 204
20 Vgl. ebd., S. 207
21 Ebd., S. 203
22 Ebd., S. 223
23 Ebd., S. 204

sich für die Buchstaben und für deren ursprüngliche Form, die Zeichnungen, weil es sich um beruhigende Objekte handelt, die ein gewisses Verlassen der Einsamkeit erlauben, ohne mit der Gegenwärtigkeit des Anderen konfrontiert zu werden.«[24] Es ist offensichtlich, dass der Buchstabe hier in einer hierarchischen Beziehung situiert wird, die man als »logozentrisch« bezeichnen kann: Vorrangigkeit und Überlegenheit des Signifikanten und der Rede (»Gegenwärtigkeit des Anderen«) in Bezug auf die Schrift; Buchstabe als Resultat sekundärer Abtötung einer zunächst lebendigen Sprache, zu welcher der Autist gerne Zugang haben würde (er strebt ein »Verlassen der Einsamkeit« an), ohne sie je erreichen zu können. »Die [autistischen] Subjekte leiden an ihrer Einsamkeit und versuchen, diese zu mildern indem sie mit den Mitteln, über die sie verfügen, kommunizieren. Sie erkennen richtig, dass die Sprache das bevorzugte Instrument der Kommunikation darstellt, aber sie können zu ihr nur Zugang haben, sofern sie Sprache von der Gegenwärtigkeit des Anderen lostrennen.«[25]

Was hier beschrieben wird, sind nicht die subjektiven Auswirkungen einer spezifischen Ökonomie (d.h. desjenigen, was ein den Autismus auszeichnendes Verhältnis zwischen Kraft und Form oder zwischen Genießen und Sprache wäre), sondern die hoffnungslosen Versuche eines bereits konstituierten Subjekts, eine bei ihm bestehende Behinderung zu überwinden. Ein Subjekt, das etwas sagen will, würde, weil es sich der normalen Mittel nicht zu bedienen imstande ist, auf ein anderes Mittel zurückgreifen – eben auf die Schrift, deren Funktion darin bestünde, »sich über den Weg von Dingen auszudrücken«.[26] Worte wie »Kommunikation« und »Ausdruck« zeigen deutlich, dass man hier im Bereich einer »phonozentrischen« Tradition verbleibt, für welche der Buchstabe bloß den blassen Abklatsch eines lebendigen Sprechens darstellt, durch welches dasjenige, was man sagen will (d.h. eine zuvor bestehende Intention), geäußert würde. Wogegen wir meinen, dass das Interesse, welches der Autismus verdient, gerade darin besteht, uns das Unzureichende einer solchen Sichtweise in Erinnerung zu rufen.

Während Foucault zum Beispiel *sowohl die Schrift als auch den Wahnsinn* (dem, würden wir meinen, der Autismus zuzuordnen ist) mit demjenigen in Zusammen-

---

24 Jean-Claude Maleval, »Une sorte d'hypertrophie compensatoire ou la construction autistique d'un Autre de suppléance«, in *Actes de la journée du 27 mars 1995*, Rennes, S. 56
25 Ebd., S. 58. – Obwohl sie sich nicht auf Autismus bezieht, scheint uns hier eine Bemerkung von Merleau-Ponty treffender: »Wir sind nur wirklich alleine, wenn wir es nicht wissen, und dieses Unwissen selbst ist unsere Einsamkeit.« (Maurice Merleau-Ponty, »Le philosophe et son ombre«, in *Signes*, Paris, S. 283
26 Jean-Claude Maleval, a.a.O., S. 62. – »Weil der Signifikant als Träger der Stimme potentiell Angst mit sich bringt, finden gewisse Autisten heraus, dass der Weg, diese Schwierigkeit zu überwinden, darin besteht, sich den dinghaften Aspekt der Sprache anzueignen, den man als Buchstaben bezeichnet.« (ebd., S. 58)

hang bringt, was er als »radikale Spracherfahrung«[27] bezeichnet, wird hier Schrift *ausschließlich* als *Schutz* präsentiert und derart das Schreiben des Autisten dem klassischen Bild (*conceptualité classique*[28]) des sich aus der Welt zurückziehenden Schriftstellers gleichgestellt (Rousseau: »meine Entscheidung zu schreiben und mich zu verstecken«[29]). Es soll nicht bestritten werden, dass ein solcher Aspekt von Schrift existiert, und das selbst im Autismus. In Frage steht aber, ob es möglich ist, sich auf ihn zu beschränken, wenn es darum geht, dem im Autismus zutage tretenden Sprachradikalismus Rechnung zu tragen.

Nehmen wir vorläufig an, dass der erste Teil der Tätigkeit des Kindes, von dem hier die Rede ist – »konventionelles« Schreiben und Zeichnen – tatsächlich einer in Bezug auf dasjenige, was die Gegenwärtigkeit des Anderen an Bedrohendem an sich hätte, schützenden Funktion entsprechen könnte. Bengally würde schreiben, weil die Lebendigkeit des Sprechens ihm gleichzeitig unerträglich und unzugänglich wäre. Aber wie soll man, ohne über eine solche Sichtweise hinauszugehen, dasjenige erklären, was sich anschließend ereignet – den Abgrund, der sich auftut, sobald das Kind zu spucken und zu reiben beginnt, bis schließlich ein Loch in der Oberfläche entsteht? Wir sind hier davon ausgegangen, dass die von solchem gewaltsamen Vorgehen hinterlassene Spur sehr wohl dem Begriff der Schrift zuzuordnen ist und sich auf der Ebene dessen situiert, was man als autistische Entscheidung bezeichnen sollte.

Das normale Subjekt, lesen wir bei Derrida, »hat eine Kraft gegen eine Form eingetauscht«[30]. Der Autist, kann man vermuten, verweigert diesen Tausch vor jeglichem Tausch: Er ist nicht bereit, seine eigene Vernichtung zu akzeptieren um »normal« sprechen zu können.[31] Die Verweigerung einer solchen Verwandlung bringt die »anomale« Freilegung dessen mit sich, was an Sprache überhaupt von ursprünglicher Schriftlichkeit abhängt. In Bezug auf die folglich im Autismus vorherrschende Funktion des Buchstabens und der »ursprünglichen Gewalt von Schrift« wäre die etwa bestehende schützende Funktion einer Beschränkung auf Schreiben als sekundär einzustufen.

Die seltsamen Phänomene des Autismus zeigen, dass es für die klinische Sichtweise nicht gleichgültig ist, wie man das Verhältnis von Signifikant und Buchstaben auffasst. Denn entweder man betrachtet die Lebendigkeit der Rede als Manifestation

---

27 Michel Foucault, *Raymond Roussel*, Paris, 1963, S. 205; nähere Ausführungen über diesen Ausdruck Foucaults finden sich weiter unten im Kapitel »Wahnsinn und Werkabwesenheit«.
28 Derrida, *De la grammatologie*, a.a.O., S. 206
29 Vgl. ebd., S. 205
30 Ders., »Forcener le subjectile«, a.a.O., S. 72, dt. S. 72
31 »Die Aussage ›ich bin lebendig‹ wird von meinem Tot-Sein begleitet und ihre Möglichkeit erfordert die Möglichkeit, dass ich tot sei; und umgekehrt.« (Derrida, *La voix et le phénomène*, a.a.O., S. 108)

des eigentlichen Wesens von Sprache, und dann wird man behaupten, dass der Autismus das Ergebnis des Mordes dessen darstellt, was hätte lebendig bleiben können. Oder man erkennt, wie wir es hier vorschlagen, in dieser Lebendigkeit das Resultat einer Art von Wiederbelebung, die erst nach jenen Abtötungswirkungen erfolgt, die das Schriftliche an Sprache überhaupt auszeichnen. Wirkungen, denen man zugestimmt haben muss, um in dasjenige eintreten zu können, was man als Normalität bezeichnet. Hier weigert sich der Autist und zeigt durch seine Symptome, mit welchem Vergessen die bei ihm ausgebliebene Zustimmung einhergegangen wäre.

Überschreibung
Jenseits des Papierprinzips

Niemand wird lesen, was ich hier schreibe...[1]

Obwohl das Zeitalter der Vorherrschaft des Papiers seinem Ende zugeht, halten wir noch vieles, das ihm zugehört, für selbstverständlich. Die rechteckige Form eines Blatts Papier und seine klar definierte glatte Oberfläche, auf die man zeichnet und schreibt, halten wir für unerlässliche Mittel der Darstellung. Meyer Schapiro erinnert uns daran, dass die prähistorische Kunst ganz anders vorgeht. Die rauen Wände einer Höhle bilden im Gegensatz zum Blatt Papier einen unbearbeiteten Hintergrund ohne feste Grenzen. Darüber hinaus scheint es den Künstler der Vorzeit nicht gestört zu haben, eine neue Tierfigur über eine schon bestehende zu malen ohne letztere zuvor wegzukratzen. Die Herstellung eines freien Platzes, den später das jungfräuliche weiße Papierblatt verkörpert, wird noch nicht als Voraussetzung für den Beginn eines neuen Werks angesehen. Man behandelt das schon Bestehende, als ob es für den Betrachter unsichtbar wäre.[2]

Die folgenden Überlegungen sind durch das Zeichnen und Schreiben eines autistischen Knaben angeregt worden, das durch die Eigenart der Behandlung der Oberfläche beeindruckt. Es wird sich freilich nicht darum handeln, zwischen diesen Produktionen und den Werken der Vorzeit eine direkte Verbindung herzustellen. Weder einen Bezug auf Primitivität noch auf eine diesseits historischer Konventionen wirkende Ursprünglichkeit oder Naivität habe ich im Auge. Es würde sich eher

---

1   Kafka, »Texte zum Jäger Gracchus-Thema«, in *Die Erzählungen*, Frankfurt am Main, 1996, S. 270
2   Meyer Schapiro, »On some problems in the semiotics of visual art: field and vehicle in image-signs«, in *Theory and Philosophy of Art: Style, Artist, and Society*, New York, 1994, S. 1

AUTISMUS

Abb. 6: Schreibweise des Autisten A.

um eine Art Rückgriff auf normalerweise vergessene Bedingungen von Darstellung handeln, mit denen in Zuständen von Verrücktheit in eigenwilliger Weise umgegangen wird. Um diese These zu erläutern, sind Umwege notwendig, die unter anderem zu Freud und Platon führen werden.
Das als Ausgangspunkt dienende Phänomen ist gleichzeitig einfach und ungewöhnlich. Bei unseren wöchentlichen Begegnungen zeichnet A. mit Filzstift oder Kugelschreiber auf ein rechteckiges weißes Blatt Papier Worte, Zahlen und Figuren, die er wohl zuvor am Bildschirm von elektronischen Spielen gesehen hat. A.s Blätter hebe ich in einer Mappe auf, die er am Beginn der darauffolgenden Sitzung wieder hervorholt. Das Seltsame ist, dass er einige Wochen lang immer wieder das gleiche Blatt vornimmt und seine Tätigkeit fortsetzt, wie wenn das Blatt noch unbeschrieben wäre. Er schreibt und zeichnet *über* dasjenige, was schon vorhanden ist und macht dadurch nach und nach das zunächst Entzifferbare immer mehr unleserlich. Man kennt die zwanghaften Bemühungen von Autisten, jeglichen freien Raum eines Blatts vollständig auszufüllen und es dadurch in eine monochrome Oberfläche umzuwandeln. Das ist bei A. nicht der Fall. Er füllt nicht aus, sondern schreibt weiter, und zum Zeitpunkt, wo er seine Tätigkeit als beendet betrachtet,

ÜBERSCHREIBUNG: JENSEITS DES PAPIERPRINZIPS

Abb. 7: Ein weiteres Beispiel von A.s eigenartiger Schreibtätigkeit

bleiben immer Zwischenräume frei, die es trotz zunehmender Unlesbarkeit dem Betrachter noch erlauben, Teile des Geschriebenen und Gezeichneten zu entziffern. Insgesamt wird aber das zu Beginn noch vermutbare Ziel, zuvor Gesehenes in erkennbarer Weise zu reproduzieren, immer weiter unterwandert. Während der prähistorische Maler trotz des Beibehaltens von bereits Bestehendem durchaus die Voraussetzungen der Wiedererkennbarkeit berücksichtigte, scheint A. in dieser Hinsicht völlig gleichgültig vorzugehen oder vielleicht sogar zunehmende Unentzifferbarkeit anzustreben.

Für sein Schreiben bedient sich A. manchmal auch einer Schiefertafel und geht dabei nicht weniger ungewöhnlich vor als es beim Papier der Fall ist. Obwohl er die ihm zur Verfügung stehende Kreide verwenden könnte, schreibt er dieselben Buchstaben, Ziffern und Figuren, die er auf dem Papier produziert, mit dem Zeigefinger auf die Schiefertafel, wobei aber in diesem Fall seine Tätigkeit keinerlei Spuren hinterlässt. Während beim Schreiben auf Papier sich Unleserlichkeit durch Überschuss an Schrift herstellt, gibt es hier überhaupt nichts zu lesen und der Beobachter kann das Geschriebene lediglich aufgrund der Beobachtung der Fingerbewegungen des Schreibers erahnen. Aufs Papier wird zu viel geschrieben, als ob die Grenzen der

Aufnahmefähigkeit ignoriert würden; auf der Tafel werden keine Spuren hinterlassen, als ob die Jungfräulichkeit der Oberfläche ungetastet bleiben sollte.
Es ist offensichtlich, dass hier der Lesbarkeit von Schrift dienende Konventionen verletzt werden. Obwohl die empirische Präsentation eines Zeichens notwendigerweise immer Entstellungen aufweist, bleibt es normalerweise möglich, das Verhältnis des Zeichens zu seinem Ideal nachzuvollziehen[3] und dadurch zu Entzifferung zu gelangen. Insofern das weiße Blatt als jungfräuliche Oberfläche dazu geschaffen scheint, dasjenige, was es empfängt, unterscheidbar zu gestalten, ist man versucht, bei A.s Vorgehen von *Missbrauch* zu sprechen. Wenn man ihm bei seinem Schreiben auf Papier zusieht, verspürt man unwillkürlich das Bedürfnis, ihn zu *unterbrechen*[4], um die zunächst noch vorhandene Lesbarkeit des Geschriebenen zu bewahren. Wobei es freilich offensichtlich ist, dass ein solches Eingreifen auf einer Vorstellung des Schreibens beruhen würde, die A.s Vorgangsweise nicht gerecht wird. Zu zeigen wäre, dass A.s eigenartige Behandlung von Oberflächen nicht eine isolierte Absonderlichkeit darstellt, sondern Prinzipien gehorcht, deren Analyse zu einem Verständnis der autistischen Phänomene beitragen kann. Darüber hinaus betreffen die folgenden Überlegungen indirekt zumindest die Frage, wie Phänomene der Verrücktheit aufzufassen sind. Soll eine Theorie zunächst eine (psychologische, psychiatrische oder psychoanalytische) Norm aufstellen, von der aus gesehen die psychopathologischen Phänomene dann als bloße Abweichungen erscheinen? Oder erweist sich die Stärke einer Theorie nicht eher darin, das Verrückte als ein Phänomen darzustellen, welches durch dieselbe universale Struktur ermöglicht wird, die unter bestimmten Umständen zur Ausbildung dessen führt, was man als »Normalität« bezeichnet?[5]

---

3 Vgl. Derrida, »Introduction«, in Husserl, *L'origine de la géométrie*, Paris, 1962, S. 87 (Fußnote); und ders., *La voix et le phénomène*, Paris, 1967, S. 85.
4 Ders., »La machine à traitement de texte«, in *Papier Machine*, Paris, 2001, S. 162: Der »Unterbrecher« wird niemals verschwinden, das ist »wesensmäßig unmöglich«.
5 Obwohl es im Folgenden nicht um die Frage der Behandlung des Autismus gehen wird, seien hier einige allgemeine Ideen notiert. Autismus imponiert bekanntlich durch eine spezifische Abkapselung, deren Durchbrechung zwar nicht unmöglich ist, aber zu katastrophenartigen Zuständen führt, die – entsprechend der psychoanalytischen Theorie – auf einem Überschuss an Reizen beruhen, welchen der Autist hilflos gegenübersteht. Unter Berufung auf Tustins Arbeiten (vgl. Frances Tustin, *Autistic States in Children (Revised edition)*, London and New York, 1992, speziell S. 111-134) kann man sagen, dass der Therapeut vor das Dilemma gestellt ist, entweder den Platz eines »autistischen Objekts« einzunehmen, welches im Dienst der Abkapselung (d.h. einer eigenartigen, sekundären Form von »Reizschutz« durch »auto-sensorische Reaktionen« (vgl. Austin, ebd., S. 41)) steht, oder durch seine Eingriffe seinen Patienten in den Zustand ursprünglicher Hilflosigkeit gegenüber einer Überschwemmung durch fremdbleibende Reize zu stürzen. Der einzige Ausweg scheint hier darin zu bestehen, an die eigenen Funde des Autisten anzuknüpfen, und zwar speziell dort, wo sie eine Aussicht darstellen, mit dem Reizüberschuss in weniger rigider Form umzugehen als es mittels der autistischen Objekte und ihrer Äquivalente der Fall ist. Tätigkeiten

Exkurs 1: Freuds Notiz über den »Wunderblock«

Eine Lektüre der Notiz über den »Wunderblock«[6] zeigt, wie sehr sich Freud für die Eigenarten des Papiers interessiert hat, die für eine Deutung des uns hier beschäftigenden Phänomens entscheidend erscheinen. Wie es bei Freud häufig der Fall ist, findet man sich auch bei diesem Text gleichzeitig innerhalb und außerhalb einer Tradition. Freud bedient sich des Papiers, schreibt Derrida, »aber als ob er sich jenseits des Papierprinzips begeben wollte«[7].

Bevor er vom Wunderblock selbst spricht, unterscheidet Freud zu Beginn seines Textes zwischen zwei verschiedenen Verfahren der Aufzeichnung, für die er jeweils Beispiele liefert. Es gibt einerseits das Blatt Papier, das ich mit Tinte beschreibe. Dadurch wird eine »dauerhafte Erinnerungsspur« erzeugt, die aber den »Nachteil« mit sich bringt, »dass die Aufnahmefähigkeit der Schreibfläche sich bald erschöpft. Das Blatt ist vollgeschrieben, hat keinen Raum für neue Aufzeichnungen, und ich sehe mich genötigt, ein anderes, noch unbeschriebenes Blatt in Verwendung zu nehmen.« Vom Augenblick an, wo es keinen »Raum« mehr gibt – aber wir werden die von Freud selbst nicht erwogene Frage stellen, wann genau das der Fall ist – muss ich die Schreibfläche selbst »verwerfen« und mich einer anderen, neuen bedienen.

Das Papier bringt also zwei miteinander zusammenhängende »Nachteile« mit sich (begrenzte Aufnahmefähigkeit und die daraus resultierende Notwendigkeit, »ein anderes, noch unbeschriebenes Blatt in Verwendung zu nehmen«), welche ein anderes Verfahren, für das Freud das Beispiel des Schreibens mit Kreide auf eine Schiefertafel gibt, nicht aufweist. Die Schiefertafel stellt eine Oberfläche dar, »die unbegrenzt aufnahmefähig bleibt«, und zwar nicht wegen ihrer räumlichen Unbegrenztheit, sondern weil ich die Aufzeichnungen immer wieder »wegwischen« und somit »zerstören« kann. Während ich beim Schreiben auf Papier »die Schreibfläche selbst verwerfen« muss, um meine Aufzeichnungen fortsetzen zu können, bleibt die Schiefertafel nach Wegwischen immer bereit, neue Schrift zu empfangen. Ich »zerstöre« die Aufzeichnung und bewahre die »Aufnahmefläche«. Aber diese Möglichkeit des Wegwischens erweist sich gleichzeitig als Nachteil im Vergleich zum Papier. Die Schiefertafel ist nicht imstande »Dauerspuren« zu bewahren.

---

eines Autisten wie die hier beschriebenen, in denen die diesseits der Abkapselung wirkende Eigenart der autistischen Grundstruktur klar zutage tritt und dennoch nicht zu Krisen führt, stellen einen guten Ausgangspunkt für die Entwicklung derartiger neuer Umgangsformen mit dem Überschuss dar.
6 Freud, »Notiz über den ›Wunderblock‹«, *Studienausgabe*, Bd. III, S. 363-369; wegen der Kürze des Textes verzichte ich im folgenden auf Seitenangaben.
7 Derrida, »Le papier et moi, vous savez«, in *Papier Machine*, a.a.O., S. 248

Die bisher behandelten »Vorrichtungen« scheinen das Bestehen einer Unverträglichkeit zwischen unbegrenzter Aufnahmefähigkeit und Erhaltung von dauerhaften Erinnerungsspuren aufzuzeigen. Denn es muss entweder die »aufnehmende Fläche erneut oder die Aufzeichnung vernichtet werden«. Notieren wir noch, dass Freud bei der Beschreibung der beiden Verfahren jeweils verschiedene Worte gebraucht: Das »Erneuen« impliziert für Freud ein *Verwerfen* der Schreibfläche, während dem durch »Wegwischen« erreichten »Vernichten« der Schrift das Wort *zerstören* zugeordnet wird. Wir werden auf diesen terminologischen Unterschied zurückkommen.
Nachdem er vom Papier und der Schiefertafel gesprochen hat, führt Freud den Wunderblock ein, dessen Funktionsweise zeigen soll, dass die zuvor beschriebene Unverträglichkeit nur eine scheinbare war: »Der Wunderblock ist eine in einen Papierrand gefasste Tafel aus dunkelbräunlicher Harz- oder Wachsmasse, über welche ein dünnes, durchscheinendes Blatt gelegt ist, am oberen Ende an der Wachstafel fest haftend, am unteren ihr frei anliegend. Dieses Blatt ist der interessantere Anteil des kleinen Apparats. Es besteht selbst aus zwei Schichten, die außer an den beiden queren Rändern voneinander abgehoben werden können. Die obere Schicht ist eine durchsichtige Zelluloidplatte, die untere ein dünnes, also durchscheinendes Wachspapier. Wenn der Apparat nicht gebraucht wird, klebt die untere Fläche des Wachspapiers der oberen Fläche der Wachstafel leicht an. // Man gebraucht diesen Wunderblock, indem man die Aufschreibung auf der Zelluloidplatte des die Wachstafel deckenden Blattes ausführt. Dazu bedarf es keines Bleistifts oder einer Kreide, denn das Schreiben beruht nicht darauf, dass Material an die aufnehmende Fläche abgegeben wird. Es ist eine Rückkehr zu der Art, wie die Alten auf Ton- und Wachstäfelchen schrieben. Ein spitzer Stilus ritzt eine Oberfläche, deren Vertiefungen die ›Schrift‹ ergeben. Beim Wunderblock geschieht dieses Ritzen nicht direkt, sondern unter Vermittlung des darüberliegenden Deckblattes. Der Stilus drückt an den von ihm berührten Stellen die Unterfläche des Wachspapiers an die Wachstafel an, und diese Furchen werden an der sonst glatten weißlichgrauen Oberfläche des Zelluloids als dunkle Schrift sichtbar. Will man die Aufschreibung zerstören, so genügt es, das zusammengesetzte Deckblatt von seinem freien, unteren Rand her mit leichtem Griff von der Wachstafel abzuheben. Der innige Kontakt zwischen Wachspapier und Wachstafel an den geritzten Stellen, auf dem das Sichtbarwerden der Schrift beruhte, wird damit gelöst und stellt sich auch nicht her, wenn die beiden einander wieder berühren. Der Wunderblock ist jetzt schriftfrei und bereit, neue Aufzeichnungen aufzunehmen.«
Obwohl seine Schreibfläche immer wieder jungfräulich zu werden imstande ist, erhalten sich im Wunderblock, im Gegensatz zur Schiefertafel, Dauerspuren: »Hebt man das ganze Deckblatt – Zelluloid und Wachspapier – von der Wachstafel ab, so verschwindet die Schrift und stellt sich […] auch später nicht wieder her. Die Ober-

fläche des Wunderblocks ist schriftfrei und von neuem aufnahmefähig. Es ist aber leicht festzustellen, dass die Dauerspur des Geschriebenen auf der Wachstafel selbst erhalten bleibt und bei geeigneter Belichtung lesbar ist.«

*

Der Wunderblock kann also durch ein Ineinandergreifen zweier Funktionen in sich vereinigen, was zunächst miteinander unverträglich zu sein schien. Wie bei der Schiefertafel ist die Schrift *auslöschbar*. Die aufgrund des quasi-virtuellen Phänomens eines Kontakts zwischen zwei Oberflächen sichtbar werdende Schrift wird durch die Trennung von Wachspapier und Wachstafel gelöscht und erlaubt somit die Wiederherstellung eines »unbeschriebenen Blatts«, wobei es aber, im Gegensatz zum Papier, nicht notwendig ist, die Oberfläche selbst zu »verwerfen«. Die für die Sichtbarkeit der Schrift an der Oberfläche notwendigen *Dauerspuren* auf der Wachstafel stellen sich durch Einritzen her, was heißt, dass im Gegensatz zur Tintenschrift auf Papier und zur Kreideschrift auf der Schiefertafel kein Material an die Oberfläche abgegeben wird. Notieren wir noch, dass Freud die auslöschbare Schrift mit dem »unerklärlichen Phänomen des Bewusstseins« in Zusammenhang bringt, während er die sich erhaltende Schrift mit dem unbewussten Gedächtnis (in dem sich »dauerhafte – wenn auch nicht unveränderliche – Erinnerungsspuren« erhalten) vergleicht. Die »schützende Hülle«, welche das Zelluloidblatt darstellt, soll die in *Jenseits des Lustprinzips* eingeführte Funktion des »Reizschutzes« verkörpern.[8]

Freuds Bemerkungen können unter mehreren Blickwinkeln betrachtet werden. Was Freud am Wunderblock zunächst interessiert, ist die Tatsache, dass er zwei Leistungen vereinigt, »indem er sie *auf zwei gesonderte, miteinander verbundene Bestandteile – Systeme – verteilt*«. Derrida betont, dass der Wunderblock sich durch eine »Mehrheit der Orte«[9], durch eine »Arbeitsteilung«[10] auszeichnet, auch dadurch, dass er »die Funktion des Papiers im eigentlichen Sinn in sich aufteilt«[11]. Eine solche Aufteilung und Mehrheit der Orte erinnert uns daran, dass bereits beim ersten Wahrnehmen Gedächtnis und Schrift am Werk sind und wir es somit immer schon mit »ursprünglicher Wiederholung«[12] zu tun haben. Die Funktionsweise des Wunderblocks verkörpert eine solche Irreduktibilität der Schrift und zeigt gleichzeitig, dass deren Wirken normalerweise vergessen wird. Der Unter-

---

8 Freud, *Jenseits des Lustprinzips*, in *Gesammelte Werke*, Bd. XIII, S. 29 ff.
9 Derrida, *Mal d'archive*, Paris, 1995, S. 37
10 Derrida, »Le papier ou moi, vous savez«, a.a.O., S. 251
11 Ebd., S.249
12 Vgl. Derrida, »Freud et la scène de l'écriture«, in *L'écriture et la différence*, Paris, 1967, S. 301 und 336, dt. in *Die Schrift und die Differenz*, Frankfurt am Main, 1972, S. 310 und 345

schied zwischen einer manifesten Oberfläche ohne Dauerspuren und einer latenten Ebene, wo dauerhafter Einschreibungen durch Einritzen erzeugt werden, lässt das Phänomen des Bewusstseins und der Gegenwärtigkeit als Auswirkung des Vergessens der Materialität einer Oberfläche erscheinen, die gegenüber der Einschreibung von Zeichen Widerstand leisten würde. Wobei es freilich nicht um die Behauptung einer latenten Ebene geht, auf der sich Aufzeichnungen erhielten, die »wahrhafter« wären als dasjenige, was an der Oberfläche erscheint: »Es gibt keine [...] unbewusste Wahrheit, die man, weil sie anderswo geschrieben wäre, wiederfinden könnte«, lesen wir bei Derrida.[13]

Selbst wenn die Wichtigkeit des Aspekts der Aufteilung es problematisch erscheinen lassen kann, vom »Wesen« einer bestimmten Schreibfläche zu sprechen, wird das erwähnte »Zeitalter des Papiers« von demjenigen mitbestimmt, was man für das »Papier selbst«[14] hält. Die Art, wie Freud das Papier präsentiert, zeichnet sich ja ebenfalls dadurch aus, dass es – anders als die Bestandteile des Wunderblocks – bei seinem Gebrauch nicht in den Prozess einer Arbeitsteilung eintritt und somit gewissermaßen für sich allein besteht. Zählen wir also einige Züge auf, die zur Eigenart des Phänomens Papier beitragen: Weil man »auf« dem Papier und nicht »in« ihm Spuren herstellt (wie beim Schreiben auf der Schiefertafel beruht die Erzeugung der Spuren auf der Abgabe von Materie und nicht auf einem mechanischen Ritzen »in« die Oberfläche), kann der Eindruck entstehen, das Papier besitze kein Volumen.[15] Obwohl man manchmal das Kratzen einer Feder hören kann, scheint das Papier dem Schreiben gegenüber keinerlei Widerstand zu leisten: Passivität, sprichwörtliche Geduld des Papiers, das »immer schon im Begriff ist, zu verschwinden«[16]. Während beim Einritzen in eine Wachstafel offensichtlich Kraft aufgewendet werden muss, scheint das beim Papier nicht der Fall zu sein.

Weil das Papier uns gewissermaßen einlädt, sein eigens Bestehen zu vergessen, kann das (»normale«) Schreiben auf ihm mit den Phänomenen anscheinend »reiner« Selbstaffektion und speziell mit denjenigen der Stimme und des Bewusseins in Zusammenhang gebracht werden. Der »Geduld« des immer schon im Schwinden begriffenen Papiers entspricht die anscheinende Immaterialität des Phänomens der Stimme, welches »den Eingriff keiner bestimmten Oberfläche in der Welt erfordert«. Sie stellt eine »absolut verfügbare signifikante Substanz« dar, deren Er-

---

13 Ebd., S. 313, dt. S. 323 (Übersetzung verändert); vgl. auch Derrida, » Scribble«, in Warburton, *Essai sur les hiéroglphes des Egypticiens*, Paris, 1977, S. 13, dt. in *Versuch über die Hieroglypen der Ägypter*, Frankfurt am Main etc., 1980, S. XVII
14 Derrida, »Le papier ou moi, vous savez«, a.a.O., S. 250
15 Ebd., S. 243
16 Ebd., S. 250. – Peter Sloterdijk (*Sphären II/ Globen*, Frankfurt am Main, 1999, S. 677) spricht von der »unterstellten Selbstlosigkeit« von Medien.

zeugung sich keinerlei Widerstand entgegensetzt.[17] Daher Husserls Versuch, zu zeigen, dass die Artikulation der inneren Rede im Erleben verwurzelt ist und somit nicht den Umweg über die »Anzeige«-Funktion von Sprache erfordert. »In der monologischen Rede können uns die Worte doch nicht in der Funktion von Anzeichen für das Dasein psychischer Akte dienen, da solche Anzeige hier ganz zwecklos wäre. Die fraglichen Akte sind ja im selben Augenblick von uns selbst erlebt.«[18] Diese Gemeinsamkeiten vermögen zu erklären, warum das Dominieren der Stimme und dasjenige des Papiers dem selben Zeitalter angehören.

*

Worin sich in Freuds Darstellung das Papier von der Schiefertafel unterscheidet, ist zunächst die Tatsache, dass der Schreiber zu einem bestimmten Zeitpunkt gezwungen ist, das Papier zu *verwerfen*. »Das Blatt ist vollgeschrieben, hat keinen Platz für neue Aufzeichnungen, und ich sehe mich genötigt, ein anderes, noch unbeschriebenes Blatt in Verwendung zu nehmen.« Das Papier wird also insofern zunächst mit einer gewissen *Verschwendung* in Zusammenhang gebracht, als zur Aufnahme neuer Zeichen die Schreibfläche selbst erneuert werden muss, was beim Gebrauch der Schiefertafel (und im weiteren des Wunderblocks) nicht notwendig ist. Man stellt sich auf den Standpunkt des *Bewusstseins*, welches, »wenn mein Interesse an der Notiz nach einiger Zeit erloschen ist«, etwas nicht mehr im Gedächtnis behalten will[19] und wieder »unvoreingenommen«[20] sein soll für neue Eindrücke. Dann erscheint es ökonomischer, eine wieder empfangsbereite Oberfläche durch Löschung des Geschriebenen herzustellen, als dadurch, dass man wie beim Papier zu einer neuen Oberfläche greift.
Aber insofern das Papier aufgrund der Herstellung von Dauerspuren auch mit dem *Gedächtnis* in Zusammenhang gebracht wird, ist es offensichtlich, dass sein Gebrauch gleichzeitig die Frage der Möglichkeit eines *Verlierens* aufwirft. Von dieser Seite aus gesehen beschränkt sich das Problem des Papiers nicht auf die Notwendigkeit, meine Schreibtätigkeit auf einem neuen Blatt fortsetzen und damit einen zusätzlichen Aufwand leisten zu müssen, sondern besteht darüber hinaus darin,

---

17 Vgl. Derrida, *La voix et le phénomène*, a.a.O., S. 89
18 Husserl, *Logische Untersuchungen*, II/1 (*Untersuchungen zur Phänomenologie und Theorie der Erkenntnis*), Tübingen, 1993, S. 36 f.
19 Wenn Freud »nicht mehr ›im Gedächtnis behalten‹ will« schreibt, so sollen die Anführungszeichen wohl andeuten, dass sich unabhängig vom Willen des Bewusstseins der entsprechende Inhalt dennoch im Gedächtnis erhalten wird.
20 Das Wort wird von Freud im *Entwurf einer Psychologie* (in *Gesammelte Werke, Nachtragsband*, S. 391) in einem Kontext verwendet, der bereits die im *Wunderblock* behandelte Problematik betrifft; vgl. Derrida, »Freud et la scène de l'écriture«, a.a.O., S. 298, dt. S. 307

dass ich die Schrift mitsamt ihrer Unterlage, im Gegensatz zur Wachstafel des Wunderblocks, jederzeit allzu leicht verwerfen *kann*, womit die Gefahr entsteht, das Aufgezeichnete – zumindest wenn ich mir nicht »den Ort merke, an dem die so fixierte ›Erinnerung‹ untergebracht ist« – endgültig zu verlieren.[21] Genau dieser Gefahr des Verlusts soll die eigenartige Funktionsweise des Wunderblocks vorbeugen, wobei Freuds Interesse offensichtlich durch klinische Überlegungen motiviert wird.

Ich will eine Aufzeichnung löschen und bewahre sie, ohne es zu wissen, gleichzeitig auf. Das ist für Freud nicht nur das Grundprinzip des Wunderblocks, sondern auch dasjenige der Neurose: Verdrängungsmaschine, die im Gedächtnis bewahrt, was verloren zu gehen droht. Wenn es ums Löschen der Schrift geht, verwendet Freud sowohl für die Schiefertafel als auch für den Wunderblock das Wort *zerstören* – ich kann die Aufzeichnungen zerstören, »sobald sie mich nicht mehr interessieren«. Wenn er dagegen davon spricht, wie das vollgeschrieben Papierblatt periodisch aus dem Schreibprozess ausgeschlossen wird und somit spurlos verschwinden könnte, gebraucht Freud das Wort *verwerfen*. So besehen ist in Freuds Darstellung das Verwerfen ein Vorgang, der durch den Gebrauch des Wunderblocks vermieden werden soll.

Wie Lacan gezeigt hat, wird der Ausdruck »Verwerfung« von Freud in seinen ersten analytischen Texten gebraucht, um einen spezifisch psychotischen Abwehrmechanismus zu beschreiben.[22] Die Art, wie Freud den gleichen Ausdruck in der *Notiz über den »Wunderblock«* einsetzt, erlaubt es, hier einen Zusammenhang herzustellen. Das Verwerfen des Papiers zeichnet sich durch die Totalität des Vorgangs aus. Ich verwerfe *alles*, die Schreibfläche (das »Subjektil«[23]) *mitsamt* der Schrift, die somit – im Gegensatz zur gewissermaßen ins Verfahren eingebauten Wachstafel des Wunderblocks – beide vollständig und spurlos aus dem Erinnerungssystem ausscheiden können. Das erinnert tatsächlich an dasjenige, was Freud in seinen ersten psychoanalytischen Texten über die psychotische Abwehr sagt, »die darin besteht, dass das Ich die *unerträgliche* Vorstellung *mitsamt* ihrem Affekt *verwirft* und sich so benimmt, als ob die Vorstellung niemals an das Ich herangetreten wäre.«[24] Der von Freud beschriebene Umgang mit dem Papier bringt die

---

21 »Umkehrung einer immer instabilen ›Hierarchie‹: das ›schöne Papier‹ in allen seinen Formen kann Objekt einer Verwerfung (*rejet*) werden. Die Jungfräulichkeit des Unbefleckten, des Heiligen, des Heilen ist auch dasjenige, was sich allen und jedem aussetzt und hingibt, die Untergründe und die Erniedrigung der Prostitution.« (Derrida, »Le papier ou moi, vous savez«, a.a.O., S. 242)
22 Vgl. Lacan, »D'une question préliminaire à tout traitement possible de la psychose«, in *Ecrits*, S. 558, dt. in *Schriften II*, S. 91
23 Das von Derrida häufig gebrauchte französische Wort *subjectile* ist ein *terminus technicus*, welcher das der Malerei als Unterlage dienende Material bedeutet.
24 Freud, »Die Abwehr-Neuropsychosen«, in *Gesammelte Werke*, Bd.I, S. 72 (meine Hervorhebungen)

Gefahr mit sich, genau jene Spurlosigkeit zu erzeugen, die er auch dem psychotischen Abwehrmechanismus zuschreibt. In der Neurose dagegen bleibt die *unverträgliche* Vorstellung, selbst wenn der ursprünglich an sie gebundene Affekt durch die Abwehr abgelenkt wird, nach Eingreifen des Abwehrmechanismus im psychischen Apparat erhalten.[25] Das wiederum erinnert an die eigenartige Funktionsweise des Wunderblocks, der das Ausgelöschte zu bewahren fähig ist.

Wenn man, wie wir es hier vorschlagen, die jeweilige Behandlung von Schreibflächen verschiedenen klinischen Strukturen zuordnet, ist es interessant festzustellen, dass A.s Behandlung des Papiers weder dem neurotischen noch dem psychotischen Mechanismus entspricht: Im Gegensatz zur neurotischen Aufbewahrung im Gedächtnis kommt es schließlich zur Zerstörung der zunächst lesbaren Dauerspuren; im Gegensatz zur psychotischen Verwerfung der Schreibfläche oder des auf ihr Aufgezeichneten wird auf der gleichen Unterlage weitergeschrieben. A. *setzt* das Schreiben *fort*, bis das Geschriebene *unleserlich* wird. Das könnte als Hinweis dafür angesehen werden, dass es im Autismus, im Gegensatz zur Psychose, nicht zur Konfrontation mit etwas »Unerträglichem« kommt, das »verworfen« wird und somit spurlos verloren geht. Was bei A.s Zeichnungen beeindruckt, ist nicht Spurlosigkeit, sondern ein durch Weiterschreiben auf der gleichen Oberfläche erzeugter Überschuss an Zeichen. Die Passivität oder Geduld des »Subjektils« wird bis zum Grotesken übersteigert, was als ein Missbrauch des »Papierprinzips« angesehen werden kann. Wir werden versuchen, diese Eigenart der Oberflächenbehandlung als Manifestation einer spezifisch autistischen subjektiven Position zu deuten.

*

In *Mal d'archive* schreibt Derrida, dass das Modell des Wunderblocks nicht nur das unbewusste Gedächtnis darstellt, sondern auch dasjenige mitverkörpert, was als Zerstörungstrieb dem Bewahren von Dauerspuren (als Ziel eines »Archiv-Triebs«) widerspricht. Dabei gehe es um »Ernsteres« als ein durch die Grenze der Endlichkeit erzeugtes Vergessen: »Die Bedrohung aber ist *un-endlich*, sie reißt die Logik der Endlichkeit und die bloßen faktuellen Grenzen mit sich fort, die transzendentale Ästhetik, könnte man sagen, die raum-zeitlichen Bedingungen der Aufbewahrung. Sagen wie eher, dass sie sie missbraucht.«[26] Man könnte also innerhalb der Funktionsweise des Wunderblocks einen im Archiv *bewahrenden* von einem das Archiv *bedrohenden* Aspekt unterscheiden, wobei die Bedrohung irgendwie mit dem *Unendlichen* und mit *Missbrauch* zusammenhängen würde.

---

25 Vgl. mein »Der Unglaube in der Psychose«, in *Freud und der Rest*, Wien, 1993, S. 23 ff.
26 Derrida, *Mal d'archive*, a.a.O., S. 38

Derrida präzisiert nicht, wie der Wunderblock eine solche Bedrohung des Archivs verkörpern könnte. Prüfen wir folgende Hypothese: Der Wunderblock enthält eine Schicht (die Wachstafel), die – ohne für den Schreiber sichtbar und ohne ihm überhaupt als existierend bekannt zu sein – Spuren dessen aufbewahrt, was er schreibt. Weil aber diese Spuren nicht nur blindlings, sondern auch ohne Absicht hergestellt werden, wird der Schreiber nicht versuchen, den für die Lesbarkeit der auf der Wachstafel sich erhaltenden Schrift wesentlichen Abstand zwischen den Zeichen zu kontrollieren. Damit unterscheidet sich die Herstellung der Dauerspuren im Wunderblock von demjenigen, was Derrida über ein »Schreiben ohne zu sehen« sagt. Wenn ich in der Finsternis oder (z.B. während ich ein Fahrzeug lenke) ohne die Schreibfläche anblicken zu können schreibe, so weiß ich nicht nur, *dass* ich Dauerspuren erzeuge, sondern weiß auch – weil sich in mir gleichzeitig ein Bild meiner Bewegungen abzeichnet – mehr oder weniger, *wo* ich schreibe.[27] Obwohl das Geschriebene schwer leserlich sein wird, wird es entzifferbar bleiben. Beim Wunderblock dagegen weiß der Schreiber nicht, dass anderswo mitgeschrieben wird und somit hinsichtlich der verborgenen Schreibfläche auch nicht, wie sich die Zeichen dort verteilen. Aufgrund dieses Unwissens wird das Schreiben, das an der Oberfläche periodisch ausgelöscht wird, auf der Wachstafel über unbegrenzte Zeit fortgesetzt, was dazu führen muss, dass sich immer mehr Schrift ansammelt und somit das für alphabethische Schrift wesentliche Prinzip der zeitlichen Linearität ins Wanken gerät.[28] Dasjenige, was Maldiney in einem anderen Kontext als die »Schärfe der Leere« bezeichnet, auf der »präzise Formen« in Erscheinung treten[29], wird zwar das nach jeweiliger Löschung an der Oberfläche Geschriebene bestimmen, kann aber auf der Ebene der Wachstafel des Wunderblocks nicht zur Wirkung kommen.

Man versteht freilich, was Freud anhand des Wunderblocks vor allem zeigen will: Wir haben einerseits eine Oberfläche, wo neue Inschriften aufgrund der Auslöschung der alten immer wieder leicht lesbar sein werden, und andererseits eine Schicht, wo mitgeschrieben wird und dann durch ein gewisses Verfahren (»geeignete Belichtung«) das scheinbar Verloschene schließlich doch noch entziffert

---

27 Derrida, *Mémoires d'aveugle*, Paris, 1990, S. 11
28 Indem in A.s Zeichnungen die zeitliche Linearität der alphabetischen Schrift unterwandert wird, kommt es gewissermaßen zu einer Rückkehr einer der Verzeitlichung vorausgehenden Räumlichkeit. Damit besteht eine strukturale Analogie mit demjenigen, was verbale Halluzinationen zutage treten lassen: Die normalerweise sich als reines Zeitphänomen präsentierende Stimme findet sich plötzlich »draußen«, d.h. im Raum. Vgl. dazu auch Derrida, *De la Grammatologie*, Paris, 1967, S. 409 f.
29 Henri Maldiney, »L'Art et le Pouvoir du Fond«, in *Regard Parole Espace*, Lausanne, 1999, S. 202 f. – Im gleichen Text findet man Bemerkungen über einen Zusammenhang zwischen Klinik und Behandlung von Oberflächen: »Der *Grund* von Van Gogh ist die Gegenwärtigkeit selbst als ›Weltentwurf als Bedrohung‹, die seine ganze Kunst zu überwinden sucht.« (ebd. , S. 187, Fußnote)

werden kann. Trotzdem ist es seltsam, dass Freuds Text implizit zumindest die Wachstafel dem Papier gegenüberstellt und dadurch den Eindruck entstehen lässt, dass ersterer eine unbegrenzte Aufnahmefähigkeit zuzuschreiben sei. Da aber beide Oberflächen räumlich begrenzt sind, sieht man nicht ein, warum nach längerem Gebrauch des Wunderblocks die Aufzeichnungen auf dessen Wachstafel – selbst »bei geeigneter Belichtung« – besser lesbar wären als es bei einer gleich großen Papierfläche der Fall wäre. Der Unterschied besteht ja eigentlich nur darin, dass ich beim Schreiben auf Papier zu einem gewissen Zeitpunkt zur Kenntnis nehme, dass bei Fortsetzung meiner Tätigkeit die Lesbarkeit sich verlieren würde (»das Blatt ist vollgeschrieben, hat keinen Raum für neue Aufzeichnungen«), während ich beim Wunderblock nicht imstande bin, diesen Moment wahrzunehmen.[30] In beiden Fällen muss es ab einem gewissen Zeitpunkt zu einem katastrophalen Umschlagen des »Vorteils« (Erhaltung von »Dauerspuren«) in einen »Nachteil« kommen: Neu hinzukommende Dauerspuren werden dann nicht nur unleserlich sein, sondern auch bis dahin noch lesbare Zeichen unleserlich machen. Der anscheinende Zweck der Maschine (Bewahrung im Archiv) wird von Anfang an durch eine Gegenbewegung unterwandert (Archivzerstörung).

Diese Bemerkung scheint für die uns hier beschäftigenden Phänomene insofern interessant, als A. mit dem *sichtbaren Papier* in genau jener Weise umgeht, wie beim Wunderblock mit der normalerweise *unsichtbaren Wachstafel* umgegangen wird: Als ob das Blatt noch unbeschrieben wäre, schreibt er weiter. Er behandelt derart das Papier, im Gegensatz zu dessen üblichem Gebrauch, wie eine unbegrenzt aufnahmefähige Schreibfläche und erzeugt dadurch jene Unlesbarkeit, die im Text über den Wunderblock von Freud bezüglich der Wachstafel nicht in Betracht gezogen wird. Das legt es nahe, A.s Tätigkeit mit dem Todestrieb in Zusammenhang zu bringen, der, wie Derrida meint, jenseits der Archivierungsleistungen auch im Wunderblock am Werk wäre. Während aber die Archivzerstörung im Wunderblock gewissermaßen im Verborgenen voranschreitet, tritt sie in A.s Zeichnungen an der Oberfläche zutage. Anstelle neurotischer Verdrängung (Lesbarbleiben von Ausgelöschtem) oder psychotischer Verwerfung (spurloses Verschwinden von Zei-

---

30 Man könnte freilich versuchen, die Aufnahmefähigkeit der Wachstafel des Wunderblocks mit der riesigen Gedächtniskapazität moderner Computer zu vergleichen, von denen Freud keine Kenntnis haben konnte. Die periodische Speicherung dessen, was beim Computer zunächst am Bildschirm erscheint, weist ebenfalls eine erstaunliche Ähnlichkeit mit der Funktionsweise des Wunderblocks auf. In beiden Fällen bleibt die Bildung der gespeicherten Zeichen für den Schreiber unsichtbar. Während aber beim Wunderblock der Abstand zwischen den Zeichen auf der Wachstafel nicht kontrolliert werden kann, wird eine solche Kontrolle beim Computer automatisch ausgeübt und somit die Lesbarkeit der gespeicherten Zeichen garantiert. Die »normale« (d.h. nicht durch Viren gestörte) Funktionsweise des Computers, könnte man sagen, verkörpert die Gedächtnisfähigkeit des Unbewussten ohne die gleichzeitig wirkende unbewusste Zerstörungstendenz.

chen) würde es im Autismus zur ständigen Zerstörung dessen kommen, was einen Augenblick zuvor jeweils aufgezeichnet worden ist.

Hält man sich an Freuds Erläuterungen über den Wunderblock, so wird man von A.s Vorgangsweise ausgehend die Hypothese wagen dürfen, dass im Autismus nicht nur das gesamte System »W-Bw« (Wahrnehmung-Bewusstsein) gewissermaßen fehlt: keinerlei die »schädigenden Einwirkungen von außen« abhaltender »Reizschutz«[31] (für Freud durch die schützende Hülle des Zelluloids des Wunderblocks verkörpert), aber auch kein »Bewusstsein« (als Ort, an dem sich der Eindruck »reiner«, das heißt durch nichts Fremdes beeinflusster Selbstaffektion herstellt). In Anbetracht des Vorwiegens der Archivzerstörung würde aber das unbewusste Gedächtnis ebenfalls nicht seine Funktion erfüllen. Am ehesten könnte man noch von einer völligen Verwechslung oder Nichtunterscheidbarkeit der verschiedenen Ebenen sprechen, was zu einer Art direkter, umgebremster Affizierung durch Schrift führen würde.

Wir würden meinen, dass es sich hier nicht bloß um äußerliche Analogien handelt, sondern dass die eigenartige Oberflächenbehandlung der Autisten zeigt, wie Sprache sie affiziert. Man denke daran, wie häufig sich Autisten, wenn sie uns sprechen hören, die Ohren zuhalten oder uns vehement am Weitersprechen hindern, so als ob sie der Gewalt von Sprachwirkungen wehrlos ausgesetzt wären. Dass bei A.s Vorgehen durch Überschuss an Schrift das Papier in Bezug auf das Ideal von Lesbarkeit letztlich destruktive Wirkungen des Schreibens erleidet, erscheint wie eine Zurschaustellung des autistischen Verhältnisses zu Sprache: rohe, nicht durch das System der Stimme (in Derridas Sinn) ausgelöschte Sprachgewalt, deren Überschuss vom »Subjekt« wie andauernde Vergewaltigung erlebt werden muss; Schutzlosigkeit der Schreibfläche, Schutzlosigkeit des Subjekts gegenüber normalerweise vergessener Gewalt (»ursprüngliche Gewalt der Sprache«[32], die Derrida der Schrift zuordnet).

Exkurs 2: Platons Chora

Exzessives Schreiben auf einer endlichen Oberfläche führt etwas Unendliches in den Schreibprozess ein. Die Schreibfläche wird überfordert und gleichzeitig auch hinsichtlich dessen, was man für ihren Zweck hält, missbraucht. Was sich aber derart aufgrund des Unleserlichwerdens der Schrift als Bedrohung des Archivs dar-

---

[31] Für Donald Meltzer beruht der Autismus darauf, dass der psychische Apparat den inneren und äußeren Sinnesdaten ungeschützt ausgesetzt ist (vgl. Donald Meltzer, *Explorations in Autism*, Old Ballechin Strtah Tay, 1975, S. 9).

[32] Derrida, *De la Grammatologie*, a.a.O., S. 164

stellt, kann auch als Ausdruck einer exorbitanten Forderung gedeutet werden. Indem er beim Darüberschreiben das Prinzip des leeren Platzes, auf dem sich ein Zeichen niederlassen kann, nicht beachtet, stellt A. an das Papier Anforderungen, denen gängige Oberflächen nicht nachzukommen vermögen. Damit wird implizit die Möglichkeit einer Schreibfläche heraufbeschworen, deren Aufnahmefähigkeit, anders als es beim von A. gebrauchten Papier der Fall ist, wirklich unendlich wäre. Man denkt an den Gebrauch des Ausdrucks *chora* in Platos *Timaios*: in Derridas Deutung »allgemeiner Ort oder totales Rezeptakulum (*pandekhes*)«[33]. Was uns in Anbetracht der Nichtbeachtung oder des Missbrauchs der Funktion des leeren Platzes in A.s Zeichnungen speziell interessiert, ist die von Derrida betonte Unmöglichkeit, *chora* durch einen Bezug auf die Tradition der *via negativa* – d. h. eines bestimmten Umgangs mit leeren Plätzen, dem auch der Gebrauch des weißen, glatten und abgegrenzten Blatts Papier angehört – gerecht zu werden. Es würde genauer darum gehen, in Platons Texten von einer in der abendländischen Kultur vorwiegenden »Tropik der Negativität« eine »andere Tropik zu unterscheiden, eine andere Art, das Jenseits (*epekeina*) der Grenze [...] und den Ort zu behandeln«[34]. Der »Ort« als leerer Platz, der seine Ausfüllung erwartet, ist etwas anderes als ein (wie man gesehen hat auch von Freud erwogener) »Ort« grenzenloser Aufnahmefähigkeit.

Platons Text spricht bekanntlich davon, wie der Demiurg von den idealen Formen (»durch Denken erfassbar, immer sich gleich verhaltend«) ausgehend die Welt (»dem Werden zugänglich und sichtbar«) bildet (48e).[35] Worin bildet er sie? Es gebe eine Wesenheit (oder »Natur«), liest man bei Platon, die alles aufnimmt und doch nie und in keiner Weise irgendeine Gestalt annimmt, welche einem der Gebilde ähnlich wäre, die in sie eingehen (50b,c); etwas, das formlos ($\alpha\mu\rho\phi\text{ov}$) sein muss hinsichtlich aller der Gestalten, die es von überallher aufnehmen soll (50d). Derrida sagt nicht nur, dass *chora* »den Inskriptionsort *alles dessen, was sich auf der Welt markiert,* darstellt«[36], sondern auch, »dass sie als Rezeptakulum alles in ihr sich auslöschen lassen muss, damit sie die Abdrücke ›empfangen‹ kann. Sie darf nicht nur nichts im Gedächtnis behalten, sondern auch nichts ›vergessen‹, wenn vergessen noch von einer scheiternden ›Gedächtniskraft‹ zeugt. *Chora* vergisst nicht einmal.«[37] Sie »erscheint so jungfräulich, dass sie nicht einmal mehr die Gestalt einer Jungfrau hat«.[38] Die Schemata, die als Figuren in *chora* ausgeschnitten

---

33 Derrida, *Khôra*, Paris, 1993, S. 58
34 Derrida, »Comment ne pas parler«, in *Psyché*, Paris, 1987, S. 566
35 Vgl. Platon, *Timaios*, Hamburg, 1992
36 Derrida, *Khôra*, a.a.O., S. 52
37 Derrida, »Avances«, in Serge Margel, *Le tombeau du dieu artisan*, Paris, 1995, S. 29, Fußnote
38 Derrida, *Khôra*, a.a.O., S. 95

und abgedruckt werden, kommen ihr zu, ohne ihr anzugehören.[39] Während wir also bisher eine bestimmte Art der Oberflächenbehandlung unter dem Aspekt der durch Überschuss an Einschreibungen erzeugten Archivzerstörung betrachtet haben, lädt uns Platons *chora* ein, dasselbe Phänomen mit einer diesseits solcher Zerstörung angesiedelten Möglichkeit unbegrenzter Aufnahmefähigkeit in Zusammenhang zu bringen. Einerseits Überschuss in Bezug auf zur geregelten Einschreibung bereits freistehende Plätze, andererseits Erwägung eines »Ortes«, der solcher Begrenzung nicht unterworfen wäre

Skizzieren wir kurz, wie Derrida die Funktion des Wortes *chora* in Platons *Timaios* interpretiert. Heideggers Ansicht, dass sich in diesem Text »von der platonischen Philosophie her [...] die Umbildung des kaum gefassten Wesens des Ortes (τόποσ) und der χώρα in den durch Ausdehnung bestimmten ›Raum‹ vorbereitet«[40], sei zumindest unzureichend. Heideggers Lektüre wird als »teleologisches Zurückblicken«[41] qualifiziert. Es gehe bei *chora* nicht, wie Heidegger es meint, um »Vorbereitung« cartesianischer *extensio*, d.h. eines »leeren oder geometrischen Raums«[42], sondern eher um etwas, was der platonische Text selbst zwar in sich empfängt, sich aber nicht anzueignen vermag. Das heiße zwar nicht, dass es nicht zulässig sei, von so etwas wie der Philosophie Platons zu sprechen. Aber »*Platonismus* würde unter diesen Umständen die These oder das Thema heißen, das man durch Kunstgriff, Verkennung und Abstraktion aus dem Text extrahiert, aus der geschriebenen Fiktion von ›Platon‹ losgerissen haben wird.«[43] Was Derrida interessiert, ist eine »andere Sprache«, eine »andere interpretative Entscheidung«.[44] Platons Text, der das Problem der Aufnahme behandelt, würde also gewissermaßen in sich selbst etwas aufnehmen, das ihn überfordert und in Schwierigkeiten geraten lässt. Er enthält Aspekte, die weniger »platonisch« sind, als es der Autor selbst und die ihm folgende Philosophietradition wahrhaben will.

Dass Platons Text in Schwierigkeiten gerät, manifestiert sich in einer Reihe von Aporien: *Chora*, liest man im *Timaios*, ist weder »intelligibel« (durch Denken erfassbar) noch »sensibel« (sichtbar), gehört einer »dritten Gattung« (48e, 52a) an. »Man kann nicht einmal sagen, dass sie *weder* dies *noch* jenes ist, oder dass sie *gleichzeitig* dieses und jenes ist«, kommentiert Derrida.[45] Der Diskurs über die *chora* »geht nicht aus dem natürlichen oder legitimen *logos* hervor, sondern eher aus einer hybriden Denkweise« (Platon: » Bastard-Schluss«, »wie in einem Traum«

---

39 Ebd., S. 27
40 Martin, Heidegger, *Einführung in die Metaphysik*, Tübingen, 1987, S. 51
41 Derrida, *Khôra*, a.a.O., S. 24
42 Ebd., S. 58
43 Ebd., S. 81
44 Derrida, »Comment ne pas parler«, a.a.O., S. 567
45 Derrida, *Khôra*, a.a.O., S. 16

(52b)). Der Ausdruck »dritte Gattung« sei vielleicht als »Gattung jenseits der Gattung«, d. h. jenseits kategorialer Gegensätze zu verstehen.[46] »Wie soll man, jenseits des feststehenden oder spät aufgetauchten Gegensatzes von *logos* und *mythos*, die Notwendigkeit dessen denken, was zwar diesem Gegensatz, und vielen anderen, stattgibt (*donnant lieu*), sich aber manchmal nicht mehr dem Gesetz dessen zu unterwerfen scheint, was der Gegensatz *situiert*?«[47] *Chora* unterwirft sich nicht dem Gesetz dessen, was in ihr statt-findet oder sich in ihr ansiedelt.

Derrida meint, dass die Formel »weder intelligibel noch sensibel« auch impliziert, dass die von Platon bezüglich *chora* gebrauchten, eine bestimmte Art von Aufnahme ausdrückenden Metaphern (Mutter, Amme, Rezeptakulum, Abdruckträger, Gold etc.) nicht unbesehen hingenommen werden können, und zwar deshalb, weil die Domäne der Rhetorik insgesamt, welcher diese Metaphern zuzuordnen sind, gerade auf der Unterscheidung zwischen dem Intelligiblen und dem Sensiblen beruht, die der Text durch die Einführung einer »dritten Gattung« in Frage stellt.[48] Durch die in ihm gebrauchten und zugleich unzureichenden Metaphern würde der Text selbst ankündigen, wie er später (in gewissermaßen »offizieller« Weise) gelesen werden wird: »Seht, wie ab jetzt und in Ewigkeit alle Deutungen dessen, was ich hier sage, aussehen werden«.[49] Während für Heidegger, dessen Lesart sich hier als konventionell erweist, Platons Text die cartesianische Auffassung des Raums »vorbereitet«, situiert Derrida *chora* diesseits solcher späterer Entwicklung. Fügen wir noch hinzu, dass Derrida nicht zögert, eine Analogie zwischen *chora* und dem Wunderblock (Gleichzeitigkeit von Bewahrung und Auslöschung) zu erwägen.[50]

*

Es bieten sich also zumindest zwei einander nicht ausschließende Weisen an, A.s seltsame Vorgangsweise zu interpretieren. *Einerseits* kann man seine graphischen Produktionen als die Auswirkungen des *Scheiterns der Herstellung einer »normalen« Topologie des leeren Platzes* betrachten, welches zu Überschreibung und Unlesbarkeit statt geregeltem Niederlassen der Schrift auf leeren Plätzen führt. Die für jedes Subjekt bestehende Bedrohung, »sich schreiben zu lassen«[51], d. h. der ursprünglichen Gewalt von Sprache ausgesetzt zu sein, wird im Autismus zunächst

---

46 Ebd., S. 17
47 Ebd., S. 18
48 Ebd., S. 21
49 Ebd., S. 36
50 Derrida, »Transcript two«, in Jacques Derrida und Peter Eisenmann, *Choral works*, New York, 1997, S. 35
51 Vgl. Derrida, »Freud et la scène de l'écriture«, a.a.O., S. 331, dt. S. 340

durch keinerlei »Reizschutz« gemildert. Die von A. produzierten Blätter zeugen von einer absoluten Passivität der Schreibfläche, die gleichzeitig auch jene des autistischen »Subjekts« wäre. So besehen würde es sich nicht einmal mehr um eine Bedrohung des Subjekts handeln, sondern um eine schon eingetretene Katastrophe, um Vergewaltigung, absolute Vergewaltigung, die demjenigen, was man üblicherweise mit diesem Ausdruck bezeichnet, logisch vorausgeht. Das Resultat wäre unleserliche Schrift als »Exteriorisierung« der chaotischen Sprachwirkungen, welche das Subjekt überwältigen. Aber *andererseits* zeugt das Überschreiben des Geschriebenen auch von einer *Forderung nach unendlicher Aufnahmefähigkeit,* sogar vom Wunsch nach »verrückter«, grenzenloser, bedingungsloser und damit auch un-möglicher Gastfreundschaft, die an Derridas Deutung der *chora* denken lässt.[52] Obwohl es seltsam erscheinen mag, den Autismus, der doch nur von Abkapselung zu zeugen scheint, mit Öffnung in Zusammenhang zu bringen, steht eine solche Sichtweise in Einklang mit der analytischen Theorie. Donald Meltzer etwa unterscheidet zwischen einerseits der Ebene eines »eigentlich autistischen Geisteszustands«, auf welcher das Subjekt ungeschützt einem Überschuss an Reizen ausgesetzt ist (»sensorische Offenheit«); und andererseits der tatsächlich beobachtbaren Ebene autistischer Abkapselung, welche bereits eine (gewissermaßen als sekundärer »Reizschutz« wirkende) Reaktion in Bezug auf den (eben durch Offenheit charakterisierten) Grundzustand darstellt.[53]

Unabhängig davon, wie man die Eigenart autistischer Oberflächenbehandlung betrachtet (Überforderung existierender Oberflächen oder Forderung nach unendlich aufnahmefähigen Inskriptionsorten), handelt es sich um ein Versagen (im Sinn von Meltzers anomaler »sensorischer Offenheit«) oder eine Verletzung der normalerweise geltenden Regeln der Aufnahme. Aber sobald es uns gelingt, den Autismus in einem weiteren Rahmen zu betrachten, stellt die ihn auszeichnende Haltung gegenüber Fremdem – auf der Ebene dessen, was Meltzer als »eigentlich autistischen Geisteszustand« nennt – nicht eine bloße Anomalie dar, sondern auch eine Herausforderung gegenüber demjenigen, was man als Normalität bezeichnet. Die »normale«, durch den *paterfamilias* geregelte[54] Öffnung geht immer mit einer Beschränkung einher: Es kann nur empfangen werden, was sich den Bedingungen

---

52 Es sei hier ein Satz zitiert, den Francis Tustin zu einem von ihr behandelten Kind sagt: »I think you want endless space and endless time and to feel that there are no such things as endings and boundaries« (Francis Tustin, *Autistic States in Children*, a.a.O., S. 201).
53 Vgl. Donald Meltzer, *Explorations in Autism*, a.a.O., S. 11 und 20. – Nachdem wir hier eine Verbindung zwischen der autistischen Umgangsweise mit Fremdem und Politik (»Gastfreundschaft«) herstellen, sei darauf hingewiesen, dass man bei Meltzer zahlreiche Hinweise auf das Bestehen einer derartigen Analogie findet (vgl. ebd., S. 13 und 25), auf die wir im Kapitel »Autistische Geistesblindheit« näher eingegangen sind.
54 Vgl. Derrida, *De L'hospitalité*, Paris, 1997, S. 41

der Topologie des leeren Platzes (den empirischen Gesetzen der Gastfreundschaft) unterwirft. Genauso wie sich Schrift in streng geregelter Weise auf einer jeweils jungfräulich gemachten Oberfläche ansiedelt, welche letztlich das normale Subjekt verkörpert, wird Fremdes insgesamt entsprechend empirischen Gesetzen aufgenommen. Die anscheinend neutrale Oberfläche (das »Subjektil«) erzeugt einen »Erwartungshorizont«, innerhalb dessen Bestimmtes in Erscheinung treten kann. Diese Szene der geregelten Aufnahme verbirgt jedoch die in ihr schon wirkende Gewalt. Bevor noch etwas stattfindet, ist der Rahmen, innerhalb dessen etwas stattfinden kann, schon streng abgegrenzt. Aus seiner »transzendentalen Neutralität«, schreibt Derrida, bezieht das gehorsame Subjektil seine Stärke und übt »von dieser Stelle aus unterschwellig die Macht aus.«[55] Platons Text würde uns die Möglichkeit eines anderen Verhältnisses zwischen Aufnehmendem und Aufgenommenem zeigen. Und die seltsamen Manifestationen des Autismus erlauben es uns, das tatsächliche Bestehen eines solchen jenseits der geregelten Aufnahme angesiedelten Eindringens wahrzunehmen.

Insofern *chora*, wie wir gesehen haben, ein Gefäß (Rezeptakulum) ist, das niemals die Form dessen annimmt, was in es eingeht, ist sie eben, zumindest nach Derridas Lesart, keine »Amme«, die für etwas Bestimmtes einen Platz anbietet. Wenn Derrida über Artauds Zeichnungen schreibt, man begreife »die erbitterte Arbeit am Subjektil gegen diese indifferente, affektlose, amorphe *chora*, die darin allmächtig ist und dennoch nichtig ist, beides gleichzeitig: darum muss man ihr Gewalt antun«[56], so hat man den Eindruck, dass solche Gegen-Gewalt bei A. eben gar nicht mehr (oder noch nicht einmal) aufgewendet wird. Wie in einer Gesellschaft, die auf ihre Souveränität vollkommen verzichtet hätte, wird alles Fremde eingelassen[57], mit den »perversen Auswirkungen«[58] allerdings, die das zur Folge haben kann: »abstraktes, utopisches, illusorisches« *Gesetz* absoluter Gastfreundschaft, das von den empirischen *Gesetzen* der Gastfreundschaft, die immer Rechte und Pflichten

---

55 Derrida, »Forcener le subjectile«, in Derrida und Thevenin, *Antonin Artaud*, Paris, 1986, S. 91, dt. »Das Subjektil ent-sinnen«, in *Antonin Artaud. Zeichnungen und Porträts*, München, 1986, S. 92
56 Ebd., S. 97, dt. S. 100. – Chora, heißt es im selben Text, sei für Artaud eine regungslose Oberfläche, die »alles erleidet ohne zu leiden«, »ohne sich zu beklagen« (ebd., S. 96, dt. S. 98), wobei Derrida hier eine Stelle aus Artaud paraphrasiert (vgl. ebd., S. 57, dt. S.54). – Aufgrund der verschiedenen Behandlungsarten der Oberfläche lassen sich zweifellos subjektive Varianten innerhalb des Autismus unterscheiden. Das »Aufdecken« der Existenz des Subjektils durch die Herstellung von Löchern ist z.B. nicht dasselbe wie dessen durch Überschreibung erzeugte »Pervertierung«.
57 Es besteht eine gewisse Analogie zwischen dem Autismus und dem durch ein weltweites »Netz« ermöglichten, durch keinerlei Staatssouveränität kontrollierbaren Einströmen von Fremdem in die »Privatsphäre« unseres »Heims«. Man kann hier notieren, dass das von A. auf *Papier* Gezeichnete bereits die Reproduktion dessen darstellt, was er zuvor auf *Bildschirmen* gesehen hat.
58 Jacques Derrida und Elisabeth Roudinesco, *De quoi demain...*, Paris, 2001, S. 102; vgl. auch Derrida, *De l'hospitalité*, a.a.O., S. 29

(d. h. Bedingungen der Aufnahme) implizieren, völlig abgetrennt erscheint und somit Gefahr läuft, »sich in sein Gegenteil umzukehren«[59]. Durch das A.s Vorgangsweise offensichtlich zugrundeliegende Postulat, dass *alles bedingungslos* (d. h. im speziellen Fall des Schreibens: ohne Rücksicht auf Lesbarkeit) aufgenommen werden muss[60], wird die *Notwendigkeit* einer Regelung missachtet, aber *gleichzeitig* auch das *Unzureichende* bloßer Berufung auf Regelung in Erinnerung gerufen. Durch solchen Extremismus hinsichtlich des Umgangs mit Fremdem unterscheidet sich der Autismus nicht nur von der bedingten, d. h. durch die Topologie des leeren Platzes geregelten Aufnahmefähigkeit, durch die wir das »normale« Subjekt charakterisiert haben, sondern auch von der Psychose, bei der diese Topologie nicht in gleicher Weise in Funktion tritt. Im Gegensatz zur Psychose wird im Autismus nichts verworfen, weder etwas »Unerträgliches« noch ein »Signifikant«. Das Ausgangsproblem besteht nicht in der »Ausstoßung« von etwas, sondern darin, dass jener identifizierbare Fremdkörper, dessen sich das Subjekt hätte entledigen können, niemals ausgebildet worden ist.[61] Es entsteht somit auch kein »Loch«, d. h. das umschriebene Fehlen einer Funktion, welche die Aufnahmefähigkeit hätte regeln sollen. Entsprechend beobachtet man im Autismus, im Gegensatz zur Psychose, nicht das Wiederauftauchen dessen, was »verworfen« worden ist, sondern ursprüngliche und ungefilterte Überschwemmung durch Fremdes insgesamt, die dann zu sekundären Abkapselungsreaktionen führt.

Kann eine Beziehung zwischen solcher durch keinerlei Gesetz beschränkter Öffnung und A.s eigenartiger Sprechweise hergestellt werden? Der Grossteil dessen, was A. spricht, kann demjenigen zugeordnet werden, was Leo Kanner, der Erstbeschreiber des Autismus, als *delayed echolalia* bezeichnet hat. Es handelt sich um Satzketten, die offensichtlich die Wiederholung desjenigen darstellen, was er früher irgendwo (z.B. im Fernsehen) gehört hat. Die schrille, manierierte und zugleich ausdruckslose Stimme erweckt den Eindruck ständiger verzerrender Ironie. Inso-

---

59 Derrida, *De hospitalité*, a.a.O., S. 75. – Derrida unterscheidet in diesem Text (ebd., S. 71 ff.) zwischen *dem* Gesetz absoluter, unbedingter Gastfreundschaft und *den* Gesetzen, welche die Gastfreundschaft als Normen regeln, wobei zwischen den beiden eine unlösbare und notwendige Antinomie bestehe.
60 Es erscheint hier angebracht, sich auf Francis Tustins Theorie des Autismus zu beziehen: Im Augenblick, wo das Kind die Erfahrung macht, dass es eine Kluft zwischen seinem eigenen Körper und demjenigen der Mutter gibt, wird ihm auch bewusst, dass sein Körper Löcher aufweist, durch welche Substanzen einströmen und ausdringen können. Erfährt das Kind das Bestehen der Kluft als unerträglich schmerzhaft, so werden die Löcher als Orte empfunden, durch welche schädliche und schmerzerzeugende Dinge eindringen können (vgl. Francis Tustin, *Autistic States in Children*, a.a.O., S. 145 f.).
61 In diesem Sinn ist Meltzers Feststellung zu verstehen, dass beim Autismus der Mechanismus der »projektiven Identifizierung« nicht zur Wirkung kommt (Donald Meltzer, *Explorations in Autism*, a.a.O., S. 18 und 230).

fern sein Sprechen durch ironisch entstelltes Zitieren bestimmt wird[62], scheint sich A. von ihm *absolut* zu distanzieren. Sein Sprechen beschränkt sich auf das Aufnehmen und spätere Reproduzieren der Abfälle dessen, was andere zuvor gesagt haben und wofür er somit keinerlei Verantwortung zu tragen hat. Das Gehörte affiziert ihn höchstens schmerzhaft. Weil er es sich nicht aneignet, trennt es sich beim reproduzierenden Aussprechen auch nicht von ihm ab: Sprache durchströmt ihn. Was einströmt, strömt später wieder aus, in verzerrter Form, als ob zu zeigen wäre, dass es niemals ihm gehört hat: verrückte Ironie absoluter Passivität.

Sein Sprechen erscheint also durch die gleiche radikale Passivität gekennzeichnet wie sein Schreiben. Genauso wie die Schreibfläche zuvor Gelesenes ohne Widerstand zu leisten grenzenlos, d.h. unabhängig von möglicher Lesbarkeit, aufnimmt, scheint A.s Sprechen zunächst darauf zu beruhen, dass Sprachelemente sich in ihm ansammeln. Bevor er es teilweise reproduziert, lässt A. alles unterschiedslos in sich ablagern. Wenn er sich – wie die meisten Autisten – hin und wieder die Ohren zuhält, so kommt das wohl daher, dass das Ausmaß und die Intensität solcher Ablagerung von Fremdem die Grenzen des Erträglichen überschreiten kann.[63]

---

[62] Zitieren ist freilich nur eine »bestimmte Abwandlung allgemeiner Zitierbarkeit (*citationnalité générale*)« (Derrida, »Signature, événement, contexte«, in *Marges de la philosophie*, a.a.O., S. 387). Das Besondere an der Echolalie besteht in dem mehr oder weniger *ausschließlichen* Reproduzieren *großer* Spracheinheiten, was damit in Zusammenhang zu bringen ist, was Lacan bezüglich der Psychose als »Holophrasen« bezeichnet (Lacan, *Les quatre concepts fondamentaux de la psychanalyse*, Paris, Seuil, 1973, S. 215, dt. *Die vier Grundkonzepte der Psychoanalyse*, Olten, 1978, S. 249 f.). Insofern Zitierbarkeit von Derrida der Schrift zugeordnet wird, kann die Echolalie als Zeichen einer den Autismus charakterisierenden Freilegung des Schriftlichen von Sprache angesehen werden.
[63] Dass die Ansammlung und spätere Reproduktion solcher Abfälle mit einer Art Vision möglicher Koexistenz von Singularitäten vereinbar ist, zeigt ein Monolog, den A., wie immer mit schriller Stimme, kürzlich produziert hat. Nachdem er während der ganzen Zeit unserer Begegnung geschwiegen hat, ruft er plötzlich in einer Art Ekstase aus: »Alle, Europäer, Afrikaner, Asiaten, Australier, Amerikaner, die ganze Welt, lokal, regional, international, elektronisch, alle Menschen der Welt, Männer und Frauen, Knaben und Mädchen, Papa und Mama, Jacques, Fatima, Turnheim, Linda, Sarah, Alexander, Kasimir und Hippolyte, alle, die ganze Welt zusammen im Jahr 2005.«

Psychose

Denkzwang

Im 16. Kapitel seiner *Denkwürdigkeiten* berichtet Schreber über einen sogenannten »Denkzwang«, der unter anderem darin besteht, dass »irgendwelche angebrochene Phrasen« in seine Nerven hineingeworfen werden und er sich dann bemühen muss, »dasjenige, was zu einem den menschlichen Geist befriedigenden vollendeten Gedanken noch fehlt, zu suchen.« Es handelt sich z.B. um das Schreber halluzinatorisch aufgedrängte Satzbruchstück »Nun will ich mich«, welches von ihm vervollständigt werden muss zu: »Nun will ich mich darin ergeben, dass ich dumm bin.« Oder: »Sie sollen nämlich«, was ergänzt werden soll zu: »Sie sollen nämlich dargestellt werden als Gottesleugner, als wollüstigen Ausschweifungen ergeben usw.«[1] Schreber selbst betont, dass das Denken beim Denkzwang einem fremden Einfluss unterworfen wird und somit von der Intention des Subjekts abgekoppelt erscheint: »Durch Strahlenwirkung werden meine Nerven in Schwingungen versetzt, die gewissen menschlichen Worten entsprechen, deren Wahl also nicht auf meinem eigenen Willen, sondern auf einem gegen mich geübten äußeren Einflusse beruht.«[2]
Es bieten sich zweifellos mehrere Möglichkeiten an, diese Phänomene zu interpretieren. Man könnte z.B. davon ausgehen, dass Schrebers Seelenleben von einem Krankheitsprozess unterwandert wird, der unter anderem bewirkt, dass er Stimmen hört. Dieser Prozess würde Schreber, wie er es selbst sagt, einem »äußeren

---

1 Daniel Paul Schreber, *Denkwürdigkeiten eines Nervenkranken,* Leipzig, 1903, S. 217 f. – »Ein halb ausgeschriebenes Wort, ein unvollständiger Vordersatz oder gar ein Satzstück [...] erregt eine Erwartung, die es nicht befriedigt, so wie wenn wir uns zum Mittagessen setzen und nach der Suppe kommt nichts weiter.« (Husserl, *Texte zur Phänomenologie des inneren Zeitbewusstseins (1893-1917),* Hamburg, 1985, S. 4 f.)
2 Ebd., S. 216 f.

Einfluss« ausliefern, für den er nicht verantwortlich ist. Man würde hinzufügen, dass Schrebers Überzeugung, dass diesem Einfluss fremde böse Absicht zugrunde liege, bereits einer sekundären, wahnhaften Deutung dieses neutralen Krankheitsprozesses zuzuschreiben ist. Schrebers Bemerkung über einen »vollendeten Gedanken«, welcher den menschlichen Geist befriedigt, könnte dagegen als Hinweis dafür angesehen werden, dass er trotz der bei ihm sich manifestierenden Krankheitserscheinungen noch über eine letztlich zutreffende Vorstellung des normalen Funktionierens von Sprache verfügt.

Eine andere Art, das Problem zu behandeln, besteht darin, diese Phänomene zumindest insofern als Schrebers eigene Schöpfungen anzusehen, als man davon ausgeht, dass die entsprechenden Sprachketten in irgendeiner Form von ihm selbst stammen. Die Sprachproduktionen des Denkzwangs würden sich dadurch auszeichnen, dass innerhalb von zunächst von Schreber selbst produzierten Sätzen ein gewisses Hindernis auftaucht, das dazu führt, dass der Sprecher die Verantwortung für seine eigenen Produktionen nicht mehr zu übernehmen imstande ist und deshalb den Satz insgesamt einem fremden Willen zuschreibt. Wir werden im Folgenden wesentlich diesem zweiten Weg folgen, uns dabei allerdings besonders für einen bestimmten Aspekt interessieren. Gezeigt soll werden, dass zwar alles auf eine bei Schreber bestehende Anomalie hinweist, die entsprechende Norm selbst aber nichtsdestoweniger bereits als spezielle Wirkung einer allgemeineren Struktur aufgefasst werden kann, die den von Schreber gemachten Sprachgebrauch *grundsätzlich nicht auszuschließen vermag*. Dabei wird sich herausstellen, dass Derridas Auffassung von Schrift (Iterabilität und die ihr zugehörige Unmöglichkeit, einen Kontext endgültig zu festzusetzen) mit einer *jeglichem* Sprechen offenstehenden Möglichkeit von Verrücktheit in Zusammenhang gebracht werden kann und sich dadurch letztlich von jenen ihr nahestehenden Konzeptionen unterscheidet, welche Verrücktheit lediglich als Abweichung von einer zunächst notwendigerweise wirkenden Norm darzustellen vermögen.

Halluzinatorische Strategie

Es war wohl Otto Gross[3], der sich als erster für das spezifische Schrebersche Phänomen der abgebrochenen Sätze interessiert hat, welches dann im weiteren von Lacan eingehend untersucht worden ist. Lacan betont einerseits den für Schreber beleidigenden und gleichzeitig albernen Inhalt dieser Aussagen und andererseits die Tat-

---

3 Otto Gross, »Über Bewusstseinszerfall«, *Monatsschrift für Psychiatrie und Neurologie*, XV (1904), S. 48. – Einen Kommentar von Gross' psychiatrischen Texten findet man in meinem »Otto Gross und die deutsche Psychiatrie«, in *Freud und der Rest*, Wien, 1993, S. 71-118

sache, dass die Unterbrechung der Sätze genau dort erfolgt, »wo die Wortgruppe endet, bei der man von Index-Termen sprechen könnte«. Der Satz kommt also, bevor er ergänzt wird, nicht über denjenigen Teil hinaus, der durch solche Index-Ausdrücke oder *shifter*[4] bestimmt wird: Terme wie »ich« oder »nun«, »die im Kode die Stellung des Subjekts bezeichnen ausgehend von der Mitteilung selbst«. Es handelt sich bei den halluzinierten Satzbruchstücken um eine »Mitteilung, die reduziert ist auf dasjenige, was im Kode die Mitteilung indiziert«.[5] Die Sätze werden in jenem Augenblick unterbrochen, meint Lacan, »wo das volle Wort, das ihnen ihren Sinn verleihen würde, noch fehlt, aber impliziert ist.«[6]

Was Lacan Index-Terme nennt, bezeichnet Husserl in den *Logischen Untersuchungen* als »wesentlich subjektive und okkasionelle Ausdrücke«[7]. Im Gegensatz zu »objektiven Ausdrücken«, speziell denjenigen einer wissenschaftlichen Theorie, welche sich durch »zweifellose Deutlichkeit« auszeichnen, gibt es bei den »okkasionellen Ausdrücken« (»ich«, »hier«, »jetzt« usw.) ein »Schwanken der Wortbedeutungen«, das ernste Schwierigkeiten bietet[8]: Ihre Bedeutung wechselt von Fall zu Fall[9], was sie von den bloß äquivoken Ausdrücken – das Wort »Hund« z.B. kann aus letztlich zufälligen Gründen[10] ein Tier oder einen Wagen in Bergwerken meinen – unterscheidet. Husserl meint, dass durch das Bestehen von okkasionellen Ausdrücken »unsere Überzeugung von der Idealität und Objektivität der Bedeu-

---

4 Vgl. Roman Jakobson, »Verschieber, Verbkategorien und das russische Verb«, in *Form und Sinn*, München, 1974, S. 35 ff.
5 Lacan, »D'une question préliminaire à tout traitement possible de la psychose«, in *Ecrits*, S. 540, dt. in *Schriften II*, S. 72. – Es würde sich um Botschaften handeln, die nicht beglaubigt (*authentifiés*) sind durch die Rückwirkung (*retour*) des Anderen (als Stütze des Kodes) auf die Mitteilung. Es fehlt der »Hauptgedanke«, die Stellung des »Du«, wo die Bedeutung »beglaubigt« wird. Solche Beglaubigung sei nur möglich durch einen bei Psychose verworfenen »Signifikanten des Anderen als Anderem«, welcher imstande ist, das »Gesetz« zu begründen (vgl. ders., *Les formations de l'inconscient (le séminaire, livre V)*, Paris, 1998, S. 154 f.). – Notieren wir hier, dass Lacan in seinem Psychose-Text die verbale Halluzination auch mit dem »Namenlosen« in Zusammenhang bringt: »An dem Ort, wo das unnennbare Objekt ins Reale verworfen wird, wird ein Wort laut, das, an den Platz dessen tretend, was keinen Namen hat, der Absicht (*intention*) des Subjekts nicht hat folgen können, ohne sich von ihr abzulösen durch den Gedankenstrich einer Erwiderung [...]« (»D'une question préliminaire etc.«, a.a.O., S. 535, dt. S.67, Übersetzung modifiziert).
6 Ders., *Les Psychoses (le séminaire, livre III)*, Paris, 1981, S. 294, dt. *Die Psychosen*, Weinheim und Berlin, 1997, S. 306
7 Husserl, *Logische Untersuchungen*, II/1 (*Untersuchungen zur Phänomenologie und Theorie der Erkenntnis*), Tübingen, 1993, S. 80
8 Ebd., S. 77 f.
9 Ebd., S. 79
10 Freud (*Der Witz und seine Beziehung zum Unbewussten*, in *Studienausgabe*, Bd. IV, S. 23) spricht von den in der Sprache »zufällig gegebenen Möglichkeiten«; vgl. dazu Michael Turnheim, *Das Andere im Gleichen*, Stuttgart, 1999, S. 136-144.

tung« erschüttert wird.[11] Bei einem Satz wie *ich wünsche dir Glück*[12] wechseln »die Bedeutungen [...] mit den Personen und ihren Erlebnissen«, wobei es sich in diesem Fall »nicht um zufällige, sondern um unvermeidliche Vieldeutigkeiten« handelt.[13] Infolge dieses Schwankens der Wortbedeutung stelle hier der Hinblick auf die redende Person und ihre Lage, als »zuverlässiger Anhaltspunkt«, *eine conditio sine qua non* für die Möglichkeit dar, die jeweilige Bedeutung zu identifizieren.[14] »Schon jeder Ausdruck, welcher ein *Personalpronomen* enthält, entbehrt eines objektiven Sinns. Das Wort *ich* nennt von Fall zu Fall eine andere Person, und es tut dies mittels immer neuer Bedeutung. Welches jeweilig seine Bedeutung ist, kann nur aus der lebendigen Rede und den zu ihr gehörenden, anschaulichen Umständen entnommen werden. Lesen wir das Wort, ohne zu wissen, wer es geschrieben hat, so haben wir, wenn nicht ein bedeutungsloses, so zum mindesten ein seiner normalen Bedeutung entfremdetes Wort.«[15] Die von Husserl konstatierte »ernste Schwierigkeit« beschränkt sich nicht auf den betreffenden Ausdruck selbst: »Der wesentlich okkasionelle Charakter überträgt sich natürlich auf alle Ausdrücke, welche diese oder ähnliche Vorstellungen als Teile enthalten, und dies umfasst die mannigfaltigen Redeformen, in denen der Redende irgendetwas ihn selbst Betreffendes oder durch ihn selbst Gedachtes zu normalem Ausdruck bringt.«[16] Sodass Husserl schließlich zur Auffassung gelangt, dass einzig die theoretischen Ausdrücke der von ihm als »abstrakt« qualifizierten Wissenschaften völlig frei von anzeigender Verunreinigung sind.[17]

Die Eigenart der okkasionellen Ausdrücke hat zur Folge, dass wesentliche Teile der Rede insofern nur als Anzeige funktionieren, als sie sich nicht durch permanente begriffliche Vorstellungen, die sie anregen mögen, ersetzen lassen. Sie scheinen zunächst jenes Bezugs zu unmittelbarer Gegenwärtigkeit der Anschauung zu entbehren, der für die Fixierung ihrer Bedeutung notwendig wäre. Angesichts dieser Schwierigkeit führt Husserl eine Art Absicherung ein, die seitens des Sprechers wirksam sein und sich dann auf die »kommunikative Rede« (wo es für den Hörer zur »Anzeige« dessen, was sich beim Sprecher ereignet, kommt) übertragen soll: »In der einsamen Rede vollzieht sich die Bedeutung des *ich* wesentlich in der unmittelbaren Vorstellung der eigenen Persönlichkeit, und darin liegt also auch die

---

11 Husserl, *Logische Untersuchungen*, II/1, a.a.O., S. 80
12 Ebd., S. 78
13 Ebd., S. 80
14 Ebd., S. 81
15 Ebd., S. 82. – Man wird im weiteren sehen, dass Husserl hier nicht zufällig Geschriebenes als Beispiel wählt. An den »okkasionellen Ausdrücken« tritt das Schriftliche an Sprache insgesamt am deutlichsten hervor.
16 Ebd., S. 85
17 Ebd., S. 81; vgl. Derrida, *La voix et le phénomène*, Paris, 1967, S. 104 f.

Bedeutung des Wortes in der kommunikativen Rede. Jeder Redende hat seine Ich-vorstellung (und damit seinen Individualbegriff von *ich*), und darum ist bei jedem die Bedeutung des Wortes eine andere. Da aber jeder, wo er von sich selbst spricht, *ich* sagt, so besitzt das Wort den Charakter eines allgemein wirkenden Anzeichens für diese Tatsache.«[18] Husserl beugt also der Gefahr, aufgrund des Bestehens von »okkasionellen« Ausdrücken mehr oder weniger ausgedehnte Anteile der Rede in den Bereich der Anzeige umschwenken zu sehen, durch den Bezug auf die Gegenwärtigkeit der in der einsamen Rede jeweils realisierten Bedeutung (»singuläre Vorstellung«[19]) vor.

Würde man Husserls Auffassung folgen, so müsste man schließen, dass im »einsamen Seelenleben«, dem ja Schrebers Sätze – selbst wenn sie schließlich dem göttlichen Anderen zugeschrieben werden – angehören, letztlich kein Grund für das Bestehen einer spezifischen Schwierigkeit zu erkennen ist, welche das Abbrechen der Wortkette erklären könnte. Man würde davon ausgehen, dass Schreber, wie Husserl es für jeden Sprecher fordert, diesseits der für den anderen lediglich bestehenden Anzeigefunktion der »okkasionellen Ausdrücke« über eine diesen jeweils entsprechende gegenwärtige Anschauung (»unmittelbare Vorstellung der eigenen Persönlichkeit«) verfügt. Falls nun das Bestehen einer solchen Anschauung, wie Husserl es behauptet, prinzipiell, d.h. in allen Fällen, für den Gebrauch solcher Index-Terme genügen würde, dann wäre nicht einzusehen, worin sich das Satzbruchstück hinsichtlich der Realisierung dieser Bedeutung vom vollständigen Satz unterscheiden sollte. Durch den Bezug auf die »eigene Persönlichkeit« wäre die Bedeutung bereits im Satzbruchstück (z.B.: »Nun will ich mich«) in singulärer Weise vollzogen (»Individualbegriff von *ich*«), und die geforderte Ergänzung würde auf der Seite des Sprechers nichts an der Singularität dieser Bedeutung ändern. Man versteht also nicht, warum sich bei Schreber, im Gegensatz zum »normalen« Sprecher, hinsichtlich des Bezugs auf die »unmittelbare Vorstellung der eigenen Persönlichkeit« beim Übergang vom Satzfragment zum gesamten Satz irgendetwas Radikales ereignen sollte, das als Hindernis für die Vervollständigung wirkt.[20] Dass ein solches Hindernis besteht, wird aber sowohl durch die Unterbrechung des Satzes als auch durch die Tatsache, dass die Verantwortung für die gesamte Aus-

---

18 Husserl, *Logische Untersuchungen*, II/1, a.a.O., S. 82. – Ein solches im Kode bestehendes allgemein wirksames Anzeichen meint Lacan in der oben zitierten Bemerkung über die Index-Terme, »die im Kode die Stellung des Subjekts bezeichnen ausgehend von der Mitteilung selbst«.
19 Ebd., S. 83
20 Man könnte hier freilich die Annahme vorbringen, dass die Sätze deshalb abbrechen, weil der zweite Satzteil eine beleidigende Bedeutung (»dumm«, »wollüstig« etc.) enthält. Man wird aber sehen, dass diese beleidigenden Worte bloß eine oberflächliche Auswirkung einer viel tieferen, buchstäblich tödlichen Beleidigung darstellen.

sage (Satzanfang und seine Ergänzung) schließlich dem anderen zugeschrieben wird, nahegelegt.
Wie wir gesehen haben, meint Husserl, dass *für denjenigen, der spricht,* die »Bedeutung, als Verhältnis zum Objekt (*Ich, hier, jetzt*) ›realisiert‹ ist«[21]. Hier meldet Derrida Bedenken an, die, wie man sehen wird, für ein Verständnis der von Schreber beschriebenen Phänomene wesentlich sind: »Ist das sicher? Selbst wenn man annimmt, dass eine solche unmittelbare Vorstellung möglich und tatsächlich gegeben sei, funktioniert nicht das Erscheinen des Wortes *Ich* in der einsamen Rede [...] schon wie eine Idealität? Bietet die Vorstellung sich folglich nicht derart dar, dass sie für ein ich-hier-jetzt im allgemeinen *die gleiche* bleiben kann und ihren Sinn sogar dann bewahrt, wenn meine empirische Gegenwart sich auslöscht oder radikal verändert? Kann ich, wenn ich *Ich* sage, und sei es auch in der einsamen Rede, meiner Aussage anders Sinn verleihen als dadurch, dass ich dabei wie immer die mögliche Abwesenheit des Objekts der Rede, hier meiner selbst, impliziere?«[22]
Obwohl eine solche Auffassung der Funktion der »okkasionellen Ausdrücke« der Husserlschen Sichtweise entgegengesetzt erscheint, kann sie sich auf dasjenige berufen, was Husserl selbst über die Bedeutung im allgemeinen sagt: Selbst beim Fehlen eines möglichen Objekts – wie das z.B. bei einem Ausdruck wie »viereckiger Kreis« der Fall ist – kann es immer noch »Bedeutung« geben, der Ausdruck »meint« etwas: »*leere* Bedeutungsintention«.[23] Derrida erhebt diese von Husserl eingeräumte Eventualität zum Prinzip: Sprache, die in Gegenwart ihres Objekts spricht, meint er, löscht bereits die ihr eigene Originalität aus, die es »ihr erlaubt, *ganz allein* zu funktionieren, wenn ihre Intention der Anschauung entbehrt«.[24]
Diese Entflechtung der anscheinenden Einheit von Intention und Anschauung tritt besonders dann hervor, wenn man die Beziehung zwischen Sprecher und Hörer in Betracht zieht. In diesem Zusammenhang unterscheidet Husserl zwischen »Inhalt« und »Gegenstand« einer Aussage, »und zwar so, dass unter Inhalt die identische Bedeutung verstanden wird, welche auch der Hörende, obschon nicht Wahrnehmende, richtig erfassen kann.«[25] Insofern diese Situation der Abwesenheit des Gegenstandes für den Hörenden »die Möglichkeit des Diskurses darstellt«, muss sie, meint Derrida, »den Akt selbst dessen, der wahrnehmend spricht, strukturieren.«[26]

---

21 Derrida, *La voix et le phénomène*, a.a.O., S. 105 f.
22 Ebd., S. 106. – Trotz der Eigenart seiner Lesweise kann sich Derrida (vgl. ebd., S. 76) bezüglich der irreduktiblen Verflechtung von Gegenwart und Wiederholbarkeit auf Husserl berufen: »Aber jedem gegenwärtigen und gegenwärtigenden Bewusstsein entspricht die ideale Möglichkeit einer genau entsprechenden Vergegenwärtigung *von* diesem Bewusstsein.« (Husserl, *Vorlesungen zur Phänomenologie des inneren Zeitbewusstseins*, Tübingen, 2000, S. 441 (§42))
23 Husserl, *Logische Untersuchungen*, II/1, a.a.O., S. 37 f.
24 Derrida, *La voix et le phénomène*, a.a.O., S. 103
25 Husserl, *Logische Untersuchungen*, II/1, a.a.O., S. 51
26 Derrida, *La voix et le phénomène*, a.a.O., S. 103 f.

Auch der in Gegenwart eines Gegenstands Sprechende müsste in Hinsicht auf den Hörer die Abwesenheit des Gegenstands realisieren. Man gelangt derart zu der allgemeinen These, dass unabhängig von der etwaigen Anwesenheit oder Abwesenheit eines realen Objekts die seitens des Sprechers angenommene gegenwärtige Bedeutung für den Hörer nur über indirekte Anzeigen zugänglich ist; und dass das Wissen um diese für den anderen auf jeden Fall bestehende Unterbrechung bereits den Akt des Sprechers selbst bestimmen muss. Die Grenze zwischen einsamer Rede und Kommunikation scheint also weniger sicher zu sein als Husserl es sich wünscht.[27]

Im Gegensatz zu Husserl meint Derrida, dass die Möglichkeit, in Abwesenheit anschaulicher Fülle Bedeutung zu haben, auch für die »okkasionellen Ausdrücke« gilt und darüber hinaus sogar die eigentliche Voraussetzung für deren Gebrauch darstellt. Die Abwesenheit des Subjekts der Anschauung (»meine Nicht-Gegenwärtigkeit im allgemeinen«[28]) würde nicht nur in der Rede zugelassen werden, sondern für die Struktur der Bedeutung im allgemeinen – d.h. unabhängig davon, ob es sich um »einsames Seelenleben« oder um Kommunikation in Gegenwart eines Hörers handelt – erforderlich sein.[29] »Mein Tod ist struktural notwendig für das Aussprechen des Ich«, und das auch noch wenn ich sage »ich bin lebendig«.[30] »Die Aussage ›ich bin lebendig‹ wird von meinem Tot-Sein begleitet und ihre Möglichkeit fordert die Möglichkeit, dass ich tot sei; und umgekehrt.« Wie wir gesehen haben, handelt es sich hier um einen Schluss, den Husserl insofern nicht aus seinen eigenen Prämissen über die mögliche Abwesenheit der Anschauung zu ziehen bereit ist, als für ihn die Bedeutung des *ich* sich in der »einsamen Rede« auf der Seite des Sprechers als »unmittelbare Vorstellung der eigenen Persönlichkeit« realisiert.[31]

Derrida gelangt derart zu der Auffassung, dass »die Möglichkeit meines Verschwindens im allgemeinen in gewisser Weise erlebt werden muss, damit ein Verhältnis zur Gegenwart im allgemeinen sich herstellen kann«.[32] Wenn wir nun zu den von Schreber beschriebenen Satzunterbrechungen zurückkehren, so können

---

27 Vgl. ebd., S. 107
28 Ders., »Signature, événement, contexte«, in *Marges de la philosophie*, Paris, 1972, S. 376
29 Ders., *La voix et le phénomène*, a.a.O., S. 104. – Deleuze spricht hinsichtlich der Rede (*parole*) von einem »Primat der Manifestation« (Verhältnis der Aussage zum Subjekt) gegenüber der »Bezeichnung« (Verhältnis der Aussage zur äußeren Tatsache): Die Manifestation *ermöglicht* die Bezeichnung, wobei das Wort »Ich« die Basis darstellt und als Prinzip fungiert (vgl. Deleuze, *Logique du sens*, Paris 1969, S. 23 f.). Diese Basis – unmittelbare »Verständlichkeit« des »Ich« (ebd., S. 25) – erweist sich freilich insofern als fragil, als sie ihrerseits dahinschmelzen und zu einem Identitätsverlust führen kann (vgl. ebd., S. 11 und 29).
30 Derrida, *La voix et le phénomène*, a.a.O., S. 108
31 Ebd., S. 106; vgl. Husserl, *Logische Untersuchungen*, II/1, a.a.O., S. 82
32 Derrida, *La voix et le phénomène*, a.a.O., S. 60. – Die Einsicht in die »Möglichkeit meines Verschwindens im allgemeinen« könnte als einer der Aspekte dessen angesehen werden, was Melanie Klein als »depressive Position« bezeichnet.

wir mit Lacan feststellen, dass die Bestimmung des sprechenden Subjekts durch die im Satzanfang enthaltenen *shifter* zunächst unbestimmt oder »oszillierend« bleibt.³³ Solange der Satz nicht vollendet ist, erscheint es noch möglich, den Satzteil nicht oder nicht ausschließlich auf die eigene Person zu beziehen, während dies nach Vollendung, wie man sehen wird, zwar nicht unmöglich ist, aber das Eingreifen radikaler Maßnahmen erfordert. Gerade weil die Bedeutung vorläufig noch relativ offen bleibt, manifestiert sich im Satzanfang der Druck am stärksten, die für die Realisierung der »lebendigen Bedeutung« geforderte Bedingung eines Verschwindens des Subjekts, d.h. dessen Todes, zu erfüllen. Die Aktivierung des Wortes *Ich*, kann man annehmen, führt zu einer »Rückfrage«³⁴ hinsichtlich seiner möglichen Bedeutung. Die Satzanfänge lösen, vom Wort ausgehend, einen telekommunikativen Suchprozess aus, welcher im Fall Schrebers zu der beunruhigenden Rückmeldung führt, dass nichts Existierendes (weder die prä-psychotische noch die wahnhafte Identifizierung, d.h. keinerlei »unmittelbare Vorstellung der eigenen Persönlichkeit«) mit der freischwebenden Bedeutung des *shifters* vereinbar erscheint: Unerträglichkeit gleichzeitig »leeren« und bedeutungsvollen Sprechens für das psychotische Subjekt, »Krisis« durch das Ausbleiben adäquater Anschauung. Im Augenblick ihrer Konfrontation mit erstarrten Identifizierungen erweisen sich die okkasionellen Ausdrücke als stumme, entleerte und damit umso beunruhigendere Zeichen, die nichts zu »erwecken« imstande sind als die Drohung einer verspäteten und somit unerträglichen Tötung des Subjekts.³⁵

Die Unterbrechung des Satzes würde also darauf beruhen, dass bei Schreber die für die Realisierung der Bedeutung notwendige Bedingung des Erlebens der eigenen Abwesenheit oder des eigenen Tods nicht gegeben ist. Was für Schreber unerträglich zu sein scheint, ist einerseits die gähnende Leere der Bedeutung der Satzanfänge; und andererseits die Tatsache, dass das *Ich*, sobald der (innere, semio-

---

33 Lacan, »D'une question préliminaire etc.«, a.a.O., S. 535, dt. S. 67
34 Vgl. Derrida, »Introduction«, in Husserl, *L'origine de la géométrie*, Paris, 1962, S. 36
35 Vgl. Ders., »›Genèse et structure‹ et la phénoménologie«, in *L'écriture et la différence*, Paris, 1967, S. 248, dt. in *Die Schrift und die Differenz*, Frankfurt am Main, 1972, S. 255 – Husserl meint, dass in der »einsamen Rede« die Worte insofern nicht in der Funktion von Anzeichen für das Dasein psychischer Akte dienen können, als »solche Anzeige hier ganz zwecklos wäre. Die fraglichen Akte sind ja im selben Augenblick von uns selbst erlebt.« Als Beispiel solcher »monologischer Rede« bezieht sich Husserl hier auf einen Satz, der durchaus in der Liste der von Schreber angegebenen »angebrochenen Phrasen« aufscheinen könnte: »Das hast du schlecht gemacht, so kannst du es nicht weiter treiben.« (*Logische Untersuchungen*, II/1, a.a.O., S. 36 f.) Bei Schreber, kann man annehmen, würde der Satz nach den Worten »Das hast du« abbrechen, und zwar genau deshalb, weil sich das von Husserl geforderte »Erleben« des Aktes nicht einstellt. Wobei freilich dieses die Vollendung des Satzes voraussetzende Erlebnis entsprechend der hier vertretenen Auffassung nicht, wie Husserl es meint, die »unmittelbare Vorstellung der eigenen Persönlichkeit«, sondern zunächst einmal deren mögliche Abwesenheit betreffen würde.

tische³⁶, sich hier auf den Satz selbst beschränkende) Kontext hinreichend bestimmt zu sein scheint, schon in der einsamen Rede als wiederholbare Idealität funktioniert und somit die für Schreber hier offensichtlich maßgebende Vorstellung einer unzerstörbaren Einzig- und Dauerhaftigkeit des Individuums (»grundsprachlich«: den »Untergrund« des Menschen³⁷) beunruhigt (was sich auf der Ebene des Inhalts als Beleidigung ausdrückt).³⁸ Damit soll freilich nicht bestritten werden, dass der Gebrauch des Wortes »ich« mit der »unmittelbaren Vorstellung der Persönlichkeit« einhergehen kann, sondern nur in Frage gestellt werden, ob das Bestehen einer solchen Vorstellung, wie Husserl es behauptet, für alle Fälle ausreicht. Es scheint durchaus plausibel anzunehmen, dass Schreber über eine solche Vorstellung verfügt, und dass sie es ihm ermöglicht, in seinem Buch (und nicht nur dort) von sich selbst, d. h. von seiner eigenen, im Zentrum seines Wahns stehenden Person (künftiges Weib Gottes) zu sprechen. Falls das zutrifft, würde sich das von Husserl als für den Gebrauch des Wortes »ich« im Allgemeinen ausreichend angesehene Bestehen einer »unmittelbaren Vorstellung der Persönlichkeit« interessanterweise zwar für das Sprechen in wahnhafter Identifizierung eignen, aber gleichzeitig als Hindernis für ein Sprechen wirken, das sich nicht auf Wahn (oder auf ein einem solchem Wahn nahestehendes »reines«, d.h. keinerlei Alterität ausgesetztes Bewusstsein) beschränkt.³⁹

Die Möglichkeit von Nicht-Anschauung, meint Derrida, konstituiert die Bedeutung als solche, die »normale« (d.h. weder verrückte, noch, allgemeiner gesprochen, bloß auf das »lebendige« Ich bezogene) Bedeutung⁴⁰, und Schrebers Schwie-

---

36 Vgl. Ders., »Signature, événement, contexte«, a.a.O., S. 377
37 Vgl. Schreber, *Denkwürdigkeiten eines Nervenkranken*, a.a.O., S. 216
38 Derridas Sichtweise führt uns dazu, die Schrebersche Schwierigkeit als eine doppelte anzusehen – sowohl die *Unbestimmtheit* als auch die durch Wiederholbarkeit bewirkte *Identifizierung* der Bedeutung des Wortes »ich« ist für ihn unerträglich. Schreber erträgt es nicht, dass das wiederholte Ich durch eine »Alteration in der Wiederholung (oder in der Identifizierung)« jeweils ein anderes ist. Genau jene Idealisierung, welche die Wiederholung ermöglicht, spaltet die Idealität einer mit sich selbst einigen, »erfüllten« Bedeutung (vgl. Derrida, *Limited Inc.*, Paris, 1990, S. 119 f.).
39 Schreber kann alle jene sprachlichen Ketten hervorbringen, die dazu führen, dass er zum Senatspräsidenten ernannt wird. Die diese Ketten hervorbringende Struktur scheint aber im weiteren nicht dafür auszureichen, um diese Funktion zu »subjektivieren«, d.h. wirklich Senatspräsident zu *sein* und somit die Verantwortung für eine solche Stellung auf sich zu nehmen – seine Ernennung bewirkt die Auslösung seiner Psychose. An den Sätzen des Denkzwangs, könnte man sagen, zeigt sich diese Grenze. Ihr Abbrechen entspricht dem Abbrechen des prä-psychotischen Lebens, ihre Vollendung erzeugt als Inhalt die Schrebers Verfolgungswahn insgesamt auszeichnende Beleidigung. Genauso wie im Gebrauch des *shifters* die Benennung des Subjekts zunächst nur antizipiert wird, hat Schreber seine Ernennung zum Senatspräsidenten offensichtlich vorbereitet, ohne diese Funktion tatsächlich erfüllen zu können.
40 Vgl. Derrida, *La voix et le phénomène*, a.a.O., S. 107. – Das »geschriebene Ich« (als ideale Bedeutung, als bloße »Bedeutungsintention« ohne entsprechende Anschauung) stellt also im Gegensatz zu Husserl für Derrida die »Normalsituation« dar, durch welche das gesprochene »ich bin leben-

rigkeit wird gerade durch sein absolutes Haften an der Intuition seiner eigenen »Persönlichkeit« hervorgerufen.[41] Die halluzinatorische Strategie Schrebers würde also darin bestehen, angesichts der durch die Vollendung des Satzes drohenden Schwierigkeit (Zerstörung wahnhafter Identifizierung durch eine Beleidigung, die das undenkbare Tot-Sein als Bedingung des Sprechens offensichtlich werden lässt) diesen in einen anderen als den zunächst suggerierten Kontext zu verpflanzen. Die gleichzeitig unbestimmten und beunruhigenden Fragen, welche durch die Satzanfänge aufgeworfen werden: »Wen meint das? Wer spricht hier?« springen um in die Gewissheit: »Sicher nicht ich!« Durch das Abbrechen des zunächst sich ankündigenden Kontexts und die Herstellung eines anderen wird es möglich, die Verantwortung für den Satz insgesamt dem wahnhaften Anderen zu überlassen und die von diesem geforderte Vollendung als eine das Recht auf »Nichtsdenken«[42] verletzende und damit letztlich unsinnige Belästigung einzustufen. Es gelingt Schreber, die Erzeugung einer Bedeutung zu umgehen, die er – weil er als Psychotiker nicht über ein diese Bedeutung regelndes »Unbewusstes« verfügt – nicht zu »realisieren« imstande gewesen wäre.

Halluzination und Schrift

Hier müssen wir allerdings eine Differenzierung einführen. Falls, wie wir Derrida zitiert haben, die Aussage »ich bin lebendig« von meinem Tot-Sein begleitet wird und ihre Möglichkeit die Möglichkeit fordert, dass ich tot sei, so könnte man zur Auffassung gelangen, dass das Tot-Sein (die sich in »Symbolen der Zeugung und des Todes«[43] ausdrückende Anerkennung der eigenen Endlichkeit) letztlich die Bedeutung aller von einem normalen lebendigen Subjekt ausgesprochenen Sätze darstellt.[44] Der jeweils besondere Inhalt aller Sätze würde bloß einem Umweg auf dem Weg zum Aussagen der allgemeinen Wahrheit des eigenen Tot-Seins oder der symbolischen Kastration entsprechen. Schrebers auf dem Ausschluss (»Verwerfung«) der diese Bedeutung herstellenden Symbole beruhende Strategie wäre dann bloß als eine seltsame, außerhalb des wahren Sprechens angesiedelte Anomalie anzuse-

---

dig« erst möglich wird (vgl. ebd., S. 108): Notwendigkeit einer *Krisis* hinsichtlich der »unmittelbaren Vorstellung der eigenen Persönlichkeit«.
41 Wie Lacan in einem seiner späteren Seminare betont, stellt die zentrale Stellung der Persönlichkeit das eigentliche Hauptsymptom der Paranoia dar: Persönlichkeit und Paranoia seien »das gleiche« (Lacan, *Le sinthome*, (*le séminaire, livre XXIII*), in *Ornicar?*, 7 (1976) S. 7).
42 Schreber, *Denkwürdigkeiten eines Nervenkranken*, a.a.O., S. 216
43 Lacan, »D'une question préliminaire etc.«, a.a.O., S. 549, dt. S. 82
44 Für eine Erläuterung dieses Standpunkts und seiner Grenzen, vgl. Michael Turnheim, *Das Andere im Gleichen*, a.a.O., S. 21 ff.

hen. Die Verpflanzung von Sprachelementen würde auf der Verletzung eines das normale Sprechen regierenden und allgemein gültigen Gesetzes beruhen, das vorschriebe, die Gesamtheit lokaler Sprachphänomene auf eine einfache, im unbewussten Kode dauerhaft verankerte Bedeutung, immer die gleiche, zurückzuführen. Entsprechend einer solchen Sichtweise sollte sich diese Bedeutung in jeglichem Kontext herstellen, was auch heißt, dass der für ihre Erzeugung verantwortliche Kontext letztlich immer der gleiche wäre und somit normalerweise nicht »abgebrochen« werden könnte oder dürfte.

Dass es eine solche Struktur geben kann, welche die Erzeugung einer kodifizierten, sich stets wiederholende Bedeutung zumindest anstrebt, soll hier nicht bestritten werden. In Frage steht jedoch, erstens, ob – in Anbetracht dessen, was wir im weiteren über das Gesetz der Iterabilität (»Identität *und* Differenz«) sagen werden – eine solche Fixierung der Bedeutung jemals definitiv erreicht werden kann. Und, zweitens, ob eine Auffassung, die sich darauf beschränken will, eine existierende Norm zu »beschreiben«, nicht schon einen das Bestehende bestätigenden (und somit das »Pathologische« ausschließenden) Eingriff darstellt. Und das selbst dann noch, wenn diese Norm, im Sinne Freuds, als im Unbewussten verankert aufgefasst wird.[45]

Die soeben skizzierte Deutung, welche die Schreberschen Phänomene als pathologische Abweichungen von einer Norm einstuft, beruht auf einer bestimmten Auffassung *symbolischer Wiederholung*: dauerhafte Einschreibung einer begrenzten Anzahl wesentlicher und sich notwendigerweise wiederholender Symbole, mittels welcher sich normalerweise die (in der Psychose »verworfene«) Wahrheit menschlicher Existenz (»eine Wahrheit, die sich nicht verliert«[46]) artikuliert. Die Wiederholung des immer Gleichen durch ein sich als »tot«, das heißt als abwesend repräsentierendes »Subjekt«, wäre die einzige Möglichkeit, Subjektivität mit der durch Wiederholung bestimmten Sprache verträglich zu machen. Was Derrida als *Iterabilität* bezeichnet, lässt sich aber nicht auf einen solchen Begriff von Wiederholung reduzieren. Iterabilität, meint nämlich Derrida, »impliziert *gleichzeitig* Identität *und* Differenz«; *innere* Differenz (innerhalb jeden Elements) und Differenz *zwischen* den Elementen. Obwohl sie Wiederholung möglich macht, impliziert Iterabilität derart »Alterierung« und schließt letztlich sogar Dauerhaftigkeit (und damit die Berufung auf einen endgültig gesättigten und somit die Herstellung fixer Bedeutung garantierenden Kontext) aus. Iterabilität erzeugt Verunreinigung

---

45 Über die Beziehung zwischen klinischer Beschreibung und theoretischer Reproduktion des Beschriebenen, vgl. Derrida, »Le facteur de la vérité«, in *La carte Postale*, Paris, 1980, S. 509 (Fußnote). – In *Limited Inc.* (a.a.O., S. 185) spricht Derrida von »Sprachpolizei« und qualifiziert im weiteren den psychiatrischen Gutachter als »dem Staat und dessen Polizei dienenden Repräsentanten des Rechts und der politisch-linguistischen Konventionen« (ebd., S. 196).
46 Ders., »Le facteur de la vérité«, a.a.O., S. 464

der Identifizierung. Sie bewirkt, dass man immer schon anderes sagen will als man sagen will: »man sagt anderes als man sagt *und* als man würde sagen wollen«.[47] Hält man sich an einen solchen Begriff von Iterabilität, so ist es nicht mehr möglich, das von Derrida mit dem Sprechen in Zusammenhang gebrachte Tot-Sein mit einer sich automatisch wiederholenden Symbolik des Todes gleichzusetzen.[48] Wesentlich ist hier, dass die prinzipielle Möglichkeit von Schrebers Vorgangsweise darauf beruht, dass der Kontext, der es zunächst nahelegen würde, den gesamten Satz auf Schreber als Sprecher zu beziehen, letztlich dennoch niemals hinreichend bestimmbar ist. Deshalb bleibt aufgrund der »Abbruchkraft« (*force de rupture*) von Schrift[49] immer die Möglichkeit offen, eine Einheit des Diskurses, wie Schreber es tut, als Produkt des Anderen aufzufassen, im speziellen Fall als Zitieren von etwas, wofür nicht das Subjekt, sondern Gott die Verantwortung zu tragen hat. Das »normale« Subjekt geht in Situationen, wo seine Identifikationen durch die Bedeutungseffekte des Diskurses in Frage gestellt werden und es somit mit seiner eigenen Spaltung konfrontiert wird, so vor, dass es gewissermaßen sich selbst zitiert – etwas scheint mir fremd, stammt aber nichtsdestoweniger von mir: »Beim ›normalen‹ Regime kontrolliert das Ich die Unterscheidung zwischen einer in gewisser Weise inneren Alterität und einer äußeren Alterität.«[50] Statt sich selbst zu zitieren und damit die Verantwortung für das Bestehen einer »inneren Alterität« letztlich doch

---

47 Vgl. Ders., *Limited Inc.*, a.a.O., S. 105 f. und 120
48 Deutlich wird dieser Unterschied in Derridas späterem Text *Apories* (Paris, 1996), auf den ich im Kapitel »Freuds später Pazifismus« näher eingehe.
49 Ders., »Signature, événement, contexte«, a.a .O., S. 377. – Der Ausdruck »Schrift« bezeichnet bei Derrida bekanntlich die Zeichen insofern sie trotz vollständiger Abwesenheit des Subjekts funktionieren können. Schrift ist »impliziert in der Bewegung der Bedeutung im allgemeinen und insbesondere in der sogenannten ›lebendigen‹ Rede« (ders., *La voix et le phénomène*, a.a.O., S. 104). Der schriftliche und somit für Schreber unerträgliche Charakter der Satzanfänge des Denkzwangs wird dadurch gesteigert, dass sie zunächst aus jeglichem Kontext herausgerissen erscheinen und somit die rätselhafte »Leere« ihrer Bedeutung im Maximum erreicht. Es ist zunächst so, als ob Schreber ein Buch an einer beliebigen Stelle aufschlagen und dort – ohne zu wissen, wovon und von wem die Rede ist – auf die Worte »Nun will ich mich« stoßen würde. Im wahnhaften Kontext der *Denkwürdigkeiten* dagegen können die *shifter*, sogar jene der »angebrochenen Phrasen«, dennoch ihren Platz finden. Indem die Verantwortung sowohl für die angebrochenen als auch für die vervollständigten Sätze eindeutig dem anderen zugeschrieben wird, finden diese sich in den Wahn und somit in den Bereich dessen, was schließlich doch ausgesprochen werden kann, integriert.
50 Ders., »qual quelle«, in *Marges de la philosophie*, a.a.O., S. 355. – Entsprechend der in diesem Aufsatz von Derrida vertretenen Konzeption kann das normale Bewusstsein (»sich-sprechen-hören«) insofern als von einem »›Regime‹ normaler Halluzination« (oder »›normaler‹ Doppelhalluzination«) bestimmt angesehen werden, als es auf der Verwandlung von durch Sprechen bewirkter Hetero-Affektion in Auto-Affektion, von Heteronomie in Autonomie, beruht (vgl. ebd., S. 354). In einem anderen Text Derridas findet man die etwas rätselhafte Formulierung: »Halluzination als Rede und als Schrift« (ders., »Freud et la scène de l'écriture«, in *L'écriture et la différence*, a.a.O., S. 294, dt. S. 302). Ersteres bezieht sich wohl auf die dem »normalen« Bewusstsein zugrundeliegende Halluzination, letzteres auf das klinische Phänomen der »echten« Halluzination.

zu übernehmen, entscheidet Schreber, die in ihm auftauchenden Sätze als Sätze des Anderen, d. h. – selbst wenn das jeweilige Satzende gemäss seiner eigenen Präsentation von ihm selbst artikuliert werden muss – hinsichtlich der Intention als nicht von ihm stammende Zitate aufzufassen. Zu betonen ist, dass die Struktur des Diskurses aufgrund dessen, was ihm an Schriftlichkeit innewohnt, eine solche Vorgangsweise nicht prinzipiell auszuschließen vermag. Das Verhältnis von Intention und Aussage ist niemals bloß kontinuierlich, der Kontext ist niemals absolut gesättigt und die Bedeutung kann somit immer in Frage gestellt werden. Es ist freilich möglich, in »psychoanalytischer« Deutung Schrebers Sätze wieder in jenen »ursprünglichen« Kontext »zurückzuverpflanzen«, aus dem er selbst sie herausgerissen hat. Aber wir sind nicht gezwungen, die durch diesen ursprünglichen Kontext nahegelegte Bedeutung mit einer nicht weiter hinterfragbaren Norm in Zusammenhang zu bringen. Die Norm selbst könnte die Wirkung einer allgemeineren Struktur darstellen, die sowohl das normale Sprechen als auch die halluzinatorische Verpflanzung möglich macht.

Sobald Schrift als »iterative, von jeglicher absoluten Verantwortlichkeit getrennte Struktur«[51] angesehen wird, die Sprache insgesamt bestimmt, ist Schrebers seltsame Erfahrung nicht mehr als außerhalb der Möglichkeiten von Sprechen liegend einzustufen. Insofern stellt die im »Denkzwang« offensichtlich zutage tretende »Krisis« des Sprechens nicht bloß einen »Unfall« dar, eine »empirische Anomalie der gesprochenen Sprache, sondern auch ihre positive Möglichkeit und ›innere‹ Struktur [...]«[52]. Man könnte sogar sagen, dass die halluzinatorische Strategie insofern als »wahrhaft« anzusehen ist, als sie, im Gegensatz zu »normalem« Sprechen (bestimmt durch dasjenige, was Derrida als »Stimme« bezeichnet) die Andersheit von Sprache nicht auszulöschen vermag. Indem Schreber das Skandalöse der ihm auferlegten Sprachphänomene unterstreicht, wird er zum Zeugen einer durch Sprechen insgesamt implizierten Gewalt (Notwendigkeit der Realisierung des eigenen »Tot-Seins«), die »normalerweise« vergessen wird: »radikale Spracherfahrung«[53].

Allerdings führt Schrebers extravagante Vorgangsweise, selbst wenn sie die normalerweise vergessene Schriftlichkeit von Sprache freilegt, schließlich zu einer durchaus konventionellen Fixierung der Bedeutung. Sobald der durch den inneren Kontext (Bedeutungsentwicklung des Satzes) ausgeübte Druck zu stark wird, wird der Satz zwar aus dem äußeren Kontext (Schreber als Sprecher) herausgerissen, dann aber in unzweideutiger Weise einem anderen Sprecher zugeschrieben. Die

---

51 Ders., »Signature, événement, contexte«, a.a.O., S. 376
52 Ebd., S. 380. – Dieses Zitat reißt freilich bewusst eine Bemerkung Derridas aus ihrem ursprünglichen Kontext und »verpflanzt« sie in einen anderen.
53 Vgl. Michel Foucault, *Raymond Roussel*, Paris, 1963, S. 205

Sätze gehören nicht mehr dem Subjekt, werden aber als von einem Gott, der den lebendigen Menschen nicht zu verstehen imstande ist[54], stammend sofort in einen neuen, als abgesättigt präsentierten Kontext eingefügt. Schreber wird zwar letztlich der Sprecher zumindest des Satzendes sein, aber einer, der nichts sagen wollte, und, um nicht in seinem »Untergrund« beunruhigt zu werden, behaupten muss, dem Willen eines schwachsinnigen Anderen gehorcht zu haben, der allein für das Gesprochene die Verantwortung zu tragen hat: Zwiespältigkeit der paranoischen Strategie, die trotz der sich in ihr manifestierenden Unterwanderung von Konventionen darauf beruht, im Namen der Weltordnung den zunächst zerrissenen Sinn durch die Herstellung eines fixen und somit wie eine neue »Norm« wirkenden Kontexts sofort umso energischer wiederherzustellen. Selbst wenn Schrebers Strategie in eindrucksvoller Weise die Abbruchkraft von Schrift an den Tag legt, gehorcht sie letztlich dem Prinzip, die Bedeutung eines »den menschlichen Geist befriedigenden vollendeten Gedankens«, sobald sie einmal fixiert ist, nicht weiter in Frage zu stellen.

---

54 Schreber, *Denkwürdigkeiten eines Nervenkranken,* a.a.O., S. 20; vgl. Lacan, »D'une question préliminaire etc.«, a.a.O., S. 560, 562, 570, dt. S. 93, 95, 103

Schrebers Herz

> *Et où disparaît alors l'évidence puissante et muette*
> *qui tenait tout ça sans histoire assemblé?*[1]

»Seit den ersten Anfängen meiner Verbindung mit Gott bis auf den heutigen Tag ist mein Körper unausgesetzt der Gegenstand göttlicher Wunder gewesen«, schreibt Daniel Paul Schreber zu Beginn des elften Kapitels seiner *Denkwürdigkeiten eines Nervenkranken*. Es gebe kaum ein einziges Glied oder Organ seines Körpers, das nicht vorübergehend durch Wunder geschädigt worden sei. Unter den Organen, die derart misshandelt wurden, wisse er am wenigsten bezüglich des Herzens zu sagen, könne aber dennoch berichten, dass er einmal »ein anderes Herz« gehabt habe. Schreber hält es für notwendig, diese Mitteilung über das Fremdwerden eines Organs durch eine ausführliche Fußnote zu erläutern: »Dies, wie der ganze Bericht wird natürlich allen anderen Menschen über die Maßen befremdlich klingen, so dass man geneigt sein wird, darin nur die Erzeugnisse einer krankhaft erregten Einbildungskraft zu finden. Demgegenüber kann ich nur versichern, dass kaum irgendeine Erinnerung aus meinem Leben für mich sicherer ist, als die in diesem Kapitel erzählten Wunder. Was kann es auch Gewisseres für den Menschen geben, als das, was er an seinem eigenen Körper erlebt und empfindet? Kleine Irrtümer hinsichtlich der Bezeichnung der beteiligten Organe sind bei meinen natürlich nur laienhaften, anatomischen Kenntnissen vielleicht nicht als ausgeschlossen zu betrachten; in der Hauptsache glaube ich auch in dieser Beziehung das Richtige getroffen zu haben.«[2]

---

1 Jean-Luc Nancy, *L'Intrus*, Paris, 2000, S. 16
2 Daniel Paul Schreber, *Denkwürdigkeiten eines Nervenkranken*, Leipzig, 1903, S. 148-150.

Für denjenigen, der mit den typischen Erscheinungen der Psychose vertraut ist, haben Schrebers Bemerkungen nichts Überraschendes an sich. Man weiß einerseits, dass Psychotiker häufig Fremdheitserlebnissen bezüglich ihres Körpers ausgesetzt sind, und es ist andererseits bekannt, dass die Auseinandersetzung mit der Frage der eigenen Normalität oder Verrücktheit, die man in Schrebers Fußnote findet, in der Psychose eine wichtige Rolle spielen kann. Wenn er in dieser Fußnote von der Gewissheit der Erfahrung des eigenen Körpers spricht, so beruft sich Schreber auf etwas, das seiner Meinung nach keineswegs nur ihn, sondern den Menschen überhaupt charakterisiert und beansprucht damit, trotz der Seltsamkeit seiner Erlebnisse als vernünftiges Wesen angesehen zu werden. Durch die Erwägung, dass ihm vielleicht »kleine Irrtümer« unterlaufen sein könnten, führt Schreber implizit noch ein weiteres Argument für seine grundsätzliche Vernünftigkeit ein: Er wäre umso weniger verrückt, als er zumindest hinsichtlich gewisser Details die Genauigkeit seiner Beschreibungen in Zweifel zu ziehen bereit ist.

Was also die zitierte Stelle auszeichnet, ist das Nebeneinanderstehen des Berichts einer offensichtlich verrückten, auch von Schreber selbst als »weltordnungswidrig« angesehenen Erfahrung (die Überzeugung, zu einem bestimmten Zeitpunkt ein fremdes Herz gehabt zu haben), und desjenigen, was man für gewöhnlich als vernünftige Einsicht einstuft (die Vorstellung, dass es für den Menschen nichts Gewisseres gebe als das, was er an seinem eigenen Körper erlebt und empfindet). Durch die Mitteilung seiner Einsicht fordert uns Schreber auf, an die Wahrhaftigkeit der auch von ihm selbst als befremdlich empfundenen Erscheinungen zu glauben.

In den folgenden Überlegungen wird es nicht darum gehen, die von Schreber selbst vollzogene Unterscheidung zwischen dem Befremdenden seiner Erlebnisse und der Normalität seiner Argumentationsweise in Frage zu stellen. Man kann nicht bestreiten, dass Schrebers Bemerkung über die Gewissheit der Erfahrung durch ein normalerweise tatsächlich vorhandenes Gefühl unmittelbarer Wahrnehmung des eigenen Körpers gefördert wird, während bestimmte körperliche Fremdheitserlebnisse als abnormal einzustufen sind. Das Zutreffende dieser Unterscheidung zweier Erlebnisweisen schließt aber nicht aus, dass es für die Erklärung von deren *Zustandekommen* notwendig sein könnte, sowohl über Schrebers eigene Sichtweise als auch über die mit ihr mehr oder weniger in Einklang stehende gängige Auffassung körperlicher Erfahrung hinauszugehen. Wir werden uns im folgenden tatsächlich fragen, ob das Eingreifen einer gewissen Heterogenität nicht eine Voraussetzung für die Entstehung des Gefühls des Eigenen darstellt. Sollte sich das als zutreffend erweisen, so wäre es nicht mehr möglich, die von Schreber in der Fußnote seines Textes vertretene Auffassung als Hinweis auf das Fortbestehen eines Rests vernünftiger Einsicht bei einem Individuum anzusehen, dessen Geist gleichzeitig durch das Einbrechen eines in Bezug auf diese Vernunft fremden pathologischen Prozesses gestört wäre. Wir werden zu zeigen versuchen, dass die

Situation sich insofern als komplexer erweist, als die im Haupttext berichtete verrückte Erfahrung das Hervortreten einer normalerweise vergessenen »Wahrheit« mit sich bringt, und umgekehrt dasjenige, was in der den Haupttext kommentierenden Fußnote zunächst als »vernünftig« erscheint, nicht von Schrebers Wahnsinn getrennt werden kann.

Verrückte und Psychiater

Dass Schreber seine seltsamen Körpererfahrungen als von einem »weltordnungswidrig« handelnden Gott veranstaltete »Wunder« auffasst, entspricht der von Jaspers unterstrichenen Tatsache, dass den Verrückten ihre Erlebnisse insgesamt als »gemacht« erscheinen und sich dadurch von normalen seelischen Vorgängen unterscheiden. Letztere sind nach Jaspers immer von dem Bewusstsein begleitet, »dass es *unsere* seelischen Vorgänge sind, dass *ich* wahrnehme, *ich* handle, *ich* fühle«. Beim Bestehen von (nicht psychotischen) Zwangsvorstellungen oder anderen als peinlich empfundenen Erscheinungen besteht für mich kein Zweifel daran, dass es sich um »meine Triebregung« handelt, selbst »wenn ich sie auch als meiner eigentlichen Persönlichkeit noch so fremd empfinde«. Die psychotische Erlebniswelt zeichnet sich dagegen durch ein Fehlen solcher Einsicht aus. Weil es als grundsätzlich von außen her produziert empfunden wird, ist für Jaspers das psychotische Erlebnis der Erfahrung passiver Vorgänge zu vergleichen, »wie bei Bewegungen, die durch einen stärkeren Menschen an meinen Gliedern gegen meinen Willen vollzogen werden«. Nur dass dasjenige, was dem Verrückten als »gemacht« erscheint, Gefühle, Wahrnehmungen, Willenshandlungen oder Stimmungen sind.[3] Diese an sich überzeugende Darstellung des Unterschieds zwischen psychotischen und nicht psychotischen Phänomenen wird von Jaspers dann allerdings in problematischer Weise theoretisch erläutert. In Jaspers' Auffassung nimmt das Phänomen der sogenannten *Ratlosigkeit* eine zentrale Stellung ein.[4] Ausgangspunkt ist hier die Vorstellung, dass das normale, nicht psychotische Seelenleben grundsätzlich verstehbar sei. Die Verrücktheiten würden sich dagegen dadurch auszeichnen, dass sie »gar nicht einfühlbar, *unverständlich, unnatürlich*« seien.[5] Das psychotische Phänomen der Ratlosigkeit entspricht dem Moment, wo das Subjekt (der »gesunde Teil« seiner Persönlichkeit[6]) noch imstande ist, in gewissermaßen normaler Weise auf den Einbruch des fremden, »gemachten« Geschehnisses zu reagieren.

---

3 Karl Jaspers, *Allgemeine Psychopathologie*, Berlin, 1923, S. 111
4 Vgl. Michael Turnheim, »Ratlosigkeit«, in *Freud und der Rest*, Wien, 1993, S. 135 ff.
5 Karl Jaspers, *Allgemeine Psychopathologie*, a.a.O., S. 110
6 Ebd., S. 256

Damit unterscheidet sich dieser Moment von einer späteren Periode, wo die gesamte Persönlichkeit sich von dem pathologischen Prozess derart unterwandert finden wird, dass das Subjekt diesen gleichen Erscheinungen gegenüber sich entweder gleichgültig verhalten oder sie als verständlich ansehen wird.
Die Ratlosigkeit entspricht also einer Zwischenphase, wo das Subjekt noch verstehen kann, dass es nichts mehr versteht. Wesentlich für Jaspers' Auffassung, nach welcher die Möglichkeit und die Grenze des Verstehens als diagnostisches Instrument angesehen wird, ist aber, dass *wir*, die Normalen (und speziell der Psychiater), diese Ratlosigkeit verstehen, sie *noch* verstehen. Das ist möglich, weil die Ratlosigkeit des Kranken »die durchaus verständliche Reaktion der normalen Persönlichkeit auf den Einbruch einer akuten Psychose« darstellt.[7] Ratlos ist der Verrückte eine Zeit lang, bevor er vollständig in seiner unverständlichen Welt untertaucht. Einen Augenblick lang würden sich Psychiater und Kranker an demselben Platz finden. Beide sind auf verschiedene Weise mit einem grundsätzlich nicht diskursiven und somit auch nicht dem Verstehen zugänglichen Fremdkörper konfrontiert. Der Psychiater versteht, dass der Kranke nichts mehr versteht.
Schrebers *Denkwürdigkeiten* entstammen freilich nicht einer Zeit, die man im klinischen Sinn demjenigen, was man als Ratlosigkeit bezeichnet, zuordnen könnte. Schreber setzt sich nachträglich und in offensichtlich schon wahnhafter Weise mit Erscheinungen auseinander, die ihn im Augenblick ihres akuten Auftretens vermutlich ratlos gelassen haben. Die epistemologische Grundkonstellation, die in der oben zitierten Stelle aus den *Denkwürdigkeiten* zutage tritt, teilt aber einen wesentlichen Zug mit demjenigen, was Jaspers an der Ratlosigkeit interessiert. Folgt man Jaspers' Auffassung, so würde sich Schreber zu Recht auf den gleichen Standpunkt wie der Psychiater stellen und in grundsätzlich zutreffender Weise behaupten, dass das Befremdliche seines Erlebens eine Anomalie hinsichtlich der Natürlichkeit und Unmittelbarkeit der normalen Erfahrung des eigenen Körpers darstellt. Sowohl Jaspers als auch Schreber beziehen sich auf ein sich durch Unmittelbarkeit der Erfahrung auszeichnendes normales Subjekt, für welches die Möglichkeit einer Verflechtung von Eigenem und Fremdem prinzipiell als Anomalie erscheint.

Selbstaffektion

Um die Schrebersche Berufung auf die Körpererfahrung und speziell seine Behauptung, vorübergehend ein fremdes Organ in seinem eigenen Körper gehabt zu haben, näher zu untersuchen, ist es interessant, sich auf die von Husserl speziell in *Ideen II* entwickelte Unterscheidung zwischen *Körper* und *Leib* zu beziehen. Um

---

7 Ebd., S. 257

diese Unterscheidung zu begründen, bezieht sich Husserl zunächst auf den Unterschied zwischen zwei verschiedenen Arten von Tastempfindungen – zwischen den »repräsentierenden Tastempfindungen«, die beim Berühren eines Objekts »zu Merkmalen objektiviert werden«, und den Tastempfindungen, die im betastenden Organ selbst »lokalisiert« werden, ohne dass durch sie eine Eigenschaft konstituiert würde. Wenn ich von den Eigenschaften eines physischen Objekts spreche, so abstrahiere ich von den »lokalisierten Empfindungen«. Diese lokalisierten Empfindungen stellen für Husserl nicht eine Bereicherung hinsichtlich der Eigenschaften konstituierenden Empfindungen dar, sondern erzeugen etwas Neues. Sie verwandeln das betastende Organ, das im Übrigen freilich auch physisches Ding (und zwar im speziellen Fall ein »Körper«) ist, in einen »Leib«: »*es wird Leib, es empfindet*«, schreibt Husserl.[8] Husserl nennt diese spezifischen Leibesvorkommnisse »Empfindnisse« und betont, dass solche den bloß materiellen Dingen fehlen.[9] Es gibt also im Bereich des Belebten, und nur in ihm, immer »Doppelauffassung«: »Dieselbe Tastempfindung aufgefasst als Merkmal des ›äußeren‹ Objekts und aufgefasst als Empfindung des Leib-Objekts«. Es handle sich hier um einen »Notwendigkeitszusammenhang zwischen zwei möglichen Auffassungen«. Weil der eigene Körper ebenfalls »Außending« ist, gilt auch für den Leib als Betastetes – wenn ich nicht ein äußeres Objekt, sondern mich selbst berühre, z.B. mit dem Finger der einen Hand einen Finger der anderen – die besprochene Situation, die sich hier allerdings weiter kompliziert. Denn in dem Fall, wo »ein Leibesteil zugleich äußeres Objekt wird für den anderen«, haben wir gleichzeitig »Doppelempfindungen« (jeder der beiden Leibesteile hat seine Empfindungen) und »Doppelauffassung«.[10] »Der Leib konstituiert sich also ursprünglich in doppelter Weise: einerseits ist er physisches Ding, Materie, er hat seine Extension, in die seine realen Eigenschaften, die Farbigkeit, Glätte, Härte, Wärme und was dergleichen materielle Eigenschaften mehr sind, eingehen; andererseits finde ich auf ihm, und *empfinde* ich ›auf‹ ihm und ›in‹ ihm: die Wärme auf dem Handrücken, die Kälte in den Füssen, die Berührungsempfindungen in den Fingerspitzen.«[11] In diesem Sinn ist der Leib des erfahrenden Subjekts immer »mit dabei«. Was auch immer das Subjekt empfindet, es empfindet gleichzeitig auch *sich selbst*, es gibt *Selbstaffektion*.[12] Der Leib tritt »zu-

---

8   Husserl, *Ideen zu einer reinen Phänomenologie und Phänomenologischen Philosophie*, Bd. II (im weiteren zitiert als: *Ideen II*), Dordrecht etc., 1991, S. 145
9   Ebd., S. 146
10 Ebd., S. 147
11 Ebd., S. 145
12 Der von uns im weiteren verwendete Ausdruck Selbstaffektion nimmt bekanntlich in Heideggers Kant-Buch eine wichtige Stellung ein (Heidegger, *Kant und das Problem der Metaphysik*, Frankfurt am Main, 1998).

gleich als Leib und als materielles Ding« auf.[13] »Das in Außeneinstellung und das in Inneneinstellung Konstituierte ist miteinander da: kompräsent.«[14] Wir können hier vorläufig anmerken, dass Schrebers Eindruck ein »anderes« Herz gehabt zu haben, damit zusammenhängen könnte, dass solches gleichzeitige »Miteinander-da-sein« von »äußerem Objekt« und »Leib-Objekt« sich nicht herstellt, was dann dazu führen würde, dass dasjenige, was als *Leib* erscheinen sollte, bloß als *Körper*, d. h. wie ein »äußerer«, fremder Körperteil wahrgenommen wird.

Hinsichtlich des auto-affektiven Aspekts unterscheidet Husserl zwischen dem Tastsinn, dem seiner Meinung nach hier ein Privileg zukommt, und anderen Sinnesphänomenen, speziell dem *Sehen*. Husserl spricht von einem »auffallenden Unterschied zwischen der Sphäre des Visuellen und Taktuellen«.[15] Gewiss, genauso wie ich »mich« tastend empfinden kann, kann ich »mich« auch sehen. Aber hier kommen zwei wesentliche Einschränkungen zur Geltung. Zunächst einmal kann ich »mich«, das heißt die Gesamtheit meines Körpers (und speziell meine Augen)[16], nur mit Hilfe eines technischen Hilfsmittels, nämlich eines Spiegels, sehen. Oder, um es anders zu sagen – es gibt keine unmittelbare visuelle »Doppelempfindung«[17] (während es eine solche gibt, wenn ein Teil meines Körpers einen anderen berührt). Die Augen des Menschen können nicht aus dem Körper heraustreten, um diesen als ganzen zu sehen. Das ist der erste Unterschied des Sehens gegenüber dem Tasten.

Das wesentlichere zweite Argument ist aber folgendes: Es gibt keine *optischen* Eigenempfindungen des Sehorgans, d. h. keine lokalisierenden Selbst-Empfindungen des Auges, die der *gleichen* Art wären wie jene, mittels welcher dieses Organ dem Objekt Eigenschaften zuschreibt. Ich kann mich nicht sehend sehen – »das Auge erscheint nicht visuell«. Es können nicht dieselben Farben, die dem äußeren Objekt zugeschrieben werden, »im« Auge visuell lokalisiert empfunden werden[18], woraus folgt, dass es für das Sehen keine »Doppelauffassung« gibt. Eigenempfindungen des Sehorgans existieren freilich, aber sie sind nicht Sehempfindungen, sondern Tast- und Bewegungsempfindungen, die zustande kommen, wenn ich mein Auge betaste oder dessen Bewegungen empfinde. Sie sind Voraussetzung dafür, dass das Auge als zum Leib gehörig apperzipiert wird. Insofern ich mich aber im strengen Sinn nicht sehend sehen kann, gibt es für Husserl keine »reine«,

---

13 Husserl, *Ideen II*, a.a.O., S. 158
14 Ebd., S. 161.
15 Ebd., S. 147.
16 Gewisse Körperteile «(z.B. der Kopf) sind überhaupt für mich unsichtbar. Derselbe Leib, der mir als Mittel aller Wahrnehmungen dient, steht mir bei der Wahrnehmung seiner selbst im Wege und ist ein merkwürdig unvollkommen konstituiertes Ding« (ebd., S. 159).
17 Ebd., S. 148
18 Ebd., S. 147

unmittelbare Selbstaffektion (lokalisiertes »Empfindnis«, welches immer »mit dabei« ist) auf der Ebene des Sehens. Durch diese von Husserl behauptete Einschränkung erweist sich das Taktuelle, im Gegensatz zum Visuellen, als wesentlich für die Konstitution eines Leibes. »Jedes Ding, das wir sehen, ist ein tastbares, und als solches weist es auf eine unmittelbare Beziehung zum Leib hin, aber nicht vermöge seiner Sichtbarkeit. *Ein bloß augenhaftes Subjekt könnte gar keinen erscheinenden Leib haben [...].*«[19]

In einer sehr interessanten Fußnote, in der es um die Unmöglichkeit geht, durch das Sehen einen Leib zu konstituieren, präzisiert Husserl: »Natürlich wird man nicht sagen, ich sehe mein Auge im Spiegel; denn mein Auge, das sehende als sehendes, nehme ich nicht wahr; ich sehe etwas, von dem ich indirekt, durch ›Einfühlung‹ urteile, dass es identisch ist mit meinem (etwa durch Tasten sich konstituierenden) Ding Auge, ebenso wie ich das Auge eines Anderen sehe.«[20] Diese Bemerkung zeigt uns zweierlei. Zunächst, dass das Phänomen der Einfühlung für Husserl nichts Unmittelbares darstellt. Einfühlung ist zunächst dasjenige, was den Zugang zum Anderen bestimmt, und dieser Zugang erfolgt immer über »Anzeichen«[21] oder – wie Husserl sich in seinen späteren Texten ausdrückt – über »Appräsentation«, das heißt auf *indirekte* Weise. Im weiteren stellt man fest, dass Husserl, selbst wenn er es mit Anführungszeichen umgibt, nicht zögert, mit dem Wort Einfühlung etwas zu bezeichnen, das nicht nur den Zugang zum anderen, sondern auch denjenigen des Subjekts zu sich selbst betreffen kann. Ich schaue in den Spiegel, sehe ein Auge, das ich nur indirekt, durch »Einfühlung«, als das meinige zu erkennen vermag. Auf einer bestimmten Ebene, von der Husserl freilich gerade zeigen will, dass sie sich von der »Leiberfahrung« unterscheidet und sie voraussetzt, kann ich mir selbst zum anderen werden, und in diesen anderen »fühle ich mich ein«.[22]

---

19 Ebd., S. 150. – Auch das Hören wäre nicht imstande, einen Leib hervorzubringen (ebd., S. 149), wobei Husserl freilich nicht auf das in Derridas Kommentar der *Logischen Untersuchungen* so wichtige Phänomen der Stimme als scheinbar reiner Selbstaffektion eingeht (vgl. Derrida, *La voix et le phénomène*, Paris, 1967).
20 Husserl, *Ideen II*, a.a.O., S. 148.
21 Vgl. Husserl, *Logische Untersuchungen*, Bd. II/1, *Untersuchungen zur Phänomenologie und Theorie der Erkenntnis*, Tübingen, 1993, S. 23 ff.
22 Eine analoge Situation (indirekter Zugang nicht nur zum Fremden, sondern bereits zur eigenen Erfahrung) besteht für Husserl auch auf der Ebene des Zeitbewusstseins: »Wie meine erinnerungsmäßige Vergangenheit meine lebendige Gegenwart transzendiert als ihre Modifikation, so ähnlich das appräsentierte fremde Sein das eigene.« (Husserl, *Cartesianische Meditationen*, Hamburg, 1995, S. 118 (§ 52))

Merleau-Ponty und Derrida

Die von Husserl stets aufrechterhaltene Unterscheidung zwischen der Unmittelbarkeit des eigenen Körpererlebnisses und der nur indirekt durch Appräsentation, Anzeichen und Einfühlung zugänglichen Erfahrung des anderen, hat zu zwei diametral entgegengesetzten Auslegungen Anlass gegeben: zu derjenigen Merleau-Pontys und zu derjenigen Derridas (der entsprechend Merleau-Ponty kritisch liest). Obwohl Merleau-Ponty sich immer wieder auf Husserl beruft, beruht seine Lektüre – zumindest zu einem gewissen Zeitpunkt der Entwicklung seines Denkens – auf einer mehr oder weniger gewaltsam vollzogenen Verschiebung in Bezug auf dasjenige, was man in Husserls Texten findet. Wesentlich für diese Verschiebung ist, dass im Gegensatz zu Husserl, der, wie wir gesehen haben, immer wieder das Beispielhafte des Tastens unterstreicht, dieses für Merleau-Ponty lediglich ein Beispiel unter anderen darstellt – dem Tasten wird das Sehen zugeordnet.[23] Wie Husserl geht Merleau-Ponty von der Selbstaffektion aus, bringt sie aber sogleich mit der für sein Denken wesentlichen Idee der Möglichkeit einer »Kommunion« des Leibes mit der Welt in Zusammenhang[24]: »Es gibt ein Verhältnis meines Körpers zu sich selbst, das aus ihm das *vinculum* des Ichs und der Dinge macht.«[25] Während bei Husserl die Selbstaffektion (»Doppelauffassung«) streng auf die *tastende* Erfahrung des *eigenen* Körpers beschränkt bleibt, weitet sie sich bei Merleau-Ponty auf die *visuelle* Erfahrung des *alter ego* aus. Sich auf Husserls Beispiel der rechten Hand, welche die linke Hand berührt[26] berufend, glaubt Merleau-Ponty den Schluss ziehen zu können: »Nicht anders belebt sich der Körper des anderen vor mir, wenn ich die Hand eines anderen Menschen schüttle oder ihn nur ansehe.«[27] Die gegenüber Husserls Auffassung genommene Freiheit ist in dieser kurzen Bemerkung eine doppelte (Derrida: »doppelte Untreue«[28]): einerseits Behauptung der Möglichkeit unmittelbarer Erfahrung der solipsistischen Sphäre des anderen

---

23 Vgl. Derrida, *Le toucher, Jean-Luc Nancy*, Paris, 2000, S. 212
24 Derrida betont einen quasi-christlichen Zug in Merleau-Pontys Husserl-Lektüre (vgl. Derrida, *Le toucher, Jean-Luc Nancy*, a.a.O., S. 168). Besonders charakteristisch erscheint hier Derrida der Gebrauch der Ausdrücke »Verkörperung« (oder »Leibhaftwerden«) (*incarnation*) und »Kommunion« (nicht nur der »Leib der Welt« spiegelt meine eigene »Leibhaftigkeit« wider, sondern auch der Körper des anderen »verlebendigt sich« (*s'anime*) für mich sobald ich ihn ansehe (vgl. ebd., S. 215 f.; Derrida bezieht sich auf Maurice Merleau-Ponty, »Le philosophe et son ombre«, in *Signes*, Paris, 2001, S. 274)).
25 Merleau-Ponty, »Le philosophe et son ombre«, a.a.O., S. 271; vgl. auch Derridas Kommentar dieser Stelle (*Le toucher, Jean-Luc Nancy*, a.a.O., S. 213).
26 Vgl. Husserl, *Ideen II*, a.a.O., S. 144 f.
27 Merleau-Ponty, »Le philosophe et son ombre«, a.a.O., S. 274
28 Derrida, *Le toucher, Jean-Luc Nancy*, a.a.O., S. 224

(»Zusammenfließen (*confusion*) des Ich und des anderen«[29]), was für Husserl grundsätzlich ausgeschlossen bleibt; und andererseits Gleichstellung des Tastens und Sehens oder sogar Auffassung des Sehens als privilegiertem Ort unmittelbarer Erfahrung des anderen[30], während Husserl, wie wir gesehen haben, immer wieder betont, dass es nur durch das Tasten (und nicht durch das Sehen) unmittelbare Erfahrung des Körpers (aber eben nur des *eigenen*) geben kann. Worum es Husserl geht, ist *meine* Erfahrung, dass der *andere*, wie ich, Leibeserfahrungen hat; aber keineswegs darum, dass mir diese Leibeserfahrungen des anderen als solche direkt, d.h. ohne den Umweg über Anzeichen, Einfühlung und Appräsentation, zugänglich wären.[31] Das Paradoxe ist hier, dass durch solche Freiheiten gegenüber dem interpretierten Text gerade jener Bereich verloren zu gehen droht, der eröffnet werden soll. Merleau-Ponty will besser als Husserl die Dimension des anderen berücksichtigen, zerstört aber gerade dadurch dasjenige, was für diese Dimension wesentlich ist, die Alterität des andern.[32] Die bei Husserl stets aufrechterhaltene Barriere der Appräsentation gibt nach, um Platz zu schaffen für dasjenige, von dem man glaubt, dass es auch noch bei der Erfahrung des anderen als ursprüngliche Präsentation gegeben sein könnte. In diesem Sinn erscheint es gerechtfertigt, zu sagen, dass Merleau-Pontys Auffassung – sowohl in ihrem Inhalt als auch in Anbetracht der Berufung auf Husserl – eine gleichzeitig stillschweigende und gewaltsame Wiederaneignung des Fremden impliziert.

Derrida schlägt hier den genau umgekehrten Weg ein. Nicht nur trennt mich ein Abgrund vom Eigenen des anderen, sondern schon mein »eigenes« Eigenes hätte niemals ohne vorausgehende ursprüngliche Enteignung (*expropriation*) in Erscheinung treten können: Eigenes (das meine genauso gut wie dasjenige des anderen) erscheint bereits als Auswirkung des Versuchs der unendlichen Wiederaneignung eines irreduktibel Nicht-Eigenen.[33] Der Bereich der Appräsentation, den Merleau-Ponty zu reduzieren sucht, wird von Derrida im Gegenteil in Bezug auf den von Husserl zugestandenen Bereich (Erfahrung des anderen, Selbsterfahrung außerhalb des »privilegierten« Bereichs des Tastens) ausgeweitet und gilt in gewisser Weise schon für die Selbstaffektion (*auto-affection*), die somit immer schon Hetero-Affektion impliziert haben muss. »Selbst zwischen mir und mir, wenn ich so sagen darf, zwischen meinem Körper und meinem Körper, gibt es

---

29 Merleau-Ponty, *Le philosophe et son ombre*, a.a.O., S. 284.
30 Wie Derrida feststellt, kann eine solche Umkehrung es mit sich bringen, dass der Bereich des Sehens komplexer wird und eventuell Abstand und Sehen des Unsichtbaren mit einschließt (Derrida, *Le toucher, Jean-Luc Nancy*, a.a.O., S. 226). Das wird speziell in Merleau-Pontys späterem, nachgelassenen Text *Le visible et l'invisible* (Paris, 1964) der Fall sein.
31 Derrida, *Le toucher, Jean-Luc Nancy*, a.a.O., S. 217
32 Ebd., S. 218
33 Ebd., S. 207 f.

nicht jene ›ursprüngliche‹ Gleichzeitigkeit, dieses ›Zusammenfließen‹ (*confusion*), das Merleau-Ponty, der Husserl zu folgen vorgibt, zwischen dem Körper des anderen und meinem Körper zu erkennen glaubt.«[34] Es geht Derrida freilich nicht darum, zu bestreiten, dass wir den *Eindruck* solchen »Zusammenfließens« zwischen dem eigenen und dem fremden Körper oder den *Eindruck* von Unmittelbarkeit der eigenen Körpererfahrung haben können, sondern darum, zu zeigen, dass es sich dabei um *Auswirkungen* von etwas handelt, das schon Abstand oder Intervall (*espacement*), d.h. eine vor jeglicher möglichen Unterscheidung von Zeit und Raum angesiedelte absolute Alterität[35], voraussetzt.

Derrida meint, dass es für die »Erfahrung des Tastend-Getasteten (*touchant-touché*)«[36] schon ein »Draußen«, »eine reale optische Eigenschaft der Hand«[37] geben muss, und dass man es ohne solches »Draußen« nicht mit »Doppelauffassung«, sondern bloß jeweils mit Getastetem und Tastendem zu tun hätte. Das von Husserl konstant bevorzugte »Beispiel« der Hand als in Bezug auf den Rest des Körpers *äußerliches* und *sichtbares* Organ, würde schon auf die Notwendigkeit solcher Alterität hinweisen.[38] Man könne nicht, wie Husserl es tut, hinsichtlich des Tastens einfach, d.h. ohne Bezug auf ursprüngliche Heterogenität, sagen, »was Sache des materiellen Dinges ist, ist seine und nicht meine Sache«.[39] Um eine solche Unterscheidung zwischen materiellem Ding und Leib treffen und von Doppelauffassung *sprechen* zu können, würde es bereits Raum, Ausdehnung, Abstand zwischen dem Getasteten und dem Tastenden, zumindest mögliche Sichtbarkeit der Hand brauchen.[40] Das wird Derrida schließlich dazu führen, von einer »Verpflanzung« (*greffe*) zu sprechen, die nicht getrennt werden könne vom »eigenen Körper« oder »Leib«. Es gebe »Verflechtung«[41] der beiden, technischen Ersatz, »gleichzeitig *Körper* und *Leib*«, Körper *im* Leib, ursprüngliche Heterogenität, die insofern nicht unbedingt jene des *alter ego* wäre.[42]

---

34 Ebd., S. 219
35 Vgl. Jacques Derrida und Antoine Spire, *Au-delà des apparences*, Latresne, 2002, S. 43
36 Vgl. Husserl, *Ideen II*, a.a.O., S. 148 (»mein Leib« ist »als getasteter Leib getastetes Tastendes«).
37 Ebd., S. 149
38 Derrida, *Le toucher, Jean-Luc Nancy*, a.a.O. , S. 200
39 Husserl, *Ideen II*, a.a.O., S. 150
40 Derrida, *Le toucher, Jean-Luc Nancy*, a.a.O., S. 200 f.
41 Es handelt sich um einen von Husserl bereits in seinen *Logische Untersuchungen* (a.a.O.) regelmäßig gebrauchten Ausdruck, den Derrida in *La voix et le phénomène* (a.a.O.) häufig zitiert.
42 Derrida, *Le toucher, Jean-Luc Nancy*, a.a.O., S. 266

Herzgefühl

Eine der von Derrida kommentierten Stellen betrifft dasjenige, was Husserl im vierten Kapitel von *Ideen II* über ein von ihm so genanntes »Herzgefühl«[43] sagt. Versuchen wir zunächst, den Kontext von Husserls Bemerkung zu untersuchen. Während die »Dingwelt« für alle »urpräsent« sein kann, schreibt Husserl, ist das für das »Subjektive« nicht der Fall. Es handelt sich um Präsentes, das »je nur einem Subjekt als urpräsent gegeben sein kann«, woraus dann folgt, dass der andere mir nicht in seiner »Urpräsenz«, sondern nur als »Appräsenz«, d.h. über äußere Anzeichen, gegeben ist.[44] Die Animalien zeichnen sich dadurch aus, dass sie »Urpräsenz voraussetzen, während sie selbst in Urpräsenz nicht gegeben sind«[45]; »die äußerlich mir gegenüberstehenden Leiber erfahre ich wie andere Dinge in Urpräsenz«, »die Innerlichkeit des Seelischen durch Appräsenz«.[46] Obwohl ich mich in andere Leiber »einfühlen« kann, geschieht das notwendigerweise über Appräsentation, mittels Übertragung, d.h. aufgrund von Anzeichen, die mir sagen, dass der materielle mir gegenüberstehende Körper Leibcharakter hat: »zu dem gesehenen Leibe *gehört* ein Seelenleben wie zu dem meinen«.[47] Bei solcher Einfühlung »überträgt sich vor allem diejenige ›Lokalisierung‹, die ich bei verschiedenen Sinnesfeldern (Tastfeld, Wärme, Kälte, Geruch, Geschmack, Schmerz, sinnliche Lust) und Sinnesgebieten (Bewegungsempfindungen) vollziehe, auf die fremden Leiber und ebenso meine indirekte Lokalisierung geistiger Tätigkeiten.«[48]

---

43 Husserl, *Ideen II*, a.a.O., S. 165
44 Ebd., S. 162 f.
45 Ebd., S. 163
46 Ebd., S. 163 f. – Urpräsenz eines Gegenstandes besagt nicht Urpräsenz aller seiner inneren oder eigenschaftlichen Bestimmungen. Es genügt, dass für das Ich die Möglichkeit besteht, »in kontinuierlichen ursprünglichen Wahrnehmungen den Gegenstand nach jeder der ihm zugehörigen Eigenschaften zur Urpräsenz zu bringen, wobei in diesem Wahrnehmungskontinuum beständig der Gegenstand selbst in Urpräsenz bewusst ist.« (ebd., S. 162 f.) In der *Fünften Cartesianischen Meditation* (a.a.O., S. 112) schreibt Husserl, dass »die eigentlich gesehene Vorderseite eines Dinges stets notwendig eine dingliche Rückseite appräsentiert«. Es ist aber wesentlich für die Dingerfahrung, meint Husserl, dass zu ihr »die Möglichkeit der Bewährung durch entsprechende erfüllende Präsentation gehört (die Rückseite wird zur Vorderseite),« – sie könnte »idealiter urpräsent gegeben sein«, heißt es in *Ideen II* (a.a.O., S. 163) – »während das für diejenige Appräsentation, die in eine andere Originalsphäre hineinleiten soll,« – nämlich in diejenige des *alter ego* – »a priori ausgeschlossen sein muss.« Während die mir unmittelbar sichtbare »Vorderseite« des *Körpers* des anderen die Möglichkeit der Sichtbarkeit seiner »Rückseite« (als »erfüllende Präsentation«) impliziert, ist das für denselben Körper als *Leib* nicht der Fall. Das *alter ego*, der irreduzibel solipsistische Aspekt des anderen (die »Innerlichkeit des Seelischen« (*Ideen II*, a.a.O., S. 164)) ist mir nur durch »Einfühlung«, d.h. indirekt zugänglich.
47 Husserl, *Ideen II*, a.a.O., S. 166
48 Ebd., S. 164

Husserl spricht dann von der »Zuordnung von Physischem und Psychischem«, wie das z.B. der Fall ist, wenn man psychische Prozesse im Gehirn lokalisiert oder das Tastfeld gewissen Nervenenden zuordnet. Obwohl solche Zuordnungen »mit Recht« erfolgen, handelt es sich hier nicht um »unmittelbare Appräsenz«. Denn weder dem Gehirn noch den Nervenenden kann ich »ansehen«, dass sie mit Psychischem zu tun haben. »Teile meines Leibes« dagegen sind »erscheinende, und es erscheinen reale Verbundenheiten mit Sinnesdaten.«[49] Man muss folglich unterscheiden zwischen »empirischer Zuordnung, die zur Erscheinung gehört« (»Berührung bedingt Änderung des Tastfeldes zugehöriger Art«) und »empirischer Zuordnung, die zum theoretisch Herausgearbeiteten gehört«.[50]
Derrida interessiert sich speziell für eine auf diese Unterscheidung folgende Passage, von der er meint, dass sie eine gewisse Verlegenheit insofern anzeigt, als genau in dem Augenblick, wo Husserl zur »reinen Erfahrung des ganz eigenen Körpers«[51], zum Allereigensten, zum eigentlich Solipsistischen vorzustoßen versucht (zum »Herzgefühl«, das »besser als die Hand das zunächst solipsistische Gefühl des eigenen Körpers illustrieren« soll[52]), die gemäß seiner eigenen Auffassung wesentlichen Kriterien der Eigenheit (nämlich »Doppelauffassung«, Reinheit der Selbstaffektion, Distanzierung vom Sehen und von der Ausdehnung) sich als nicht zutreffend erweisen. Das würde zu eigenartigen Oszillationen in Husserls Argumentationsweise führen.
Husserl möchte zeigen, inwiefern das für den Zugang zur Erfahrung anderer Menschen wesentliche »System der Appräsentation [...] beim solipsistischen Subjekt seine ursprüngliche Vorlage hat in ursprünglichen Verbundenheiten regelmäßiger Koexistenz«. »Beim solipsistischen Subjekt«, schreibt Husserl, »haben wir das ausgezeichnete Tastfeld« – d.h. das »Tastend-Getastete« – »in Kompräsenz mit der erscheinenden Leibesoberfläche, in eins damit das Wärmefeld; in zweiter Linie die unbestimmte Lokalisation der Gemeingefühle (auch der geistigen), ferner der leiblichen Innerlichkeit, vermittelt durch die Tastfeldlokalisation.«[53] Das heißt, dass die leibliche Innerlichkeit in Husserls Darstellung als bereits durch die Tastfeldlokalisation, die *unmittelbar* sein soll, *vermittelt* erscheint.[54] Von solcher Unmit-

---

49 Ebd., S. 164
50 Ebd., S. 165. – Letzteres wird wohl immer die Gefahr desjenigen mit sich bringen, was Husserl als »Krisis« bezeichnet.
51 Derrida, *Le toucher, Jean-Luc Nancy*, a.a.O., S. 201
52 Ebd., S. 202
53 Husserl, *Ideen II*, a.a.O., S. 165
54 In *La voix et le phénomène* (a.a.O., S. 88) schreibt Derrida über die Erfahrung der »Innerlichkeit des eigenen Körpers«, dass sie zwar (im Gegensatz zu dem das Vorhandensein eines Spiegels voraussetzenden Vorgang des »Sich-Sehens«) keinerlei Eingreifen einer Oberfläche erfordere (d.h. tatsächlich unvermittelt wäre), dafür aber (im Gegensatz zum Sprechen) nicht dem »Medium universeller Bedeutung« angehören könne.

telbarkeit, betont Derrida, ist in der darauffolgenden Passage von Husserls Text, in dem er von der »leiblichen Innerlichkeit« im Allgemeinen zum speziellen Phänomen des »Herzgefühls« übergeht, die Rede:
»Z.B. ich ›empfinde mein Herz‹, beim Druck auf die Leibesoberfläche ›in der Herzgegend‹ stoße ich gleichsam auf dieses ›Herzgefühl‹, es wird etwas modifiziert; es ist nicht selbst zur Tastfläche gehörig, aber es hängt damit zusammen.«
Husserl versucht also gewissermaßen, die allersolipsistischeste Erfahrung des eigenen Körpers (der ganz Abschnitt betrifft das »solipsistische Subjekt«), nämlich dasjenige, was uns das »Herzgefühl« liefert, an das Tasten anzubinden. Obwohl es, wie er sagt, selbst nicht zur Tastfläche gehört, hängt es damit zusammen. Das »Tastend-Getastete« *scheint* (Derrida betont das Anscheinende dieser Einheitlichkeit) hier vollkommen mit sich selbst einig zu sein, sosehr, dass es gerade nicht mehr zu der (die Selbstaffektion ansonsten auszeichnenden) »Doppelauffassung« kommen kann. Doppelauffassung würde ja voraussetzen, dass ich gleichzeitig Merkmale objektiviere und »Empfindnisse« habe. Das »Herzgefühl« wäre aber reines Empfindnis, es liefert uns, so wie Husserl es darstellt, keinerlei Eigenschaft des Herzens. Der »Druck auf die Leibesoberfläche« hat nicht zur Folge, dass ich das Herz, seine Oberfläche, »durchfühle«, das Herzgefühl »ist nicht selbst zur Tastfläche gehörig.« Es würde sich also anscheinend um ein unglaubliches Tasten ohne Tastfläche handeln. Gerade deshalb sucht Husserl sogleich ein intermediäres Stadium des Berührens einzuführen, schreibt Derrida, »wo ich *mit der Hand* das Innere meines Körpers *durch* eine Oberfläche durchfühle«. Derrida betont, dass dabei gleichzeitig mit der Oberfläche die (von Husserl, wie wir gesehen haben, aus dem Bereich der Möglichkeit von reiner Selbstaffektion verbannte) Sichtbarkeit ins Spiel kommt, »selbst wenn das Sichtbare in Wirklichkeit dem tatsächlichen Sehen entgeht«.[55]
»Ebenso wenn ich überhaupt meine Leibesoberfläche nicht nur berühre, sondern fester auf sie eindrücke, also mit dem tastenden Finger meine Knochen oder inneren Fleischteile ›durchfühle‹ (so ähnlich wie ich bei anderen Körpern ihr Inneres durchfühle), und nun verbinden sich mit den allgemeinen Druck- und Tastempfindungen besondere neue Empfindungen, die dem betreffenden durchgefühlten Leibesteile zugemessen werden.«[56]
Während in Husserls früherem, von ihm wiederholt angeführten Beispiel die rechte (sichtbare) Hand die linke (sichtbare) Hand betastet[57], betastet beim »Durchfühlen« der sichtbare Finger Unsichtbares. Die beiden zuletzt kommentierten Stellen aus Husserl entsprechen also zwei Stufen: zuerst »unmittelbares ›Herz-

---

55 Derrida, *Le toucher, Jean-Luc Nancy*, a.a.O., S. 203
56 Husserl, *Ideen II*, a.a.O., S. 165 (der letzte Abschnitt von Husserls Text, ab »und nun verbinden sich […]«, wird von Derrida nicht zitiert).
57 Ebd., S. 144 f.

gefühl‹ – inneres ›Betasten‹ ohne sichtbare Körperoberfläche«; und dann »halb sichtbares ›Durchfühlen‹ durch eine Oberfläche«.[58]
Die dritte von Derrida herausgearbeitete Stufe beruft sich auf folgende Bemerkung Husserls: »Ferner: solipsistisch gehört zu meiner Augenstellung je ein ›Bild‹- Aspekt des gesehenen Gegenstandes und so ein Bild der orientierten Umgebung. Aber auch beim Betasten eines Gegenstandes gehört zu meiner Hand- und Fingerstellung je ein Tast-Aspekt des Gegenstandes wie andererseits eine Tastempfindung im Finger etc. und natürlich visuell ein gewisses Bild von meiner tastenden Hand und ihren Tastbewegungen. Das alles ist für mich selbst in Kompräsenz zusammengehörig gegeben und geht dann in die Einfühlung über: die tastende Hand des Anderen, die ich sehe, appräsentiert mir die solipsistische Ansicht dieser Hand und dann alles, was in vergegenwärtigter Kompräsenz dazugehören muss. // Zur Erscheinung des fremden Menschen gehört aber außer dem Erwähnten auch die seelische Aktinnerlichkeit.«[59]
Derridas Argumentation geht von der Funktion des Wortes »dann« (»[...] und geht *dann* in die Einfühlung über [...]«) in Husserls Text aus. Die Sichtbarkeit (»Bild der orientierten Umgebung«, »visuell ein gewisses Bild von meiner Hand«) ist in dieser Darstellung Teil der solipsistischen Erfahrung, was heißt, dass einerseits die ursprüngliche »Doppelempfindung«, das »Tastend-Getastete« (»je ein Tast-Aspekt des Gegenstandes wie andererseits eine Tastempfindung im Finger«) und andererseits der Aspekt der Sichtbarkeit als zusammengehörig präsentiert werden. Nachdem dadurch zumindest die Möglichkeit (»die *wesentliche* Möglichkeit«, schreibt Derrida) angezeigt wird, der angeblichen Unmittelbarkeit der Selbstaffektion die Charakteristika der von Husserl als vermittelt angesehenen Appräsentation und Einfühlung (Sichtbarkeit, Oberfläche) zuzuordnen, kann man sich fragen, warum dasjenige, was derart auf solipsistischer Ebene bereits »für mich selbst in Kompräsenz zusammengehörig gegeben« ist, erst *dann* in die Einfühlung übergeht und zunächst in unmittelbarer und reiner Gegenwärtigkeit begründet sein soll.
Daher Derridas Frage: »Muss nicht von Anfang an, von der derart unterstellten ›seelischen Aktinnerlichkeit‹ an, die Sichtbarkeit, das Dem-Draußen-Ausgesetzt- Sein, der appräsentative Umweg, das Eindringen des anderen usw. *schon* am Werk sein und dasjenige bedingen, zumindest mit-bedingen, wovon es abzuhängen und dem es zu folgen scheint? Und das innerhalb des Tastend-Getasteten (*touchant- touché*) als ›Doppelauffassung‹? Muss nicht der Eindringling (*intrus*) schon an der Stelle (*dans la place*) sein?«[60] Und weiter: »Wenn Husserl eine Grenze aufzustellen

---

58 Derrida, *Le toucher, Jean-Luc Nancy*, a.a.O., S. 204
59 Husserl, *Ideen II*, a.a.O., S. 165 f.
60 Derrida, *Le toucher, Jean-Luc Nancy*, a.a.O., S. 205

scheint zwischen einer reinen Selbstaffektion des eigenen Körpers in der ›Doppelauffassung‹ des Tastend-Getasteten und andererseits einer Hetero-Affektion des Sehens oder des Auges (das sich, wie man sich erinnert, nur in *indirekter* Weise sehen kann, mittels eines in seinen Wirkungen der Appräsentation der Augen eines anderen vergleichbaren Spiegels[61]), muss man dann nicht eher zwischen mehreren Typen von Auto-Hetero-Affektion unterscheiden, ohne jegliche reine, ganz eigene, unmittelbare, lebendige und psychische Selbstaffektion (*auto-affection*)?«[62]

Wahnsinn und Vernunft

Bevor wir darauf zurückkommen, wie die Wunder Schrebers »Herzgefühl« modifizieren, sind hier einige Überlegungen über seine Auffassung der Wunder im allgemeinen angebracht. Die Wunder betreffen nicht nur das Herz, sondern so gut wie alle Teile von Schrebers Körper: »Ich kann sagen, dass kaum ein einziges Glied oder Organ meines Körpers vorhanden ist, das nicht vorübergehend durch Wunder geschädigt worden wäre, keine einzige Muskel, an der nicht durch Wunder herumgezerrt würde, um sie je nach der Verschiedenheit des damit verfolgten Zweckes entweder in Bewegung zu setzen oder zu lähmen.«[63] Schreber stellt diese Wunder, die seinen Körper fremdem Einfluss aussetzen, als unzulässige Versuche dar, ihm Schaden zuzufügen: »An sich muss natürlich der ganze Zustand, wonach die Strahlen im wesentlichen nur dazu dienen, einem einzigen Menschen an seinem Körper Schaden zuzufügen oder demselben in betreff der Gegenstände, mit denen er sich beschäftigt, irgendwelchen Schabernack zu treiben – auch derartige harmlosere Wunder sind namentlich in neuerer Zeit häufig geworden – als ein weltordnungswidriger angesehen werden.«[64]

Selbst wenn Schreber die Unzulässigkeit dessen betont, was äußere Kräfte dem Eigenleben seines Körpers antun, kann man sich fragen, ob er nicht davon ausgeht, dass die Konstitution des Körpers auch im Normalfall, das heißt unter »weltordnungsmäßigen« Umständen, nicht ohne fremden Einfluss vor sich geht. Denn Schreber spricht neben den schädlichen Wirkungen der Strahlen auch von der Möglichkeit eines als positiv empfundenen fremden »Schaffens« bezüglich seines eigenen Körpers: »Die Strahlen haben die Aufgabe, etwas zu schaffen, nicht bloß zu zerstören oder kindische Spielereien zu treiben.« Deshalb muss dasjenige, »was unreine Strahlen zerstört oder geschädigt haben«, später von reinen Strahlen wieder

---

61 Vgl. Husserl, *Ideen II*, a.a.O. S., 148 (Fußnote)
62 Derrida, *Le toucher, Jean-Luc Nancy*, a.a.O., S. 206 f.
63 Schreber, *Denkwürdigkeiten*, a.a.O. S. 148
64 Ebd., S. 148 f.

aufgebaut oder geheilt werden.[65] Insofern Schreber vom »Schaffen« der Strahlen spricht, scheint er anzuerkennen, dass die Erfahrung insgesamt, d.h. auch diejenige des Eigenen, wie Heidegger sich Kant kommentierend ausdrückt, immer schon »in gewisser Weise ›schöpferisch‹ sein« muss.[66] Entsprechend einer seinem Diskurs eigenen Zwiespältigkeit zwischen Kenntnisnahme und Verkennung des Fremden, auf die wir zurückkommen werden, erscheinen Schreber allerdings lediglich jene schöpferischen Wirkungen der Strahlen akzeptabel, die einen sehr speziellen »weltordnungsmäßigen« Zweck verfolgen: »Am meisten erinnerten noch an weltordnungsmässige Verhältnisse diejenigen Wunder, die in irgendwelcher Beziehung zu einer an meinem Körper auszuführenden Entmannung zu stehen schienen.«[67] Ebenfalls im Sinn einer Wiederherstellung der Weltordnung ist zu verstehen, dass die reinen Strahlen die Aufsaugung von gewunderten Fäulniserscheinungen bewirken, weil es für Gott widerwärtig wäre, »sich von einem faulenden Körper anziehen lassen zu müssen«.[68] Was also von den reinen Strahlen *geschaffen* werden soll, ist nicht ein gewöhnlicher menschlicher Körper, sondern der neue und einzigartige verweiblichte Schrebersche Körper, der durch seine Vereinigung mit Gott wieder weltordnungsmäßige Zustände einzuführen imstande wäre. In diesem Sinn werden »Andeutungen einer wirklichen Einziehung des männlichen Gliedes«[69] als weltordnungsmäßiges Wunder begrüßt, während das Wegwundern anderer Organe unzulässig erscheint.[70]

Obwohl wir hier nur auf einzelne der von Schreber an seinem Körper gemachten Erfahrungen eingehen, kann man innerhalb der beschriebenen Wunder Unterschiede wahrnehmen. In Schrebers Darstellung gibt es einerseits solche Wunder, durch welche Teile des Körpers mechanischen oder chemischen Schaden erleiden (so z.B. werden die Rippenknochen zerschmettert, während die Schwingungsfähigkeit der Nerven durch ein »Intoxikationsgift« beeinträchtigt werden), und andererseits solche, welche die zeitweise Abwesenheit eines Organs oder dessen Ersetzung durch ein fremdes bewirken. Letzteres ist außer für das Herz auch für den Magen der Fall, welcher zeitweise durch einen »sehr minderwertigen sog. ›Judenmagen‹«

---

65 Ebd., S. 149
66 Heidegger, *Kant und das Problem der Metaphysik*, a.a.O., S. 44
67 Schreber, *Denkwürdigkeiten*, a.a.O., S. 49
68 Ebd., S. 154
69 Ebd., S. 149
70 Wobei freilich sowohl die Vorstellung des Zulässigen als auch diejenige des Unzulässigen gemeinsam an einem Wahn teilhaben, den Freud bekanntlich für einen »Heilungsversuch« gehalten hat (Freud, »Psychoanalytische Bemerkungen über einen autobiographisch beschriebenen Fall von Paranoia«, in *Gesammelte Werke*, Bd. VIII, S. 308), und sich insofern insgesamt in ein für die schließlich eintretende klinische Stabilisierung von Schrebers Zustand wesentliches Ordnungssystem einschreiben.

ersetzt wird.⁷¹ Wenn Schreber, wie man gesehen hat, schreibt, dass er am wenigsten bezüglich seines Herzens zu sagen hat, so lässt das an die besondere Stellung denken, die in Husserls Überlegungen das »Herzgefühl« einnimmt: Idee eines tief im Innern gelegenen Orts, der – im Einklang mit gängiger Metaphorik (»im Herzen von«) – als das Eigenste angesehen werden kann, sich aber gleichzeitig auch der für das Gefühl des Eigenen wesentlichen unmittelbaren (d.h. für Husserl: tastenden) Erfahrung (als »Doppelempfindung«) entzieht.⁷² Dass Schreber trotz seiner Gewissheit darüber, ein anderes Herz gehabt zu haben, am wenigsten über diesen Teil seines Körpers zu sagen hat, könnte mit der Tatsache in Zusammenhang gebracht werden, dass das Herz, im Gegensatz zum ebenfalls im Inneren gelegenen Magen (über dessen Ersetzung Schreber äußerst präzise Auskunft liefert: »Judenmagen«), keinerlei Verbindung mit dem Äußeren des Körpers eingeht und ihm somit im voraus notwendigerweise etwas Gespenstiges anhaftet.

Wie wir bereits gesehen haben, ist sich Schreber durchaus der Tatsache bewusst, dass demjenigen, was ihm zustößt, mit gängigen Anschauungen über das Verhältnis zwischen Wahrnehmung und Erkenntnis letztlich nicht Rechnung zu tragen ist. Um den Ton der Gewissheit zu rechtfertigen, in welchem er von Phänomenen spricht, welche normalerweise nicht unmittelbarer Erfahrung zugänglich sind, ist Schreber gezwungen, das Bestehen eines nur ihm selbst zur Verfügung stehenden Zusatzorgans zu behaupten, welches er als »geistiges Auge« bezeichnet: »Mit dem *leiblichen* Auge kann man natürlich *nicht* sehen, was im Inneren des eigenen Körpers und an gewissen Teilen der Außenfläche, z.B. auf dem Kopfe oder auf dem Rücken vorgeht, wohl aber *mit dem geistigen Auge*, sofern – wie bei mir – die hierzu erforderliche Beleuchtung des inneren Nervensystems durch Strahlen geliefert wird.«⁷³

Man sieht, dass dieses zusätzliche Sinnesorgan – zumindest bei »Beleuchtung durch Strahlen« – eine zweifache Überschreitung in Bezug auf den als normal angesehenen Bereich der Erfahrung gestattet. Diese Überschreitung betrifft einerseits

---

71 Schreber, *Denkwürdigkeiten*, a.a.O., S. 151
72 Obwohl das Herz nicht wirklich (z.B. mit dem Finger) berührt werden kann, trifft mich dasjenige, was mich »wirklich« (»zutiefst«) berührt, immer »im Herzen«. Was heißt, dass *nur* das Herz und nichts anderes wirklich berührt werden kann; und dass solche Berührung immer auf dem un-möglichen Kontakt mit »Unberührbarem« oder »Unantastbarem« beruht. Insofern solches »wirkliche« Berühren mich überwältigt, ist das dadurch betroffene Herz »*immer* das Herz des anderen« (vgl. Derrida, *Le toucher, Jean-Luc Nancy*, a.a.O., S. 308).
73 Schreber, *Denkwürdigkeiten*, a.a.O., S. 157. – Schreber kommt mehrmals auf dieses »geistige Auge« zurück (ebd., S. 110, 123, 136, 137 f.), wobei aus einer seiner Bemerkungen hervorgeht, dass weltliche Auftritte überirdischer Wesen mit dem *leiblichen* Auge wahrgenommen werden. An einem bestimmten Tag sieht Schreber »den oberen Gott (Ormuzd), diesmal nicht mit meinem geistigen Auge, sondern mit meinem leiblichen Auge. Es war die Sonne, aber nicht die Sonne in ihrer gewöhnlichen, allen Menschen bekannten Erscheinung, sondern umflossen von einem silberglänzenden Strahlenmeer […]« (ebd., S. 137 f.).

dasjenige, was zwar prinzipiell sichtbar ist, jedoch aufgrund desjenigen, was man mit Husserl als »merkwürdig unvollkommene« Konstituierung des eigenen Körper bezeichnen kann[74], normalerweise dem Sehen nur durch technische Hilfsmittel (einen Spiegel zum Beispiel) zugänglich gemacht werden kann: Schrebers »geistiges Auge« sieht noch sich der unmittelbaren visuellen Erfahrung entziehende Körperteile wie den eigenen Kopf oder den eigenen Rücken. Darüber hinaus gestattet dieses »geistige Auge« jedoch auch, die am eigenen Körper ohne den Eingriff aufwendiger technischer Apparate niemals sichtbaren inneren Organe unmittelbar wahrzunehmen. Eindrucksvoll ist die Tatsache, dass Schreber einerseits mit *Fremdem* im Bereiche des *Eigenen* konfrontiert ist, andererseits aber diesen ihm eröffneten Zugang zu Fremdem nur durch ein *unmittelbare* (d.h. letztlich keinerlei *fremdes* technisches Eingreifen erfordernde) Erfahrung ermöglichendes Zusatzorgan zu erklären vermag.

Diese bereits erwähnte Zwiespältigkeit der Einstellung zu Fremdem stellt das Eigenartige an Schrebers Erfahrung dar. Seine Körpergefühle konfrontieren Schreber in brutaler Weise mit jener Heterogenität, die, wie Derrida es betont, in der Erfahrung des Eigenen immer schon implizit hat mitwirken müssen. Damit stellen Schrebers wahnhafte Behauptungen eine Herausforderung sowohl in Bezug auf die normale Erfahrung als auch auf die mit dieser in gewisser Weise im Einklang stehende metaphysische Sichtweise dar. Gleichzeitig zeigt die Art, wie Schreber – jetzt im Einverständnis mit der gängigen psychiatrischen und philosophischen Auffassung – seine eigenen körperlichen Erlebnisse interpretiert, trotz der unbestreitbaren Feinheit seiner Erwägungen, dass solche Heterogenität für ihn buchstäblich unvorstellbar ist.

Im psychiatrischen Denken (das seinerseits der metaphysischen Tradition verpflichtet ist) wird der Eindruck der Fremdheit (z.B. im Bereich der Erfahrung des eigenen Körpers) als Phänomen betrachtet, das sich von *außen* her (in Jaspers' Terminologie: als Folge eines grundsätzlich fremden Krankheitsprozesses) dem eventuell noch normalen Bereich des Seelenlebens aufdrängt, während normalerweise das Eigene aufgrund der Möglichkeit unmittelbaren Zugangs zu ihm als Eigenes erkannt würde. Sowohl für den psychiatrischen Diskurs als auch für Schreber (speziell wenn man sich an die von ihm in der eingangs zitierten Fußnote ausgedrückte Auffassung hält) hat das Fremde keinen Platz in der Erfahrung des Eigenen. Obwohl wir diese Auffassung in Frage stellen, wäre es freilich absurd, das Pathologische von Schrebers Erfahrung (von der im Haupttext berichtet wird) zu verkennen. Deshalb müssen wir hier einen anderen Weg einschlagen.

Falls, wie Derrida meint, die Möglichkeit der »Lokalisation« und der »Doppelauffassung« von dem Bestehen ursprünglicher Heterogenität abhängt, so müsste die

---

74 Husserl, *Ideen II*, a.a.O., S. 159.

normale Köpererfahrung, in der mir mein Körper tatsächlich nicht als fremd erscheint, von der nachträglichen Auslöschung solcher Heterogenität abhängen.[75] Und wir würden im weiteren annehmen, dass die pathologische, speziell psychotische Körpererfahrung, entweder mit einem Ausbleiben der Anerkennung oder mit einem Versagen der Auslöschung solcher Heterogenität zu tun haben muss. Der die Normalität auszeichnende Eindruck der Reinheit von Selbstaffektion (»mein Körper gehört mir und ist mir nicht fremd«; und im weiteren: »meine Gedanken sind meine eigenen Gedanken«) bricht in der Psychose zusammen und lässt die »Wahrheit«[76] der prinzipiellen Unmöglichkeit solcher Reinheit in Erscheinung treten. Schreber kann sich dasjenige, was am Leib immer auch Körper ist, nicht *wieder*aneignen, woraus folgt, dass ihm Teile seines Körpers als fremdes Ding erscheinen, das »nicht seine Sache« ist (im Sinne von Husserls oben zitierter Formel: »was Sache des materiellen Dinges ist, ist seine und nicht meine Sache«[77]). Gleichzeitig geht aber diese Erfahrung nicht mit einer Anerkennung der Notwendigkeit von Heterogenität einher, sondern scheint im Gegenteil von einer radikalen Unmöglichkeit herzustammen, mit Fremdem umzugehen.

Schrebers Behauptung »ein anderes Herz« gehabt zu haben, erscheint so betrachtet gleichzeitig verrückt und wahrhaft. Schreber kann - im Gegensatz zu »normalen« Menschen - nicht vergessen, dass sein Körper, bevor er noch sein eigener hätte werden können, ein fremder gewesen sein muss. Um sagen zu können: »Das ist mein Leib«, um zwischen Ich und Nicht-Ich unterscheiden zu können, muss es schon einen Umweg über Fremdes gegeben haben - der Raum des materiellen Dings, die Heterogenität hat sich schon als Differenz in die scheinbare Einheitlichkeit des Körpergefühls eingeschlichen.[78] Insofern enthält Schrebers Verrücktheit eine »Wahrheit«, die er jedoch gleichzeitig nicht anzuerkennen vermag. Andererseits ist seine Idee, dass es nichts »Gewisseres für den Menschen geben« kann »als das, was er an seinem eigenen Körper erlebt und empfindet«, im gängigen Sinn vernünftig und gleichzeitig »unwahrhaft«. Falls man mit Derrida annimmt, dass so-

---

75 Bezüglich solcher Auslöschung (*effacement*) auf der Ebene des Phänomens der Stimme, vgl. Derrida, *La voix et le phénomène*, a.a.O., speziell S. 57.
76 Ich folge hier Derridas Gebrauch des Ausdrucks »Wahrheit« in seinen Bemerkungen über Antonin Artaud: »Artaud sagt die Wahrheit. Vermittels der Passion oder der Pathologie, die sein Leiden ihm auferlegt, stellt sich in *seinem Namen* seine Wahrheit dar, die Wahrheit der Wahrheit, nämlich, dass jedes ›Ich‹ in seinem Eigennamen zu dieser familialen Enteignung des Neugeborenen *berufen* ist, dass es durch diese Enteignung, diesen Betrug, diese Verwirkung konstituiert, ja eigentlich gebildet wird, wenn eine Familie schlicht und einfach ein Kind anmeldet und ihm seinen Namen gibt, anders gesagt ihm seinen Namen nimmt.« (Derrida, »Forcener le subjectile«, in Derrida und Thevenin, *Antonin Artaud*, Paris, 1986, S. 72, dt. »Das Subjektil ent-sinnen«, in *Antonin Artaud. Zeichnungen und Porträts*, München, 1986, S. 72). Vgl. auch Jacob Rogozinski, »J'ai toujours su que j'étais Artaud le mort«, in *europe*, Nr. 873-874 (2002) S. 92 ff.
77 Husserl, *Ideen II*, a.a.O., S. 150
78 Derrida, *Le toucher, Jean-Luc Nancy*, a.a.O., S. 200

wohl eigene als auch fremde Köpererfahrung immer schon »Appräsentation« und »Einfühlung« impliziert, so kann auf einer bestimmen Stufe zumindest das eigene Körpererlebnis sich nicht einfach durch Unmittelbarkeit der Erfahrung bestimmen lassen. Das nicht psychotische, d. h. »normale« Verhältnis zum Körper, muss also mit der nachträglich vergessenen (»verdrängten«) Anerkennung der Fremdheit zusammenhängen, die Bedingung des Gefühls des Eigenen wäre. Umgekehrt würde der künftig Verrückte (aufgrund der »Verwerfung« der Bedingungen solcher Anerkennung)[79] absolut an die Möglichkeit unmittelbarer Erfahrung des Eigenen glauben und dadurch umso radikaler Phänomenen von dessen Fremd-Werden ausgesetzt sein.

---

79 Die hier angedeutete Unterscheidung zwischen »Verdrängung« und »Verwerfung« geht freilich auf Lacans Freud-Lektüre (vgl. Lacan, »D'une question préliminaire à tout traitement possible de la psychose«, in *Ecrits*, Paris, Seuil, 1966, S. 531 ff., dt. in *Schriften II*, Olten, Walter, 1975, S. 61 ff.) zurück.

Wahnsinn und Werkabwesenheit

> ...combien la mort est présente dans l'œuvre parle jeu
> des dédoublements et des répétitions du langage.¹

Verrückte und Künstler

Geht man davon aus, dass es ein Verhältnis zwischen Wahnsinn und Kunst gibt, so muss man zunächst einmal betonen, worin es *nicht* besteht – nämlich nicht darin, dass Dichter, wie man gerne sagt, immer ein wenig verrückt sind und Geisteskranke oft etwas vor sich hinkritzeln, das dann möglicherweise Ähnlichkeiten mit »moderner« oder »primitiver« Kunst aufweist. Eine solche Sehweise hat sich als unergiebig erwiesen.²
Die folgenden Überlegungen nehmen einige Formeln aus Texten von Michel Foucault aus den sechziger Jahren zum Ausgangspunkt; speziell eine, die man in der monumentalen *Geschichte des Wahnsinns* findet und die zunächst rätselhaft erscheint.³ Im französischen Original lautet sie: *La folie, c'est l'absence d'œuvre.*⁴ Die deutsche Übersetzung gab das zunächst eher eigenartig wieder durch: »Der Wahnsinn ist das Fehlen einer Arbeit«⁵. Das hört sich, weil man unwillkürlich gleich an

---

1 Michel Foucault, *Raymond Roussel*, Paris, 1963, S. 202
2 Deleuze (*La logique du sens*, Paris, 1969, S. 101) spricht von einer »grotesken Trinität des Kindes, des Dichters und des Wahnsinnigen«.
3 Foucault selbst hat gesagt, dass er diesen Satz zunächst »ein bisschen blindlings« hervorgebracht habe (vgl. Didier Eribon, *Michel Foucault*, Paris, 1989, S. 137).
4 Foucault, »Préface«, in *Dits et écrits*, Bd. I, Paris, 1994, S. 162
5 Ders., *Wahnsinn und Gesellschaft*, Frankfurt am Main, 1969, S. 11

Arbeitslosigkeit denkt, etwas komisch an. Der Übersetzer hat das eingesehen und später stattdessen vorgeschlagen: »Der Wahnsinn ist das Fehlen eines Werks«[6], was schon besser ist. Ich ziehe, um das Formelhafte von Foucaults Satz zu unterstreichen, vor: »Wahnsinn ist Werkabwesenheit.« Die Frage ist natürlich, was das heißen soll, und zwar insofern, als der Satz ja anscheinend der Erfahrung widerspricht – es gibt ungeheuer viele Verrückte, die Texte oder Objekte produzieren und somit, würde man meinen, ein Werk besitzen.

Deshalb ist es gut, den Kontext zu untersuchen, in welchem die Formel, die dann später von Foucault selbst immer wieder neu kommentiert worden ist, zum ersten Mal auftaucht – nämlich als Antwort auf eine Frage: »Was ist also der Wahnsinn in seiner allgemeinsten, aber konkretesten Form für denjenigen, der von Anfang an jede Ingriffnahme des Wahnsinns durch das Wissen ablehnt?« Es geht also darum, über den Wahnsinn so zu sprechen, als ob es das psychiatrische Wissen, das Produkt der Vernunft (oder einer bestimmten Art von Vernunft) ist, nicht gäbe – was natürlich fast unmöglich ist, weil wir diese Vernunft sozusagen immer schon bewohnen. Trotz dieser Quasi-Unmöglichkeit will die Formel den Ausschluss des Wahnsinns so sagen, wie wenn der Ausschluss, der dann den Wahnsinn zum Schweigen bringen wird, noch nicht stattgefunden hätte, oder gerade erst stattfinden würde.[7]

Indem man sagt, dass »Wahnsinn zweifelsohne nichts anderes als *Werkabwesenheit* ist«, würde man also – trotz dessen, was geschehen ist – sagen, was Wahnsinn ist. Wenn man dann, wie Foucault es tut, sagt, dass der Wahnsinn aus der Geschichte (aus dem »großen Werk der Weltgeschichte«[8]) ausgeschaltet worden ist, so sagt man, dass die Werkabwesenheit, welche der Wahnsinn ist, nicht am Werk der Geschichte teilnehmen hat sollen – »das große Werk der Weltgeschichte wird unaussprechlich von einer Werkabwesenheit begleitet [...]«. Keine Geschichte ohne den Ausschluss des Wahnsinns und keine Geschichte, die nicht von der schweigenden Gegenwart dessen begleitet würde, was sie verwirft. Der moderne,

---

6 Anmerkung des Übersetzers Ulrich Köppen, in Derrida, »Cogito und Geschichte des Wahnsinns«, in *Die Schrift und die Differenz*, Frankfurt/Main, 1972, S. 87; dort auch ein Hinweis auf den früheren Übersetzungsfehler unter Berufung auf: Foucault, *L'archéologie du savoir*, Paris, 1969, S. 33 f.

7 In seinem Kommentar von Foucaults Diktum geht Derrida (»Cogito et histoire de la folie«, in *L'écriture et la différence*, Paris, 1967, S. 83, dt. in *Die Schrift und die Differenz*, a.a.O., S. 87) von einer noch allgemeineren Bedeutung des Ausdrucks »Werk« aus: »Nun beginnt das Werk mit dem elementarsten Diskurs, mit der ersten Artikulation eines Sinnes, mit dem *Satz* [...]. Der Satz ist seinem Wesen nach normal.« Das heißt, dass Diskurs als solcher auf einem Ausschluss des Wahnsinns beruht, was folglich auch für den Fall gilt, wo dieser Diskurs – wie bei Foucault – diesen Ausschluss nicht nur beschreibt, sondern auch verurteilt. Daher die seltsame Stellung von Foucaults Arbeit, die – gemäss Derridas Lektüre – »eine mächtige Schutzgeste« und eine »Geste des Einschließens« darstellt (ebd. S. 85, dt. S. 88).

8 Foucault, »Préface«, a.a.O., S. 163, dt. S. 12 (Übersetzung modifiziert).

durch das psychiatrische Wissen vollzogene Ausschluss stelle einen zusätzlichen Schritt dar: Der bis dahin bestehende Dialog Wahnsinn-Vernunft breche ab diesem Zeitpunkt endgültig ab.
Aber das ist nicht der einzige Sinn der Formel – es geht nicht nur um das »große Werk der Weltgeschichte«, dem man die »Werkabwesenheit« des Wahnsinns »in seiner allgemeinsten Form« gegenüberstellt, sondern auch um die Schöpfungen der einzelnen. Wesentlich ist nun, dass für Foucault die »Werkabwesenheit«, die immer schon den Wahnsinn betroffen hat, auch für eine gewisse Art von zeitgenössischer Literatur zutrifft. Es würde also, jenseits aller Unterschiede, etwas Gemeinsames zwischen Wahnsinn und Literatur geben. Gemeint ist, dass die gängige Vorstellung wonach ein Künstler ein Werk »hat«, das ihm »gehört« und mittels dessen er sich »ausdrückt«[9], einer späten historischen Bildung entspricht, die ihrem Ende zugeht[10] – die Epoche, welche die harmonische Einheit von Leben und Werk als Ideal angesehen hat, ist vorbei.[11] Insofern würde es »Werkabwesenheit« – das heißt das Fehlen eines Produkts, das denjenigen, der es produziert hat, *repräsentiert* – sowohl im Wahnsinn als auch in einer gewissen Art von Literatur geben. Unabhängig davon ob ein Autor wahnsinnig ist oder nicht, wird dadurch eine Nachbarschaft zwischen dem Wahnsinn und zumindest einem Teil der Literatur hergestellt.
Der Ausdruck Werkabwesenheit wirft freilich sogleich die Frage auf, worin dasjenige besteht, was von Künstlern oder Wahnsinnigen nichtsdestoweniger produziert wird. Bei der Einschätzung dieser dem Ideal der Harmonie sich widersetzenden Produkte steht Foucault zweifellos unter dem Einfluss des Dichters und Literaturtheoretikers Maurice Blanchot[12], der zum Beispiel geschrieben hat, dass »jegliche Kunst ihren Ursprung in einem außerordentlichen Mangel hat«, und dass »jegliches Werk das Ins-Werk-Setzen dieses ursprünglichen Mangels darstellt«[13] – wobei er unter anderem an Musil gedacht hat, an die »Tiefe seines Scheiterns«[14]. Diese »Tiefe« hätte darin bestanden, dass Musil auf eine *grundsätzliche* Unmöglichkeit gestoßen ist, sein Romanwerk abzuschließen.[15]

---

9 Ders., *L'archéologie du savoir*, a.a.O., S. 35
10 Man könnte die Werkabwesenheit der Modernen mit Hegels Idee vom »Vergangenheitscharakter von Kunst« in Zusammenhang bringen (über diesen Aspekt von Hegels Ästhetik, vgl. mein *Das Andere im Gleichen*, Stuttgart, 1999, Kapitel I.3).
11 Vgl. Frédéric Gros, »Littérature et folie«, *Magazine littéraire*, Nr. 325, S. 46
12 »Damals habe ich davon geträumt, Blanchot zu sein«, hat Foucault bezüglich der fünfziger Jahre gesagt (Eribon, *Michel Foucault*, a.a.O., S. 79).
13 Blanchot, *Le livre à venir*, Paris, 1959, S. 148
14 Ebd., 184. – Blanchot war von Foucaults Arbeiten so beeindruckt, dass er in *L'entretien infini* (Paris, 1969, S. 296 f.) die Formel Foucaults über die Werkabwesenheit wörtlich aufgreift.
15 Solches Scheitern ist zu unterscheiden von der Funktion des Fragments, das in metonymischer Weise auf phantasmatische Vollständigkeit verweist. – Dass es um *grundsätzliches* Scheitern geht,

Zurück zu Foucault. Was ihn interessiert, wenn er von Werken spricht, die sich paradoxerweise durch »Werkabwesenheit« auszeichnen, ist eine Art von innerer Unmöglichkeit oder »Abschaffung« (*abolition*).¹⁶ Ausgangspunkt dieser Auffassung ist die Behauptung einer grundsätzlichen Unverträglichkeit von Sprache und Leben¹⁷ – sobald es Sprache gibt, gibt es nur mehr Wiederholung, das heißt Tod. Das Leben ist das absolut Andere der immer Identität erzeugenden Sprache. Leben ist das mit Sprache nicht Identische, das sie nur als tot, als Kadaver transportieren kann. Insofern wäre Sprechen, ob wir es wollen oder nicht, immer schon zum Scheitern verurteilt.

Von dieser mörderischen Wirkung der Identität her lässt sich aber eine Gleichung erzeugen, welche die Wahrheit der Tödlichkeit des Gleichen zu sagen imstande ist. Wenn Sprechen als solches am Leben scheitert, so soll das Werk durch seinen eigenen inneren Zusammenbruch die Notwendigkeit dieses Scheiterns sagen. Neue Selbigkeit, die einzig glaubwürdige: Der Zusammenbruch des Werks, das damit aufhört Werk zu sein, wiederholt den Zusammenbruch des Lebens durch Sprechen überhaupt und sagt in dieser Wiederholung die Wahrheit dieser Tödlichkeit. Das »Rätsel des Selben, in welchem das Werk sich trifft mit demjenigen, was es nicht ist« – das Gesprochene mit der Welt oder dem Leben; mit dem, wovon es sprechen soll oder mit dem, der sprechen will – »findet Platz in demjenigen, was im Herzen dieses Werks seinen Untergang besiegelt. Nur von der Grenze des Werks her sprechen das Werk und das *Andere-als-das-Werk* vom *Selben* und in der *selben* Sprache.«¹⁸

---

zeigt sich auch darin, dass in jenen Werken tatsächlich Verrückter, die in die allgemeine Kultur Eingang finden (Hölderlin, Nietzsche, Artaud), der Wahnsinn kein Randphänomen darstellt, sondern das Wesentliche des Werks (vgl. Foucault, *Histoire de la folie* (1961), Paris, 1972, S. 555).

16 Foucault, *Histoire de la folie*, a.a.O., S. 556; was übrigens an fast gleichzeitig (1964) entstandene Formulierungen Adornos über Hölderlins Gedichte denken lässt: »konstitutiv unvollendbar«, »Zeugnisse einer Unmöglichkeit im Innersten« (»Parataxis«, in *Noten zur Literatur*, Frankfurt/Main, 1981, S. 480). In seiner 1949 zum ersten Mal veröffentlichten *Philosophie der neuen Musik* (Frankfurt am Main, 1978, S. 37) schreibt Adorno: »Die einzigen Werke heute, die zählen, sind die, welche keine Werke mehr sind.« – Über Foucaluts späte Begegnung mit der Frankfurter Schule, vgl., »Entretien avec Michel Foucault«, in Michael Foucault, *Dits et écrits*, Bd. IV, Paris, 1994, S. 72 ff.

17 Die Vorstellung des Verlusts des Lebens, muss man aber hier hinzufügen, kann sich immer nur nachträglich herstellen: » […] Verlust des Eigenen, der absoluten Nähe […], in Wahrheit Verlust dessen, was niemals stattgefunden hat […]« (Derrida, *De la Grammatologie*, Paris, 1967, S. 164 f.). Eine solche Auffassung der Zeitlichkeit unterscheidet sich, trotz einer gewissen Ähnlichkeit, von demjenigen, was Lacan in den fünfziger Jahren als »Mord des Dinges« bezeichnet (Lacan, »Fonction et champ de la parole et du langage en psychanalyse« (1953), in *Ecrits*, Paris, 1966, S. 319, dt. in *Schriften I*, S. 166 (Übersetzung modifiziert)).

18 Foucault, «Le ›non‹ du père« (1962), in *Dits et écrits*, Bd. I, a.a.O., S. 198. – »Im Glück des Werks, am Rand seiner Sprache, taucht, um sie zum Schweigen zu bringen und sie zu vollenden (*achever*),

In den Texten Foucaults aus der gleichen Zeit findet man eine andere wichtige Formulierung, die ebenfalls gleichzeitig den Wahnsinn und die Literatur betrifft – beide, sagt er, sind »radikale Spracherfahrung«[19]. In gewisser Weise ist die radikale Spracherfahrung die Bedingung der Werkabwesenheit. Die Spracherfahrung »macht das Werk unmöglich im Augenblick selbst, wo es sich schreibt«, sagt ein Kommentator Foucaults.[20]

Sprache und Tod

Wir haben gesagt – »sobald es Sprache gibt, gibt es nur mehr Wiederholung, das heißt Tod«. Meine Worte gehören nicht mir, sie waren schon vor mir da, und ich kann sie nur mehr wiederholen. Um es in Derridas Worten zu sagen, die hier – trotz der zum gleichen Zeitpunkt auftauchenden Unterschiede – Foucaults Denken nahe stehen: »Das gesprochene Wort ist gestohlen: der Sprache gestohlen, daher ist das gesprochene Wort zugleich sein eigener Diebstahl; das heißt, es ist dem Dieb gestohlen, der immer schon Eigentum und Initiative über es verloren hat.«[21] Unerträgliche Wahrheit[22], die wir in gewisser Weise vergessen müssen, um leben zu können. Dasjenige, was Foucault »radikale Spracherfahrung« nennt, welche nicht nur eine gewisse Literatur, sondern auch den Wahnsinn auszeichnet, hängt damit

---

jene Grenze auf, die das Werk selbst gegenüber all dem, was nicht es war, immer schon war.« Nur das Vorschreiten zu Schweigen und Selbstzerstörung würde es dem Werk erlauben, die Grenze zu verinnerlichen, welche es als solches von all dem trennt, was nicht Repräsentation wäre. – Bezüglich Heideggers Nietzsche-Lektüre zeigt Lacoue-Labarthe, dass Berufung auf Werkabwesenheit allerdings auch dem Versuch entsprechen kann, im Namen des gesprochenen Wortes einer gewissen »Bedrohung der Schrift« und letztlich auch des Wahnsinns zu entgehen. Wenn Nietzsche schließlich kein abgeschlossenes Werk mehr liefert, so würde das daran liegen, meint Heidegger, dass im Geschriebenen der Schrei leicht erstickt und das mit dem Schrei in Zusammenhang gebrachte Gedachte verschwindet (vgl. Heidegger, *Was heißt Denken?*, Tübingen, 1961, S. 20; und Philippe Lacoue-Labarthe, »L'oblitération«, in *Le sujet de la philosophie*, Paris, 1979, speziell S. 152-184).
19 Foucault, *Raymond Roussel*, a.a.O., S. 205. – Formalismus dieser Analogie: sowohl im Wahnsinn als auch in der Literatur (»seit Mallarmé«) geht es um »eine Sprache (*langage*), deren Sprechen (*parole*) [...] das Sprachsystem (*langue*) aussagt, die es als Sprechen entzifferbar macht« (»La folie, l'absence d'œuvre« (1964), in *Dits et écrits*, Bd. I, a.a.O., S. 418). Wiederum nicht unähnlich spricht Adorno (»Parataxis«, a.a.O., S. 479) bezüglich Hölderlin von der »höchst modernen Schwierigkeit artikulierter Konstruktion unter Verzicht auf vorgegebene Schemata«.
20 Frédéric Gros, *Foucault et la folie*, Paris, 1997, S. 107
21 Derrida, »La parole soufflée«, in *L'écriture et la différence*, a.a.O., S. 265, dt. »Die soufflierte Rede«, in *Die Schrift und die Differenz*, a.a.O., S. 272
22 »Wahrheit der Wahrheit«, d.h. dessen, was wir üblicherweise unter Wahrheit verstehen (vgl. Derrida, »Forcener le subjectile«, in Derrida und Thevenin, *Antonin Artaud*, Paris, 1986, S. 72, dt. »Das Subjektil ent-sinnen«, in *Antonin Artaud. Zeichnungen und Porträts*, München, 1986, S. 72).

zusammen. Es gibt Menschen, die nicht vergessen können, dass die Worte nicht ihnen gehören, und eben deshalb verrückt sind.
Das ist eine sehr grobe Behauptung, die aber durchaus imstande ist, klinische Phänomene zu erklären. Unter diesen Phänomenen gibt es eines, auf das ich kurz eingehen möchte, die sogenannte *Echolalie*. Es handelt sich darum, dass Kranke in sehr befremdender Weise die Worte wiederholen, die sie gerade gehört haben. Im Autismus kann das z.b. dazu führen, dass ein Kind, wenn man ihm sagt: »Was machst du da?«, ganz einfach den gehörten Satz wiederholt: »Was machst du da?«. Darüber hinaus gibt es dasjenige, was der Erstbeschreiber des Autismus, Leo Kanner, als *delayed echolalia* (aufgeschobene Echolalie) bezeichnet hat. Autisten, die spontan überhaupt nicht sprechen, können unerwarteterweise lange Passagen herunterleiern, die sie früher irgendwo gehört haben und manchmal entfernt zu der jeweils bestehenden Situation passen. Ein autistisches Kind reproduziert zum Beispiel plötzlich englischsprachige Sätze, die es im Kabelfernsehen gehört hat; akzentfrei und zugleich manieristisch verzerrt, was den ganzen Akt ironisch erscheinen lässt. Fügen wir noch hinzu, dass – soweit man es beurteilen kann – *alles*, was bestimmte Autisten sagen, unter die Kategorie der *delayed echolalia* zu fallen scheint. Was dann heißt, dass sie sich beim Sprechen darauf beschränken, vor ihnen schon von anderen zusammengefügte Wortreihen zu reproduzieren.[23]
Es gibt also Menschen, die für gewöhnlich überhaupt nicht sprechen und dann dennoch einen Augenblick lang zeigen, dass sie das Sprechen technisch vollständig beherrschen. Das Interessante ist aber hier, dass ihr isolierter Sprechakt sich genau auf dasjenige beschränkt, was wir als die tödliche Seite der Sprache bezeichnet haben, das heißt auf die Wiederholung von schon Gesagtem. Während beim »normalen« Sprechen vorgefundene *Worte* reproduziert und jeweils neu zusammengefügt werden, reproduzieren Autisten vorgefundene *Wortketten*. Die meisten Autoren fassen dieses seltsame Phänomen als Zeichen eines psychischen Defekts auf.[24] Als Psychoanalytiker neige ich eher dazu, hier die Auswirkungen irgendeiner Art von radikaler Weigerung zu vermuten. Autisten können – im Gegensatz zu »normalen« Sprechern – nicht vergessen, dass die Worte nicht ihnen gehören und erinnern uns in unerträglicher Weise an diese Wahrheit. Statt zu sprechen, beschränken sie sich darauf, zu zeigen, dass Sprache immer Wiederholung und Tod mit sich bringt.

---

23 Lacan spricht bezüglich der Psychosen vom Bestehen von »Holophrasen« auf der Ebene der »ursprünglichen Signifikantenkette« (Lacan, *Les quatre concepts fondamentaux de la psychanalyse*, Paris, 1973, S. 215, dt. *Die vier Grundkonzepte der Psychoanalyse*, Olten, 1978, S. 249 f.). – Eine interessante, allerdings dann theoretisch etwas naiv ausgelegte Beschreibung autistischen Sprachgebrauchs (»Posen«) findet man in Donna Williams, *Somebody Somewhere*, London and Philadelphia, 1999, S. 174 ff.
24 Vgl. z.B. Uta Frith, *Autism. Explaining the Enigma*, Malden (Mass.), 1999, S. 123-125

Freilich manifestiert sich die radikale Spracherfahrung des Wahnsinns nicht immer in Form von Echolalie, aber es scheint mir, dass immer ein Zusammenhang mit der Frage der Wiederholung besteht. Falls man eine allgemeingültige Formel sucht, könnte man vielleicht sagen, dass Wahnsinn immer mit demjenigen zusammenhängt, was Derrida über den verrückten Dichter Antonin Artaud gesagt hat – »*Artaud wollte die Wiederholung überhaupt tilgen*«[25]; oder genauer: mit einer Art von Ratlosigkeit angesichts der Wiederholung, die Artaud dazu bringt, sie tilgen zu wollen. Unabhängig davon, ob die Wiederholung *gezeigt* oder *getilgt* wird, würde der Wahnsinn immer auf einer Weigerung beruhen, der Verschränkung von Sprache und Tod zuzustimmen und sie damit auch glücklich zu vergessen.[26] Verrückte wollen nicht anerkennen, dass es, sobald es Sprache gibt, nur mehr ein indirektes Verhältnis zur Singularität des Ereignisses oder zur Einzigkeit des Lebens geben kann.[27]

Falls, wie Foucault es behauptet, sowohl »Werkabwesenheit« als auch »radikale Spracherfahrung« gleichzeitig Wahnsinn und Kunst betreffen, so muss das auch für das Phänomen der Wiederholung gelten.[28] Interessant ist in diesem Zusammenhang ein Gespräch, das 1961 zwischen dem Kunsthistoriker Leo Steinberg und den beiden Malern Rauschenberg und Jasper Johns stattgefunden hat. Es geht um

---

25 Derrida, »Le théâtre de la cruauté et la clôture de la représentation«, in *L'écriture et la différence*, a.a.O., S. 361, dt. S. 372. – Wie Derrida zeigt, findet man bei Artaud eine antimetaphysische, gegen die Repräsentation gerichtete Geste, die ihn nicht daran hindert, zugleich in eine andere Metaphysik zu verfallen – »Metaphysik des Lebens« (»La parole soufflée«, in *L'écriture et la différence*, a.a.O., S. 266, dt. S. 273), die eben darin besteht, zu glauben, dass Sprechen ohne Wiederholung möglich wäre.

26 Das von Schreber beschriebene »Aufschreibesystem« erlaubt den Stimmen, ihm vorzuwerfen, einen Gedanken schon gehabt zu haben (»hammirschon«) (Daniel Paul Schreber, *Denkwürdigkeiten eines Nervenkranken*, Leipzig, 1903, 130 ff.). Könnte man nicht sagen, dass die paranoische Systematisierung sich durch das sekundäre Wiedereignen der Wiederholung auszeichnet, die zunächst grundsätzlich rätselhaft erscheint? Daraus würde sich erklären, warum die Stimmen Schreber die sprachliche Wiederholung *vorwerfen*, von der er selbst sagt, dass er sie als etwas Unvermeidliches Normales ansieht.

27 In Foucaults Texten figuriert die Geburt als Symbol des der Sprache unzugänglichen Ereignisses. Wenn die Worte meinen, an die Geburt herangekommen zu sein, bringen sie an diesen leeren Ort »nichts anderes als dasjenige, was sich zur Wiederholung anbietet, das heißt das im Tod wiederholte Leben« (Foucault, *Raymond Roussel*, a.a.O., S. 204).

28 Man könnte das Naheverhältnis von Wahnsinn und Literatur folgendermaßen formulieren: Sowohl für den Wahnsinnigen als auch für den Dichter gibt es ein »Rätsel des Gleichen« (Foucault, »Le ›non‹ du père«, a.a.O., S. 198 und 202). Die Gewalt, von der die Konstituierung des Gleichen abhängt, löscht sich nicht aus, wie es normalerweise der Fall ist. Von hier aus stellt sich eine Beziehung zwischen den beiden hier kommentierten Formeln her: Es gibt »Werkabwesenheit« insofern die »radikale Spracherfahrung« von der Weigerung oder Unmöglichkeit abhängt, das Rätselhafte der Wiederholung zu übersehen. – Das Problematische des »psychobiographischen« Vorgehens besteht für Foucault darin, dass man nur durch die Verleugnung dieses Rätsels »so leicht« (ebd., S. 195) finden kann, was »das Gleiche« in Werk und Leben wäre.

das Problem, vor dem sich junge Maler finden, die bemerken, dass sie etwas machen, was vor ihnen schon jemand anderer gemacht hat. Jasper Johns sagt, dass man, wenn es dazu kommt, eben einfach die Richtung ändern und etwas anderes machen soll. Überraschenderweise entgegnet daraufhin Rauschenberg: »Siehst du, du willst nicht stören« (*You see, you don't want to disturb*)[29]. Zwei Lektüren dieser rätselhaften Aussage bieten sich an. Erste Lektüre: Rauschenberg meint, dass das Neue zumindest in der Kunst schon deshalb niemals etwas völlig Unerhörtes sein kann, weil es genau dasjenige ist, was man vom Künstler erwartet – es taucht notwendigerweise bereits innerhalb dessen auf, was man als »Erwartungshorizont« bezeichnen kann. Zweite Lektüre (nicht unbedingt unverträglich mit der ersten): Kunst, wie jegliche andere diskursive Tätigkeit, kann der notwendigen Gleichzeitigkeit von Wiederholung und Wunsch nach Singularität nicht entgehen. Entsprechend der Möglichkeit einer solchen Umkehrung – das Neue erscheint wie ein alter Hut, die Imitation hat etwas Wahrhaftes und Unerhörtes an sich – könnte man dann sagen: Wenn sowohl die Natürlichkeit des Sprechens als auch die klassische Auffassung von Kunst das Vergessen der mörderischen Wirkung der Wiederholung impliziert, so kann das offene Zutagetreten der Wiederholung durch Imitation als etwas Wahrhaftes erscheinen. Und von hier aus kann man auch verstehen, wieso das Phänomen der Echolalie, wenn es nicht gleich durch psychiatrisches Wissen neutralisiert wird, etwas Unerträgliches an sich hat.

Was man bei gleichzeitig scharfen und radikalen Formulierungen wie jener über die »Werkabwesenheit« im Auge behalten muss, ist die Gefahr einer Art von Fixierung, auf die sich ein neuer ästhetischer Dogmatismus berufen könnte. Eine andere Bemerkung Foucaults aus dem gleichen Kontext – einer der letzten Sätze des großen Werks über den Wahnsinn – dürfte einer solchen Gefahr kaum ausgesetzt sein. Durch den Wahnsinn wird »die Welt dem Werk gegenüber schuldig«[30], meint Foucault. Anders gesagt, das Bestehen eines gewissen Wahnsinns, eines gewissen Überschusses, der – unabhängig davon ob der Produzent des Werks wahnsinnig war oder nicht – prinzipiell das Vermögen unserer (im besten Fall der Vernunft verpflichteten) Deutungen überschreitet, scheint zum Kriterium dafür geworden zu sein, ob wir ein Werk ernst nehmen oder nicht. »Der Wahnsinn, von dem das Werk verschlungen wird (*où s'abîme l'œuvre*)«, schreibt Foucault, »ist der Bereich

---

29 Leo Steinberg, *Encounters with Rauschenberg*, Chicago, 2000, S. 10. – Im gleichen Text (S. 20) finden sich interessante Bemerkungen über die Art, wie Rauschenberg die ursprünglich von ihm geliebte Zeichenkunst (*draftsmanship*) aufgegeben hat, was man als Auswirkung eines Misstrauens gegenüber dem »Werkhaften« von Werken ansehen kann.
30 Foucault, *Histoire de la folie*, a.a.O., S. 556

unserer Arbeit«[31] – Werke überfordern notwendigerweise unserer Deutungsarbeit, die somit unendlich sein wird.[32]

---

31 Ders., ebd., S. 557
32 Diese Spannung zwischen Werk und Deutung kommt daher, dass die Theorie einer anderen Vernunftökonomie gehorcht als die Kunst – vgl. Derridas Bemerkung, wonach »der philosophische Diskurs und die philosophische Mitteilung (das heißt die Sprache selbst), wenn sie einen erkennbaren Sinn haben sollen, das heißt sich ihrem Wesen ihrer Bestimmung als Diskurs anpassen sollen, de facto und gleichzeitig de jure dem Wahnsinn entgehen müssen.« (Derrida, »Cogito et histoire de la folie«, a.a.O., S. 83, dt. S. 86). Allerdings sind die Grenzen nicht unbedingt dicht. Liste von Ausdrücken, die mögliche Formen der Erweiterung des klassischen Logos andeuten: Adornos »Parataxis« (vgl. »Parataxis«, a.a.O.); Derridas »tiefere Vernunft« (vgl. *L'écriture et la différence*, a.a.O., S. 59 und 68, dt. S. 61 und 71; implizit ähnliche Fragestellung in Blanchot, *L'entretien infini*, a.a.O., S. 296 ff.); Hegels »Plastizität« (vgl. Derrida, »Le temps des adieux«, *Revue de philosophie*, Bd. 128 (1998, S. 3-47) und »Witz« (vgl. Jean-Luc Nancy, *La remarque spéculative* (Auvers-sur-Oise, 1973) und das daran anknüpfende Kapitel II.6 meines Buchs *Das Andere im Gleichen* (a.a.O.)).

Biopolitik

Verrücktheit, Biopolitik und Dekonstruktion

> ... *that the most apparently irruptive or catastrophic newness is the more irruptive or catastrophic for being originarily prepared since ever...*[1]

Nacktes Leben

Der Ausdruck Biopolitik stammt bekanntlich von Foucault, der ihn am Schluss des ersten Bands seiner *Geschichte der Sexualität* gebraucht. Bei den Römern, schreibt Foucault, verfügt der Familienvater über Leben und Tod seiner Kinder (*patria potestas*): Weil er ihnen das Leben »gegeben« hat, kann er es ihnen auch wieder »nehmen«. Im Vergleich dazu stellen die nicht mehr bedingungslosen Rechte, welche die klassischen Theoretiker dem Souverän zugestehen, bereits eine Abschwächung dar. Erst wenn an seine Existenz gerührt wird, ist der Souverän berechtigt, Leben zu nehmen: allgemeine Wehrpflicht (wenn er von äußeren Feinden bedroht wird, kann der Souverän von seinen Untergebenen fordern, in einem Krieg ihr Leben aufs Spiel zu setzen) und Todesstrafe (wenn einer seiner Untergebenen die Gesetze des Souveräns verletzt, kann er ihm das Leben nehmen). Der Souverän hat also in erster Linie das Recht zu töten, während das Leben selbst nicht direkter Angriffspunkt seiner Macht ist. Das Leben wird von der Macht nur soweit betroffen, als es entweder *gelassen* oder durch Töten *genommen* werden kann (*droit de faire mourir ou de laisser vivre*).[2]

---

[1] Geoffrey Bennington, *Interrupting Derrida*, London and New York, 2000, S. 168
[2] Michel Foucault, *Histoire de sexualité*, Bd. 1 *(La volonté de savoir)*, Paris, 1976, S. 177 f.

Seit dem klassischen Zeitalter, meint Foucault, ist hier eine Wandlung vor sich gegangen, die auch noch für die Gegenwart bestimmend bleibt. Das Recht zu töten wird den Forderungen einer in erster Linie das Leben verwaltenden Macht untergeordnet. Die zunehmende Abschwächung der Idee der Souveränität (und das entsprechende Problematischwerden der Anwendung der Todesstrafe und der allgemeinen Wehrpflicht) geht einher mit dem immer wesentlicher werdenden Recht eines »Sozialkörpers«, sein eigenes Leben aufrechtzuerhalten und weiterzuentwikkeln. Freilich wird seither mehr denn je getötet, aber jetzt im Namen einer Macht, die das Leben verwalten, vermehren und kontrollieren will. Man führt nicht mehr Krieg, um den Souverän zu verteidigen, sondern fordert Bevölkerungen auf, sich gegenseitig zu bekämpfen und zu töten, um ihr eigenes bedrohtes Leben zu erhalten. Die wesentliche Funktion der Macht besteht nicht mehr darin, zu töten, sondern sich ums Leben zu kümmern: *Biopolitik*, deren Ziel darin besteht, Vermehrung, Gesundheit und Lebensdauer in den Griff zu bekommen.[3]

Für Agamben, der von Foucaults These ausgeht und sie weiterentwickelt, stellt das Offenbarwerden der »Politisierung des nackten Lebens als solchen« ein wesentliches Element der heutigen politischen Situation dar. Die nationalsozialistischen Vernichtungslager als extremste Auswirkung der neuen Form von Politik erscheinen derart nicht bloß als Auswirkungen reaktionärer Ideologie, sondern vor allem als Orte politischer *avant-garde*. Wo Foucault den Interpretationsbereich des Ausdrucks Biopolitik auf die Moderne beschränkt, schlägt Agamben sowohl eine biopolitische Neueinschätzung der Vergangenheit als auch einen entsprechenden Entwurf künftiger Politik vor. Biopolitik löst nicht Souveränitätspolitik ab, sondern hat immer schon das eigentliche und gleichzeitig verkannte Prinzip jeglicher Politik dargestellt. Wenn der moderne Staat das biologische Leben direkt an die Macht knüpft, so wird damit lediglich Licht auf das Band geworfen, das immer schon Macht und nacktes Leben miteinander verknüpfte. Bis zum historischen Zeitpunkt, wo Leben offensichtlich zum eigentlichen Prinzip der Politik geworden ist, ist es traditioneller abendländischer Politik gelungen, das nackte Leben gewissermaßen durch Ausschluss – eben dadurch, dass prinzipiell tötbares Leben entsprechend klassischer Souveränitätspolitik leben gelassen wurde – in die Politik einzuschließen.[4]

---

3 Ebd., S. 179-183
4 Insofern im abendländischen Denken die Metaphysik sich mit der Menschlichkeit des sprechenden Lebewesens Mensch beschäftigt, stellt sie sich als Theorie die Aufgabe, das nackte Leben zu »politisieren«. (Giorgio Agamben, *L'ouvert. De l'homme et de l'animal*, Paris, 2002., S. 119 f.). Für Nancy besteht die Funktion der Metaphysik dagegen in der technischen Herstellung der Vorstellung »Natur« (vgl. Jean-Luc Nancy, »La création comme dénaturation: technologie métaphysique«, in *La création du monde ou la mondialisation*, Paris, 2002, S. 128). Von einer »dekonstruktivistischen« Lektüre unterscheidet sich Agambens Sichtweise dadurch, dass es für ihn nicht

Das ursprünglich durch eine spezifische Souveränitätspolitik ins Recht integrierte und somit zumindest auf phänomenaler Ebene lediglich am Rand politischer Organisation angesiedelte nackte Leben rückt mit dem Zeitalter der Moderne ins Zentrum, und seine direkte Behandlung wird gleichbedeutend mit Politik überhaupt. Was Carl Schmitt als Prinzip der Souveränität ansieht – »souverän ist, wer über den Ausnahmezustand entscheidet«[5] – ist Alltag geworden[6], d.h. bestimmend auch für die modernen, »lebensbefreienden« Demokratien.[7] Das Prinzip von Entscheidung und Ausnahme entspricht für Agamben nicht einer bestimmten Form von Politik, sondern zeugt von der »ursprünglichen Verwicklung (*implication*) des Lebens in die Sphäre des Rechts«.[8] »Das Recht hat kein anderes Leben als das Leben, das es ihm durch den einschließenden Ausschluss der *exceptio* einzufangen gelingt; es nährt sich von dieser *exceptio*, ohne sie wäre es bloß toter Buchstabe.«[9]

Das unter bestimmten Umständen zugelassene ungestrafte Töten römischer Individuen (*homo sacer*)[10] ist von der legalen Tötung zu unterscheiden. Aufgrund dieser Ausnahmestellung besteht eine Analogie zwischen dem aus dem Rechtlichen insgesamt ausgeschlossenen *homo sacer* und der entsprechend Schmitts Einsicht die Souveränität (und somit im weiteren die »normale« Rechtslage) bestimmenden Ausnahme[11]: Symmetriebeziehung zwischen dem Körper des Souveräns – Agamben bezieht sich hier auf Kantorowicz' *The Kings's Two Bodies*[12] – und dem Körper des *homo sacer*. Wie die Tötung des *homo sacer* wird Königsmord nicht als gewöhnlicher Mord abgesehen, und heute noch stellt das *impeachment* des Souveräns kein gewöhnliches Rechtsverfahren dar.[13]

Die sichtbare Lokalisierung des moderne Politik charakterisierenden permanenten Ausnahmezustands stellen für Agamben die Konzentrationslager dar.[14] Die Ant-

---

darum geht, diesseits einer Auslöschung zu erkennen, wie Technisches immer schon die Vorstellung des anscheinend Natürlichen und Unmittelbaren produziert hat, sondern zu behaupten, dass diesseits gewisser symbolischer Umgangsformen Macht immer schon auf (bezüglich seiner »Ursprünglichkeit« nicht weiter hinterfragtes) Natürliches (»nacktes Leben«) direkt eingewirkt hat.

5   Carl Schmitt, *Politische Theologie*, Berlin, 1990, S. 11
6   Giorgio, Agamben, *Homo sacer*, Paris, 1997, S. 19
7   Ebd., S. 16 f.
8   Ebd., S. 33; vgl. ders. »Forme-de-vie«, in *Moyens sans fins*, Paris, 2002, S. 16
9   Ders., *Homo sacer*, a.a.O., S. 35. – Auf den spezifisch christlichen Zug, der sich in der Annahme solcher Verlebendigung des toten Buchstabens manifestiert, geht Agamben zumindest an dieser Stelle nicht ein.
10 Ebd., S. 81 ff.
11 Ebd., S. 92 f.. – Die *sacertas* – sowohl des Souveräns als auch des *homo sacer* – stellt die »ursprüngliche Implikation des nackten Lebens in der rechtlich-politischen Ordnung« dar (ebd., S. 94 f.).
12 Vgl. Ernst H. Kantorowicz, *The Kings's Two Bodies*, Princeton, 1957
13 Giorgio Agamben, *Homo sacer*, a.a.O., S. 101-113
14 Ebd., S. 27

wort auf das Erschreckende, das sich in ihrem Bestehen manifestiert, könne nur auf jener Ebene erfolgen, auf der sie haben zustande kommen können, eben demjenigen der Biopolitik.[15] Jene, welche man in den Lagern als »Muselmänner« bezeichnete, verkörpern (wie früher schon der *homo sacer*) den eigentlichen Kern der biopolitischen Machtkonstellation: »lebendige Kadaver«, welche der politischen Macht unvermittelt ausgesetzt sind und von denen die Mithäftlinge, in der Hoffnung dadurch überleben zu können, den Blick abwenden.[16] Aber für Agamben ist gerade der Muselmann die Extremfigur, von der aus künftige Politik vorstellbar werden kann. Ausgehend von der bei ihm zutage tretenden absoluten Trennung des nackten Lebens von seiner Form, würde eine Kraft denkbar, die »das Leben mit seiner Form vereinigt oder es daran hindert, sich von ihr abzuspalten«.[17]

Öko-Technik

In einer Notiz über den Ausdruck »Biopolitik« bezweifelt Jean-Luc Nancy die Schärfe des von Foucault behaupteten historischen Schnitts. Bei den von Foucault herausgearbeiteten Phänomenen würde es sich eher um eine Wandlung innerhalb eines »technischen Kontinuums« handeln[18] – schon in Athen gab es »Geburtenpolitik«. Nancy fragt sich im weiteren, ob das »Leben« das eigentliche Objekt der neuen Politik darstellt oder ob es nicht eher darum geht, dass Figuren wie »Rasse« oder »arbeitende Menschheit« die klassischen Figuren von Souveränität ersetzen.[19] Nancys prinzipieller Einwand richtet sich jedoch gegen dasjenige, was Agamben als »bloßes«, d.h. natürliches Leben bezeichnet. Bestimmt man »Leben« als »Selbstaffektion«, so wird durch moderne technische Behandlung von »Leben« lediglich rückwirkend der immer schon problematische Charakter des Selbstbezugs insgesamt sichtbar. Das »Leben«, dem die »Lebensform« Sinn verleihen soll, besteht insofern weniger denn je in »bloßem Leben«, als es untrennbar mit Technik verbunden erscheint: »Öko-Technik« (*écotechnie*).

Was man mittels des Ausdrucks »Biopolitik« zu sagen versucht, betrifft für Nancy eigentlich das Zusammentreffen zweier Phänomene: Aufgrund des Schwindens klassischer politischer Formen (»Entpolitisierung«) und der gleichzeitig zuneh-

---

15 Ebd., S. 12
16 Weil es für den Zusammenhang mit dem Autismus interessant ist, sei hier notiert, dass einer der Versuche, die Herkunft des Wortes »Muselmann« zu klären, diesen Ausdruck auf das Wort »Muschelmann« zurückführt (Giorgio Agamben, *Ce qui reste d' Auschwitz*, a.a.O., 54).
17 Ders., »Forme-de-vie«, a.a.O., S. 22
18 Jean-Luc Nancy, »Note sur le terme de ›biopolitique‹«, in *La création du monde*, a.a.O., S.138, Fußnote
19 Ebd., S. 139

menden »Technisierung« des Lebendigen wird Politik implizit »Selbstverwaltung« von »Öko-Technik«. In diesem Sinn würde die Herrschaft von Biopolitik vor allem anzeigen, dass es ab jetzt weder (von Technik nicht berührtes) »Leben« (aus dem die »Lebensform« hervorgehen soll), noch (vom klassischen Begriff von Souveränität, von Finalität und »Wahrheit« bestimmte) »Politik« (als bestimmte Form von »Zusammenleben«) gibt.[20] Während die Untersuchung der Biopolitik Agamben zur These führt, dass Macht schon vor moderner Entpolitisierung aufs nackte Leben einwirkte, betont Nancy also, dass schon vor dem Auftauchen moderner Technik Leben als solches sich nicht durch Ursprünglichkeit bestimmen ließ.[21] Deshalb meint Nancy, dass das Wort »Biopolitik« – entgegen demjenigen, was man es sagen lassen will – ausdrücken könnte, dass die beiden Worte »Leben« und »Politik« nicht mehr im herkömmlichen Sinn gebraucht werden können. Entsprechend stellt die Möglichkeit, das Neue mittels der Beibehaltung des herkömmlichen Sinns der beiden es bildenden Ausdrücke (»Leben«, »Politik«) artikulieren zu wollen, die eigentliche »Gefahr« des Wortes »Biopolitik« dar.[22]

Nancy denkt wohl an Agambens Ausführungen über den »Muselmann«, wenn er von einer »doppelten dialektischen Forderung« spricht, »durch welche sich einerseits eine extreme Figur (einst Proletariat) offenbart, deren Not ihr ihre Wahrheit verleiht, während andererseits die durch die lebendige Gemeinschaft wiederangeeignete Macht die Negation der politischen Trennung bewirkt.«[23] Demokratie hätte jedoch gerade vom Fehlen sowohl jeglicher abgrenzbaren Figur (und selbst noch einer so extremen wie des »Muselmanns«), als auch eines identifizierbaren Ziels (für Agamben eine von der Anerkennung der Extremfigur her denkbare neue Gemeinschaft) auszugehen.[24] Der Muselmann als Produkt unmittelbarer (d.h. letztlich »reiner«) Einwirkung uneingeschränkter Macht aufs nackte Leben soll bei Agamben die Figur des ausgebeuteten Proletariers ablösen[25] und aufgrund der Anerkennung seiner »Wahrheit« »dialektisch« das Ziel »reiner« (d.h. durch nichts

---

20 Ebd., S. 140 f.
21 Derrida (»Freud et la scène de l'écriture«, in *L'écriture et la différence*, Paris, 1967, S. 294, dt. in *Die Schrift und die Differenz*, Frankfurt am Main, 1972, S. 303) spricht von einer »Geschichte des symbolischen Vermögens *im allgemeinen* (vor aller Unterscheidung zwischen Mensch und Tier, und sogar zwischen Lebendigem und Nicht-Lebendigem)«, was impliziert, das Auftauchen von Technischem diesseits des Menschlichen anzusetzen.
22 Jean-Luc Nancy, »Note sur le terme de ›biopolitique‹«, a.a.O., S. 141
23 Ebd., S. 142
24 Ebd., S. 143
25 Das vom Gesetz verlassene »heilige« Leben ist für Agamben das »wahre souveräne Subjekt« (»Notes sur la politique«, in *Moyens sans fins*, a.a.O., S. 125).

»Fremdes« unterbrochener) Selbstaffektion (als neuer »Lebensform«[26]) erreichbar erscheinen lassen[27]. Ein neues »Gemeinsames«, meint Agamben, müsste es erlauben, zu einem jenseits von Aneignung und Enteignung angesiedelten »Indifferenzpunkt« zwischen (sprachlich) Eigentlichem und Uneigentlichem vorzustoßen.[28]

Krise

Eric L. Santner versucht, durch Berufung auf den Begriff der Biopolitik klinische Phänomene, speziell Schrebers Psychose, zu erhellen. Dabei geht er zunächst von einer am frühen Lacan orientierten Auffassung des Unbewussten aus: Ort »symbolischer Investitur«, an dem ein menschliches Wesen durch Vermittlung sozialer Institutionen »anerkannt« und somit zu einem sich durch »symbolische Identität« auszeichnenden »Subjekt« werden kann.[29] Obwohl er einer solchen intersubjektiven Interpretation des Politischen zuzustimmen scheint, meint Santner gleichzeitig, dass die Funktion der Psychoanalyse nicht darin besteht, die soziale Legitimierung des Subjekts zu verstärken, sondern darin, einen Bruch hinsichtlich der »Legitimationskultur« herzustellen – nicht die Produktion von »Identität«, sondern der Vorstoß zu »Singularität« sei das Ziel analytischer Theorie und Praxis.[30] Von einer sich auf den späteren Lacan berufenden Lektüre des Freudschen Todestriebs her bringt Santner den Bereich des »Biopolitischen« mit dem Fortbestehen eines im Phantasma wirkenden Rests von Geniessen in Zusammenhang: »biopolitische Verlebendigung eines Überschusses an Vitalität«.[31] Solcher Überschuss wird durch institutionelle Autorisierung phantasmatisch gebunden und erzeugt dadurch dasjenige, was man als Identität bezeichnet. Es besteht aber andererseits auch die Möglichkeit, solche Bindung wieder zu lösen (»Singularität« als Resultat einer »Durchquerung des Phantasmas«, d.h. einer Reduktion der libidinösen Verhaftung bezüglich des Genießens des Anderen).

---

26 In diesem Sinn evoziert Agamben »ein ›ausreichendes‹ und absolut profanes Leben, welches die Vollkommenheit seiner eigenen Macht und seiner eigenen Kommunizierbarkeit erreicht hat und auf welches die Souveränität und das Recht keinerlei Griff mehr haben« (Giorgio Agamben, »Notes sur la politique«, a.a.O., S. 127). Das »Denken« (*la pensée*) ist für Agamben »Lebensform, nicht von seiner Form trennbares Leben« (ders., »Formes-de-vie«, a.a.O., S. 22). Die »politische Macht, die wir kennen« dagegen, »beruht letztlich immer auf einer Trennung einer Sphäre des nackten Lebens im Verhältnis zum Kontext der Lebensformen« (ebd., S. 15).
27 Agamben spricht von der Notwendigkeit einer »Vollendung des historischen *telos*« (»Notes sur la politique«, a.a.O., S. 122).
28 Ebd., S. 130
29 Eric L., Santner, *On the Psychotheology of Everyday Life*, Chicago and London, 2001, S. 26
30 Ebd., S. 27
31 Ebd., S. 31

Santner beruft sich auf Agamben wenn er schreibt, dass »das Leben, mit dem die Psychoanalyse zu tun hat, *biopolitisches* Leben ist, *dem Rätsel seiner Legitimität, der Frage seines Platzes und seiner Autorisierung innerhalb einer sinnvollen Ordnung ausgesetztes* Leben.«[32] Der für Agamben moderne Politik bestimmende »permanente Ausnahmezustand« erweist sich in Santners Sicht als historische Situation, in der das Subjekt »chronisch« dem (allerdings immer bestehenden) »meta-juridischen«, d.h. libidinösen Aspekt des Gesetzes ausgesetzt ist.[33] Das bewirkt speziell in Momenten von »Autorisierung« (d.h. der Erlangung einer neuen sozialen Stellung) das Auftauchen von Phänomenen »unheimlicher Verlebendigung« (*undeadness*[34]; in Lacans Terminologie: Einbruch von nicht lokalisiertem Genießen).

Der von Santner eingehend analysierte Fall Schreber[35] ist hier exemplarisch. Die bekanntlich nach seiner Ernennung zum Senatspräsidenten erfolgte Auslösung von Schrebers Psychose wird von Santner im Einklang mit Lacans Theorie durch ein Ausfallen der für das Gelingen »symbolische Investitur« notwendigen Instanzen erklärt. Schrebers »Seelenmord« beruht für Santner darauf, dass Sprache durch ein Zusammenbrechen des Symbolischen (im Sinn »biopolitischen« Fehlens einer Zwischeninstanz) als direkt auf die Nerven wirkende, gleichzeitig mechanische und unsinnige Aktion erfahren wird.[36] Statt dank Vermittlung durch glaubwürdige Institutionen zu einer Steigerung symbolischer Fähigkeiten zu führen, erzeugt Schrebers Ernennung die störende Verstärkung des Erlebens geistiger und körperlicher Ereignisse. Instanzen, welche normalerweise die »Autorisierung« des Subjekts ermöglichen sollten, erscheinen aufgrund einer »Investiturkrise« als Ort obszöner Verführungstaktiken des anderen, die mit am eigenen Köper im Namen Gottes gesteigerter weiblicher Wollust einhergehen.[37]

Unter Berufung auf Agambens Lektüre Carl Schmitts konstatiert Santner, dass Schreber »in Form intensiver psychischer und körperlicher Not die beiden Seiten der im *Ausnahmezustand* enthaltenen Dualität erfahren hat«. Denn was in Schrebers Psychose zutage tritt, ist einerseits der dem Souverän zustehende Akt der Aufhebung des Gesetzes, durch welche souveräne Autorität sich prinzipiell jenseits jeglichen sinnvollen Inhalts begibt (in Schrebers Worten: »Weltordnungswidrigkeit«, »Unsinn«); und andererseits die Tatsache, dass das Subjekt in der dadurch erzeugten Indifferenzzone schrankenlosen »Verlebendigungsvorgängen« hilflos

---

32 Ebd., S. 30
33 Vgl. ebd., S. 42
34 Ebd., S. 18
35 Ders., *My Own Private Germany*, Princeton, 1996
36 Ders., *On the Psychotheology of Everyday Life*, a.a.O., S. 48
37 Ebd., S. 49

ausgesetzt ist.[38] Das von Gott an Schreber gerichtete Wort »Luder« wird somit zum Synonym des von Agamben interpretierten Wortes *homo sacer*.[39] Die *Denkwürdigkeiten*, in denen Schreber versucht, »einer verrücktmachenden Blockierung des Sinns Sinn zu verleihen«[40], wären, zumindest was die katatonische Phase der Psychose betrifft, als das Äquivalent der Autobiographie eines »Muselmanns« anzusehen.[41]

Die *Denkwürdigkeiten* – wie auch die Texte Kafkas[42] – sind aber für Santner vor allem Zeugnis der zunehmenden Aushöhlung und gleichzeitig unheimlich werdenden Nähe jener »symbolischen Quellen«, die einem Subjekt normalerweise Legitimität zu verleihen imstande sein sollten.[43] Die von Santner in an Husserl gemahnender Weise dargestellte Krise der Gegenwart zeichnet sich durch die Wirkungslosigkeit sinnentleerter Lebensformen aus. Wir werden von »Resten verlorener Lebensformen« heimgesucht, »von Begriffen und Zeichen, welche innerhalb einer jetzt vergangenen Lebensform sinnvoll waren«[44], uns aber jetzt in den wesentlichen Augenblicken unserer Existenz gewissermaßen im Stich lassen.

Folgt man Nancys Bemerkungen über Biopolitik, so gewinnt man den Eindruck, dass Santners Sichtweise wie diejenige Agambens von einer »doppelten dialektischen Forderung« getragen wird. Der verrückte Schreber rückt an die Stelle der »extremen Figur« des Muselmanns, dessen »Wahrheit« einer vom Verfall betroffenen modernen Welt die Aussicht auf die Möglichkeit neuer Politik freilegen soll. Der sich auf Žižeks Arbeit stützende Gebrauch von aus verschiedenen Perioden von Lacans Theorie stammenden Elementen artikuliert sich mit dem Agambens biopolitischer Auffassung verwandten Versuch, von Negation her den Möglichkeiten »neuer Gemeinschaft« nachzugehen. Die Krise sozialer Identifizierung, die in Schrebers Psychose offenbar wird, soll einen Horizont eröffnen, an dem mittels Überwindung libidinöser Verhaftungen neue Formen des Zusammensein von Singularitäten sichtbar werden könnten.[45]

---

38 Ebd., S. 53
39 Ebd., S. 54
40 Ders., *My Own Private Germany*, a.a.O., S. 55
41 Ders., *On the Psychotheology of Everyday Life*, a.a.O., S. 56, Fußnote
42 Ders., *My Own Private Germany*, a.a.O., S. 12
43 Vgl. ebd., S. 61
44 Ders., *On the Psychotheology of Everyday Life*, a.a.O., S. 44
45 Inwiefern Lacans spätere Theorie zu Hoffnungen auf »neue Gemeinschaft« Anlass geben konnte, die aber rasch zur Bildung äußerst konventioneller Gruppen führte, habe ich in einem Text über Derridas Buch *Seelenstände der Psychoanalyse* zu zeigen versucht (in *texte*, 23.Jahrgang, Heft 4/03, S. 90-105).

Muselmänner und Autisten

Bruno Bettelheim, selbst ein Überlebender der Lager, hat das Phänomen des Muselmanns stets mit dem Autismus in Zusammenhang gebracht. Für Bettelheim handelt es sich hier nicht bloß um den Vergleich von zwei Extremsituationen, sondern um die Auswirkungen einer analogen Konstellation: Genau dasjenige, was für den Häftling der Konzentrationslager »äußere Realität« war, ist für das autistische Kind »seine innere Realität«. »Beide gelangen aus allerdings verschiedenen Gründen zu einer entsprechenden Erfahrung der Realität. Weil innere und äußere Realität nicht getrennt sind, sondern als mehr oder weniger das Gleiche erfahren werden, hält das autistische Kind seine innere Erfahrung für eine wahre Repräsentation der Welt. Der Muselmann, der sich dem SS-Mann nicht nur physisch, sondern auch emotional auslieferte, internalisierte schließlich die SS-Haltung, wonach er weniger als ein Mensch war, nicht selbständig handelte und keinen eigenen Willen hatte.« Ähnlich würde das autistische Kind den negativen Gefühlen der wichtigsten Personen seiner Umgebung wehrlos ausgeliefert sein.[46] Insofern auch für den Autisten die grausame Realität zunächst von außen kommt und der Muselmann die äußere Realität schließlich internalisiert, hebt Bettelheim eigentlich den zunächst beschriebenen Unterschied zwischen den beiden Phänomenen letztlich mehr oder weniger auf.

Agamben hat wohl recht, wenn er vermutet, dass die von Bettelheim geleitete *Orthogenic School* als eine Art »Gegen-Lager« fungieren sollte, in welchem mit Muselmännern identifizierte Autisten lernen sollten, wieder zu Menschen zu werden.[47] Muselmänner werden von Bettelheim tatsächlich durch dasjenige charakterisiert, was er als »Entmenschlichung« (*dehumanization*) bezeichnet.[48] Überleben, meint er, konnte in den Lagern nur, wer imstande war, sich von solcher »Un-Menschlichkeit« abzugrenzen: »Wie kann ich mich davor bewahren, wie sie zu werden?«[49] Alles weist darauf hin, dass eine solche Abgrenzung auch den Ausgangspunkt von Bettelheims therapeutischen Bemühungen darstellte. Für Bettelheim stellen die Extremfiguren erschreckende Beispiele des Unmenschlichen dar, von denen das Subjekt sich – indem es seine »Würde« bewahrt – abgrenzen soll, um als bezüglich seiner eigenen Menschlichkeit jetzt mehr denn je gewisser Mensch überleben zu können.

Anders als Bettelheim meint Agamben, dass das Extrem des Muselmanns keineswegs das Zeichen der Überschreitung einer Grenze darstellt, jenseits derer das

---

46 Bruno Bettelheim, *The Empty Fortress*, New York, 1972, S. 65 f.
47 Giorgio Agamben, *Ce qui reste d'Auschwitz*, Paris, 1999, S. 55
48 Bruno Bettelheim, *The Empty fortress*, a.a.O., S. 7
49 Ders., *The Informed Heart*, London, 1991, S. 114

Menschliche zu existieren aufhört. Angesichts der Grenzfigur des Muselmanns würden »nicht nur Kategorien wie Würde uns Respekt, sondern sogar die Idee einer ethischen Grenze ihren Sinn verlieren«.[50] Für Agamben stellt die (in Wirklichkeit bereits zum Alltag gewordene) Extremform einen die Wahrheit der notwendigen Unmenschlichkeit des Menschen aufdeckenden Nullpunkt dar, von dem aus Neues (»neue Politik«[51]) möglich werden soll. In der *Orthogenic School* dagegen versuchte Bettelheim – mit, wie man inzwischen weiß, bisweilen recht brutalen Mitteln[52] – ein traditionelles Menschenbild wiederaufzurichten.

Dem Meinungsunterschied zwischen Bettelheim und Agamben geht allerdings eine Art Konsensus voraus: Die spezifische Situation des Muselmanns (und für Bettelheim gleichzeitig diejenige des Autisten) beruht für beide auf einem Zusammenstoss zwischen (von Agamben bisweilen mit einer bestimmten Form von Sprache[53], von Bettelheim mit »negativen Emotionen« der Eltern in Zusammenhang gebrachter) souveräner Gewalt einerseits und als solches von keinerlei Heterogenem betroffenem (und somit »nacktem«) Leben andererseits. Der von Nancy (in »dekonstruktivistischer« Tradition) geprägte Ausdruck »Öko-Technik« meint dagegen, wie man gesehen hat, ein die Moderne charakterisierendes Zusammentreffen von Entpolitisierung und zunehmend technischer Behandlung eines (in Anbetracht immer schon bestehender Irreduzibilität von »Auto-Hetero-Affektion«[54]) niemals »rein« oder »nackt« bestehenden Lebens.

Tote Rede, fremde Hand

Hand und Wort sind die beiden Bereiche, an denen die spezifisch autistischen Veränderungen am deutlichsten hervortreten. Wo Sprache im Autismus überhaupt spontan verwendet wird, tritt sie spät auf und zeichnet sich dann gegenüber der Normalität durch gewisse Eigenarten aus. Gleichzeitig ist bekannt, dass Autisten sich häufig ihrer eigenen Hand nicht bedienen und den anderen auffordern, einfachste Handlungen (wie das Öffnen einer Tür) für sie auszuführen. Autisten neigen dazu, auf den direkten Gebrauch der eigenen, ihnen wie fremd gewordenen

---

50 Giorgio Agamben, *Ce qui reste d'Auschwitz*, a.a.O., S. 78
51 Ders., »Notes sur la politique«, a.a.O., S. 126
52 Vgl. Richard Pollak, *The creation of Dr. B*, New York, 1997
53 Giorgio Agamben, »Notes sur la politique«, a.a.O., S. 125. – Agambens Artikulation von Sprache und Utopie erinnert an Ideen des jungen Benjamin (vgl. »Über Sprache überhaupt und über die Sprache des Menschen«, in Walter Benjamin, *Gesammelte Schriften*, Bd. II/1, Frankfurt am Main, 1991, S. 140-157).
54 Derrida, *Le toucher, Jean-Luc Nancy*, Paris, 2000, S. 206. – Dieser von ihm geprägte Ausdruck zeigt bei Derrida an, dass bei anscheinend reiner Selbstaffektion immer schon Fremdes eingreift.

Hand zu verzichten und sich der Hand des anderen wie eines Werkzeugs zu bedienen, das an ihrer Stelle agieren soll.[55]
Autoren verschiedenster theoretischer Orientierung sind sich einig darüber, dass der Rede der Autisten die Lebendigkeit abgeht: monotones, maschinenhaftes Sprechen, aus dem die vom Engagement eines Sprechers zeugende Emotionalität verbannt erscheint.[56] Dass Autisten häufig das als spezifisch technisch eingestufte Schreiben dem als unmittelbare Äußerung eines »Seelenzustands« angesehenen Sprechen und darüber hinaus noch die Maschinenschrift der Handschrift vorziehen, weist in dieselbe Richtung. Deshalb hat man zu Recht behauptet, dass im Autismus der schriftliche »Buchstabe« gegenüber dem der Rede und der Gegenwärtigkeit des anderen zugeordneten »Signifikanten« überwiegt.[57] Das wird besonders deutlich in jenen nicht seltenen Fällen, wo Autisten schreiben bevor sie zu sprechen beginnen. Die Produktion der schließlich auftauchenden leblosen Rede scheint bei ihnen auf dem sekundären Lautmachen von Schrift zu beruhen. Auf der Ebene des Phänomens zumindest geht hier das Technische von Schrift dem angeblich Natürlichen der Rede voraus.

In Anbetracht solcher Umkehrung ist es kein Zufall, wenn die ganze gegen die Schrift gerichtete Litanei der Metaphysik wie auf den Autismus gemünzt erscheint. Was Heidegger über das »maschinelle Schreiben« (im Gegensatz zur »Handschrift«) sagt – es »degradiert das Wort zu einem Verkehrsmittel«[58] – könnte autistischem Sprechen insgesamt gelten. Das Zutreffende solcher Beschreibung soll hier nicht bestritten werden. Nur muss man gleichzeitig einsehen, dass die Lebendigkeit, welche der autistischen Rede tatsächlich fehlt, nicht den unmittelbaren Ausdruck von Ursprünglichem, sondern das Produkt eines Prozesses darstellt, in dem Technisches bereits am Werk ist. Und das nicht etwa weil ein bereits etablierter Begriff von Technik die Funktion der Schrift erhellen könnte, sondern, weil, wie

---

55 Vgl. Uta Frith, *Autism. Explaining the Enigma*, Malden (Mass.), 1999, S. 151
56 Vgl. Oliver Sacks, »An Anthropologist on Mars«, in *An Anthropologist on Mars*, London, 1995, S. 234 (»verbosity, empty chatter, cliché-ridden and formulaic speech«). – Das psychotische Sprechen könnte als waghalsig qualifiziert werden. Es erzeugt existentielle Situationen, denen das Subjekt auf unbewusster Ebene nicht gewachsen ist, was dann zur Auslösung der Psychose selbst und im weiteren zu Krisen führt. Die autistische Rede dagegen würde prinzipiell diesseits der Möglichkeit solcher Destabilisierung verbleiben.
57 Vgl. z.B. Jean-Claude Maleval, »Une sorte d'hypertrophie compensatoire ou la construction autistique d'un Autre de suppléance«, in *Actes de la journée du 27 mars 1995*, Rennes, S. 56. – Maleval versäumt es allerdings, aus seiner Beobachtung den Schluss zu ziehen, dass die »Priorität« des Signifikanten gegenüber Schrift in Frage zu stellen ist. Dadurch wird er gezwungen, den Autismus als ein letztlich durch ein Defizit markiertes Phänomen darzustellen; vgl. oben das Kapitel »Autismus und Schrift«.
58 Heidegger, *Parmenides*, in *Gesamtausgabe*, Bd. 54, Frankfurt am Main, 1992, S. Ebd., S. 119

Derrida schreibt, der Ursprung der Technik mit dem Ursprung der in Sprache insgesamt immer wirkenden Schrift gleichzusetzen ist.[59]
Was es der Stimme (und im weiteren der »lebendigen Rede«) erlaubt, als unmittelbarer, durch nichts Fremdes gestörter Selbstbezug (»reine Selbstaffektion«) aufzutreten, ist die Tatsache, dass ihr Phänomen auf der »inneren« Produktion einer Bedeutung mittels eines universellen Mediums beruht. Ich kann den Eindruck haben, dass meine Rede mir gehört, weil in ihr die Idealität oder Universalität des Zeichens mit den »gleichzeitig« entstehenden Bedeutungen, die ich zu »verstehen« meine, restlos verschmolzen erscheint. Die Stimme wirkt umso spontaner, als ihre Produktion keinerlei fremder, »weltlicher« Substanz zu bedürfen scheint.[60] Obwohl Derrida zunächst die »Einzigartigkeit« des bei der Stimme zustande kommenden Eindrucks intimer Vereinigung von Spontaneität und Idealität unterstreicht[61], zeigt er später, dass sich auch in anderen Bereichen der Anschein derartigen Fehlens eines Umwegs über Äußeres herstellen kann. Wenn meine Hand unmittelbar mir zu gehören scheint, so liegt das daran, dass sie einerseits aufgrund ihres »Hervorragens« Selbstberührung ermöglicht, und dass gleichzeitig der in ihr lokalisierte Tastsinn nach Husserl – der gewissermaßen den diesem Sinn eigenen *Eindruck* von Unmittelbarkeit voreilig theoretisch zu rechtfertigen versucht – im Gegensatz zum Visuellen reine Selbstaffektion zu ermöglichen scheint.[62] Das Herausragen der Hand und die von Husserl dem Tastsinn zugeschriebene »Doppelauffassung«[63] implizieren jedoch bereits den Eingriff von Fremdem.
Sowohl Wort als auch Hand sind also Bereiche, in denen das Äußere, Zusätzliche, d.h. Technische speziell am Werk ist, gleichzeitig aber normalerweise aufgrund eines Auslöschungsprozesses dem Vergessen anheimfällt.[64] Die Abhängigkeit von

---

59 Derrida, *De la Grammatologie*, Paris, 1967, S. 18 – Es wird hier deutlich, dass die anscheinend bloß theoretische Divergenz zwischen Lacan (»Priorität des Signifikanten«; vgl. ebd., S. 32, Fußnote) und Derrida (»Ur-Schrift« (*archi-écriture*)) für klinische Überlegungen wesentlich ist.
60 Ebd., S. 33
61 Vgl. ders., *La voix et le phénomène*, Paris, 1967, S. 88 f.
62 Ders., *Le toucher, Jean-Luc Nancy*, a.a.O., S. 183 ff.
63 Als »Doppelauffassung« bezeichnet Husserl bekanntlich die Tatsache, dass beim Betasten eines Objekts gleichzeitig Eigenempfindungen im tastenden Organ entstehen (Husserl, *Ideen zu einer reinen Phänomenologie und Phänomenologischen Philosophie*, Bd. II, Dordrecht etc., 1991, S. 147). Derrida stellt die von Husserl postulierte Gleichzeitigkeit der beiden Vorgänge und die Möglichkeit reiner Selbstaffektion insgesamt in Frage (vgl. Derrida, *Le toucher, Jean-Luc Nancy*, a.a.O., S. 197).
64 Die Tradition bringt solche Auslöschung mit dem Vater in Zusammenhang – ohne den Vater verwaist die lebendige Rede gewissermaßen und wird zu bloßer Schrift (vgl. Derrida, *La Dissémination*, Paris, Seuil, 1972, S. 86). Die psychoanalytische Theorie der Psychose (Lacan: »Verwerfung des Namens-des-Vaters«) bestätigt eine solche Sichtweise. In der »vaterlosen« Psychose setzt die Auslöschung des Fremden der Sprache teilweise aus: »Halluzination als Schrift« (Derrida, »Freud et la scène de l'écriture«, a.a.O., S. 294, dt. S. 302). Das Fremdwerden des »Eigenen«, welches im Autismus manifest wird, scheint aber nicht von »Verwerfung« (als letztlich lokalisiert bleibendem

solcher Auslöschung erklärt, warum das »Wunder« der Spontaneität der Artikulation der Rede und des Gebrauchs der Hand einer »Bedrohung«[65] ausgesetzt ist. Sofern es schon Technisches impliziert, kann im anscheinend Eigenen – sobald die es konstituierende Auslöschung des Fremden nicht (mehr) zustande kommt – das Fremde umso unheimlicher bloßgelegt erscheinen. Das »normale« Funktionieren von Hand und Wort ist ein eminent technischer Vorgang, welcher die »Wiederaneignung« von zunächst Fremdem (d.h., im Sinn einer humanistischen Anschauung, von »Unmenschlichem«) zur Voraussetzung hat. Im Autismus findet sich die »Bedrohung« von Hand und Wort als Freilegung von normalerweise vergessenem Technischen verwirklicht.[66] Die Hand ist fremd geworden, das Wort erscheint aufgrund des Ausbleibens seiner Verlebendigung als bloßes technisches Verkehrsmittel.[67] Hält man sich an Nancys Gebrauch des Wortes »Biopolitik« – es würde, wie man gesehen hat, das Zusammentreffen von »Entpolitisierung« der Politik und »Technisierung« des Lebens bezeichnen – so erscheint der Autismus schon aufgrund der in seinen klinischen Erscheinungen zutage tretenden »Rohheit« des Technischen tatsächlich als spezifisch »biopolitisches« und somit »modernes«

---

psychischen »Souveränitätsverlust«) abzuhängen und geht (aufgrund des vollständigen Fehlens jeglichen psychischen Äquivalents von Souveränität) in seiner Radikalität über die in der Psychose beobachtbaren Phänomene hinaus.

65 Derrida, *Le toucher, Jean-Luc Nancy*, a.a.O., S. 208. – Für Heidegger »ist der Angriff der technischen Sprache auf das Eigentliche der Sprache zugleich die Bedrohung des eigensten Wesens des Menschen.« (Heidegger, *Überlieferte Sprache und technische Sprache*, St.Gallen, 1989, S. 25) Ohne die von Heidegger unterstrichene Unterscheidung zwischen »natürlicher« und »technischer« Sprache zu bestreiten, wäre hier zu fragen, ob der Glaube an die Möglichkeit, zu einem »Eigentlichen der Sprache« und zum »Wesen des Menschen« vorzustoßen, nicht schon eine Auswirkung des Technischen von Sprache überhaupt darstellt. Das würde bedeuten, dass die von Heidegger wahrgenommene »Bedrohung« am (damit allerdings auch schon unmöglichen) »Ursprung« anzusetzen ist.

66 Was Sloterdijk bezüglich des Verhältnisses von Politik und Telekommunikation als die »Fern-Handlichkeit und Fern-Mündlichkeit des erhabenen Senders« bezeichnet (Peter Sloterdijk, *Sphären II / Globen*, Frankfurt am Main 1999, S. 711), wirkt auch auf individueller Ebene und bricht im Autismus zusammen: absoluter Souveränitätsverlust, der bewirkt, dass keinerlei Zentrale mehr imstande ist, durch Nachrichten Wirkungen an der Peripherie zu erzeugen. Obwohl in Husserls Denken die Einsicht in die Notwendigkeit einer Unterbrechung (d.h. von Fernwirkung und Aufschub) im Verhältnis zum *alter ego* stets gegenwärtig bleibt, versucht er in seinen Untersuchungen über das »einsame Seelenleben« (vgl. Husserl, *Logische Untersuchungen*, II/1 (*Untersuchungen zur Phänomenologie und Theorie der Erkenntnis*), Tübingen, 1993, S. 35 ff.) einen Bereich zu isolieren, innerhalb dessen sich dieser telekommunikative Aspekt zumindest auf der Ebene des Individuellen umgehen ließe.

67 Dem tatsächlich immer schon buchstäblich Toten der Schrift stellt Derrida einen historisch und metaphorisch zu verstehenden »Tod der Rede« gegenüber (Derrida, *De la Grammatologie*, a.a.O., S. 18), den – kann man hier hinzufügen – nichts radikaler »verkörpert« als das Sprechen des Autisten. – »Und nicht ein Übel ist's, wenn einiges / Verloren gehet und von der Rede / Verhallet der lebendige Laut« (Hölderlin, *Patmos*).

Phänomen. Bleibt die Frage des Verhältnisses des Autismus zum zweiten für Nancy die biopolitische Situation bestimmenden Element, zur Entpolitisierung.

Entpolitisierung

»Die spezifisch politische Unterscheidung, auf welche sich die politischen Handlungen und Motive zurückführen lassen, ist die Unterscheidung von *Freund* und *Feind*«.[68] Was man als *Entpolitisierung* bezeichnet, hängt mit der seit einiger Zeit schon offensichtlich gewordenen Unmöglichkeit zusammen, die Schärfe der Unterscheidung, die Carl Schmitt seiner Definition des Politischen zugrundelegen will, aufrechtzuerhalten. Es gibt keine »echten« Feinde mehr[69], was freilich nicht den Versuch ausschließt, das Beängstigende der dadurch entstandenen Situation z.B. durch den Versuch der Identifizierung sogenannter *rogue states* zu mildern. Nur würde es sich hier schon um »Rationalisierungen« handeln.[70]
Schmitts theoretische Anstrengung ist einerseits bereits Reaktion auf diese durch das zunehmende »Fehlen« eines klar identifizierbaren Feindes charakterisierte Änderung, und es erweist sich andererseits nachträglich, dass die angestrebte begriffliche Reinheit sich prinzipiell nicht herstellen lässt: Der Bereich der Politik, insofern sie wesentlich Praxis ist, zeigt *par excellence* die Unangemessenheit jeglichen Begriffs in Bezug auf sich selbst.[71] Deshalb besteht für Derrida das Ziel von Schmitts theoretisch-polemischem Bestreben, die »reine Unreinheit« des Politischen »als solchen« herauszuarbeiten, letztlich nicht darin, zu zeigen, worin Freundschaft oder Feindschaft besteht, sondern »zu wissen, *wer* Freund und *wer* Feind ist, und es nicht in Form eines theoretischen Wissens zu wissen, sondern in Form einer praktischen Identifizierung des anderen.«[72]
Selbst wenn man durch die »Unterscheidung von Freund und Feind« nicht, wie Schmitt es wünscht, zur begrifflichen Fassung eines »Wesens des Politischen« zu gelangen vermag, ist nicht zu bestreiten, dass die »praktische Identifizierung des anderen« ein wesentliches Element herkömmlicher Politik darstellt. In Anbetracht solchen Bestehens auf der Wesentlichkeit von Feindschaft erscheint dasjenige, was Melanie Klein mit dem Ausdruck »projektive Identifizierung«[73] bezeichnet, wie der Niederschlag klassischer Politik auf der Ebene des Individuellen. Projektive Iden-

---

68 Carl Schmitt, *Der Begriff des Politischen*, Berlin, 1996, S. 26
69 Vgl. Michael Turnheim, *Das Andere im Gleichen*, Stuttgart, 1999, S. 153 ff.
70 Derrida, *Voyous*, Paris, 2003, S. 150
71 Ders., *Politiques de l'amitié*, Paris, 1994, S. 134
72 Ebd., S. 136; vgl. ders., *Adieu à Emmanuel Lévinas*, Paris, 1997, S. 155
73 Vgl. Melanie Klein, »Bemerkungen über einige schizoide Mechanismen«, in *Das Seelenleben des Kleinkinds*, Stuttgart, S. 108 f.

tifizierung besteht für Klein bekanntlich darin, dass zunächst innen sich manifestierendes Fremdes nach außen projiziert wird und dadurch die Vorstellung entsteht, dass der andere mir Böses will. Nach Kleins Auffassung erlaubt erst die sekundäre Differenzierung eines solchen zunächst aufgerichteten Feindbilds, über die ursprünglich auf jenen Fall »paranoide« Einschätzung des anderen hinauszugelangen.[74] Von klassischer »Politisierung« des Individuellen, könnte man in Anlehnung an Carl Schmitt sagen, hängt für Melanie Klein die Möglichkeit des »Gelingens« normaler Entwicklung (als Überschreitung kindlicher Verfolgungsideen) ab.

Nach Donald Meltzer geht der Autismus auf das Ausbleiben genau dieser von Melanie Klein beschriebenen Mechanismen zurück – die »projektive Identifizierung« charakterisierenden Spaltungsprozesse gelangen nicht zur Wirkung. Die im Autismus tatsächlich beobachtbare Abkapselung von der Außenwelt wäre nach Meltzer als bereits sekundäre Reaktion von einem »eigentlich autistischen Geisteszustand« (*autistic state of mind proper*)[75] zu unterscheiden, der sich im Gegenteil durch anomale Durchlässigkeit für die Gefühlszustände anderer und minimale Intensität dessen, was die Klein-Schule als »Verfolgungsangst« (*persecutory anxiety*) bezeichnet, charakterisiert. Die Aggressivität der Autisten wäre insofern ungewöhnlich schwach, als auch noch die anscheinend gewaltsame Besitzergreifung eines mütterlichen Objekts niemals mit der Absicht verbunden sei, Rivalen Schaden zuzufügen.[76] Das Drama des Autisten würde somit seltsamerweise darauf beruhen, niemals einen Feind gehabt zu haben.

Falls das Fehlen der Konstitution eines Feindes tatsächlich ein wesentliches Element des Autismus darstellt, so ergibt sich hier zumindest eine Analogie mit der zeitgenössischen Entpolitisierung. Die autistische »Problematik« würde so gesehen neben dem Hervortreten des Technischen einen zweiten »modernen« Zug aufweisen. Sie zeugt von einer subjektiven Position, die jener, welche in der »klassischen« und heute fraglich gewordenen Auffassung von Politik behauptet wird, diametral entgegengesetzt ist: Autismus als Folge absoluter Entpolitisierung des Individuellen. Das heißt freilich nicht, dass der Autismus das Produkt einer spezifischen, modernen politischen Situation darstellt, sondern nur, dass die in ihm immer schon zutage tretende Funktionsweise zu einem bestimmten Zeitpunkt von besonderem, über die klinische Betrachtungsweise hinausgehenden politischen Interesse ist. Insofern »Hervorragen« des Technischen und »Entpolitisierung« des Psychischen die beiden markantesten Phänomene des Autismus darstellen, kann man ihn als ein (eben im Sinn Nancys) spezifisch »biopolitisches« Zustandsbild qualifizieren.

---

74 Vgl. ebd., S.103
75 Donald Meltzer, *Explorations in Autism*, Old Ballechin Strtah Tay, 1975, S. 6 und 11
76 Ebd., S. 9 f. – vgl. oben das Kapitel »Autistische Geistesblindheit«.

In solcher Sichtweise erscheint der Autist aber, anders als Agambens Muselmann und der von Santner interpretierte Schreber, nicht als Negativform, von der aus neues Zusammenleben vorstellbar wird; sondern, bescheidener, als Subjekt, an dem durch ein doppeltes Scheitern das (speziell in Bettelheims Auffassung zutage tretende) Problematische konventioneller Einschätzung von »Menschlichkeit« erkennbar wird. Scheitern sowohl der Auslöschung des (heute mehr denn je gegenwärtigen) Technischen als auch der (heute weniger denn je glaubwürdigen) Verinnerlichung des Feindlichen verleihen den autistischen Phänomenen tatsächlich einen spezifisch »modernen« Aspekt. Selbst wenn diese Eigenart den Autisten nicht zur Negativform künftigen Gemeinschaftslebens macht, ist dasjenige, was in seinem Drama eklatant zutage tritt, wesentlich für jegliche politische Überlegung. Gleichzeitig wird durch die bei ihm manifest werdenden Implikationen von Entpolitisierung für die psychoanalytische Theorie und Praxis die allgemeine Frage aufgeworfen, wie bei anderen klinischen Strukturen mit der durch das Schwinden der klassischen Funktion des Feinds entstandenen neuen Situation umzugehen wäre.

Freuds später Pazifismus

>...*in solcher Weise ging sein Gedankengang dem Zersetzungsprozess, den der Tod einleitet, parallel.*[1]

Der Tod des anderen

Liest man Freuds *Zeitgemäßes über Krieg und Tod*, so fällt einem der Kontrast zwischen zwei Aspekten auf – einerseits eine Art von Verherrlichung des durch den Krieg wieder möglich gewordenen Zugangs zur Wahrhaftigkeit des Todes (»so *enthüllt* sich der Tod«, schreibt Heidegger[2], was nach seiner eigenen Auffassung impliziert, dass es um die Freilegung einer Wahrheit geht[3], und Freud würde auf seine Art das Gleiche sagen); und andererseits eine Betonung der radikalen Andersheit des anderen – in jedem anderen, auch in dem von uns geliebten anderen, stak immer schon ein »Stück Fremdheit«, mit dem wir allerdings erst im Augenblick seines Todes konfrontiert werden (Z 53; und von dieser Fremdheit her wäre dann das Phänomen der Ambivalenz zu erklären). Obwohl diese Lektüre, die das Bestehen von zwei verschiedenen Alteritäten hervorhebt (Alterität des Todes und Alterität des anderen als solchen), vertretbar erscheint[4], könnte sie etwas zu einfach sein. Es scheint mir, dass der Text Freuds darüber hinaus eine eigenartige Schichtung auf-

---

1 Freud, »Zeitgemäßes über Krieg und Tod«, *Studienausgabe*, Bd. IX, S. 54; Seitenangaben aus diesem Aufsatz im folgenden im Text selbst gekennzeichnet durch den Buchstaben »Z«.
2 Heidegger, *Sein und Zeit*, §50, S. 250, meine Hervorhebung.
3 Vgl. Derrida, *Apories*, Paris, 1994, S. 119
4 An eine solche Lektüre habe ich mich im Wesentlichen in einem früheren Versuch über Freuds Text gehalten (vgl. Michael Turnheim, *Das Andere im Gleichen*, Stuttgart, 1999, Kapitel I.2).

weist, die dazu führt, dass dasjenige, was er auf einer Ebene sagt, durch dasjenige, was er auf einer anderen Ebene sagt, destabilisiert wird.
Es ist zunächst unbestreitbar, dass Freud in diesem Aufsatz eine auf der Behauptung der Möglichkeit authentischer Erfahrung des Todes beruhende Kriegstheorie entwickelt, die den damals stattfindenden Krieg als Gelegenheit betrachtet, zu verlorener Ursprünglichkeit zurückzufinden. Der jetzt ausgebrochene Krieg, meint Freud, bietet uns – »wie alle anderen Kriege« (Z 35) – die Möglichkeit, endlich wieder mit dem vergessenen, beiseitegeschobenen Tod konfrontiert zu werden. Wenn es Krieg gibt, gibt es Tote, und wir haben mit dem Tod zu tun, ob wir es wollen oder nicht. Wir Moderne aber wollen vom Tod nichts wissen.[5] Der Krieg »nötigt uns« also zu einer »veränderten Einstellung zum Tode« (Z 35). Nach Freuds Ansicht führen die Ereignisse des Kriegs zum Abbau einer letztlich oberflächlichen »Triebveredelung« (Z 46) und zeigen uns dadurch, dass unser Verhältnis zum Tod kein »aufrichtiges« (Z 49) war. Diese Unaufrichtigkeit hat Auswirkungen auf das Leben. Denn wenn, wie es vor dem Krieg der Fall war, das Leben nicht »gewagt werden darf, [...] verarmt« es (Z 50). Durch den Krieg dagegen wird das Leben »interessant«, es bekommt wieder seinen »vollen Inhalt« (Z 51) – eben durch die Konfrontation mit dem Tod.
Angesichts solcher moderner Verschleierung der Wahrheit[6] stellt also der Krieg für Freud eine Chance dar, zu »Wahrhaftigkeit« (Z 59) zurückzufinden, zur Wahr-

---

5   Obwohl es sich um ein allgemeines Phänomen handelt, sind für Freud nicht alle von ihm gleich stark betroffen. Der zweite Teil von Freuds Aufsatz beruht auf einem kürzlich wiederentdeckten Vortrag, den er vor der jüdischen Loge B'nai B'rith gehalten hat. Freud sagt dort, dass es heute viele Menschen gibt, »die vom Tod nichts hören wollen« und fügt dann hinzu, dass »gerade wir Juden am häufigsten und extremsten« ein solches problematisches Verhältnis zum Tod an den Tag legen (Freud, »Wir und der Tod«, *Psyche*, XLV, 1991, S. 132) – den Juden bliebe der Tod speziell verschleiert. Aufgrund einiger Anspielungen im Text gewinnt man den Eindruck, dass neben den Juden auch die Amerikaner von Freud als Repräsentanten einer solchen problematischen Modernität angesehen werden (vgl. mein *Das Andere im Gleichen*, a.a.O., Kapitel I.2). Notieren wir jedoch, dass Freud gleich zu Beginn des Textes kritisiert, dass manche Anthropologen – »um einen Beitrag zur Bekämpfung des Feindes zu leisten« – in diesem Krieg sich dazu ausnützen lassen, »den Gegner für minderwertig und degeneriert« zu erklären (Z 35). Es ist unwürdig, die Wissenschaft, welche die Wahrheit entdecken soll, zu einem Mittel für ganz andere Zwecke auszunützen. Das hindert Freud aber nicht daran, den eigenen jüdischen Brüdern eine gewisse Dekadenz vorzuhalten. Denn hier ginge es ja im Gegenteil darum, Menschen, die von einer gewissen Wahrheit, nämlich jener des Todes, nichts mehr wissen wollen, diese ins Gedächtnis zu rufen.
6   »Der Tod ist eben nicht mehr was er war« (*la mort, voyez-vous, n'est plus ce qu'elle était*) – diese von Derrida vorgeschlagene Paraphrase der Heideggerschen Verurteilung moderner »Uneigentlichkeit« angesichts des Todes (Derrida, *Apories*, a.a.O., S. 107) entspricht auch zumindest einem Aspekt von Freuds Standpunkt. Bei Heidegger wird eine solche »ontisch-negative ›Wertung‹« allerdings einem ontologisch fundierten »Verfall« nachgeordnet (vgl. *Sein und Zeit*, § 44, S. 222). In Heideggers Frühschrift *Phänomenologische Interpretationen zu Aristoteles* (Stuttgart, 2003, S. 10) ist von einem »Sichsleichtmachen« die Rede, welches davon zeugt, dass das Leben »dem Grundsinn seines Seins nach, nicht im Sinne einer zufälligen Eigenschaft«, schwierig *ist*.

haftigkeit des Todes. Es handelt sich um eine Rückkehr, die dazu angetan ist, »uns das Leben«, welches durch die Kultur seinen unbewussten Wurzeln entfremdet worden ist, »wieder erträglicher zu machen« (Z 60). Freud schließt seinen Text dementsprechend mit einer Maxime: »Wenn du das Leben aushalten willst, richte dich auf den Tod ein« (Z 60). Wir haben also einen ersten Gegensatz: einerseits moderne Dekadenz[7], andererseits etwas Ursprüngliches, das sich im Krieg endlich wieder manifestiert. Der Krieg tut uns gut – das Leben das er bedroht, war ja gar kein richtiges Leben mehr und könnte erst durch die Bedrohung des Todes lebenswert werden.

Aber die Lage ist viel komplizierter und undurchsichtiger (und ich glaube nicht, dass das bloß auf einer »Verwirrung der Intelligenz« angesichts des »Wirbels dieser Kriegszeit« beruht, die Freud allgemein, d.h. auch für sich selbst zu Beginn seines Textes konstatiert (Z 35)).

Die erste Komplikation ist folgende: Wenn wir davon ausgehen, dass ein Krieg aus Wahrhaftigkeitsgründen sozusagen fällig war, könnte es sich immer noch herausstellen, dass der jetzige Krieg nicht der Art von Krieg entspricht, die wir gebraucht hätten. Es könnte ja gute und schlechte Kriege geben. Freud erwägt in seinem Text tatsächlich die Möglichkeit eines gewissermaßen idealen Kriegs, der einem »ritterlichen Waffengang« (Z 38) entsprechen würde. Man könnte z.B. annehmen, dass in einer solchen Auseinandersetzung der Mutigere siegt und somit belohnt wird für seine Nähe zur Wahrhaftigkeit des Todes. Eine solche ideale Konfrontation würde sich darauf beschränken wollen, »die Überlegenheit des einen Teiles festzustellen, unter möglicher Vermeidung schwerer Leiden« (Z 38). Insofern sich Freud von dem Kriterium der Überlegenheit (er präzisiert auch nicht, ob es sich um größeren Mut oder um den Einsatz besserer Mittel handelt) nicht distanziert, können wir annehmen, dass ein solcher Krieg in seinen Augen ein gerechter Krieg wäre, bei dem derjenige gewinnt, der es verdient und dem wir deshalb den Sieg wünschen.

Freud meint aber, dass unser moderner Krieg einem solchen Ideal *nicht* gerecht wird – daher unsere »Enttäuschung«. Nicht nur weil die »Waffen vervollkommnet« worden sind (d.h. es zu einer Verbesserung der Leiden und Tod erzeugenden technischen Mittel gekommen ist), sondern auch weil sich der jetzige Krieg »über alle Einschränkungen« (Z 38), das heißt über »die Gesetze der menschliche Gesittung« hinaussetzt und zwar »in einem Masse, welches das in früheren Kriegen Gebräuchliche zu übersteigen scheint« (Z 39).

Wir haben es also hier mit einer Art von doppelter Verspätung zu tun: Moderne Dekadente, die nichts mehr vom Tod wissen wollen, sind in einen dekadenten

---

[7] Obwohl der Ausdruck »Dekadenz« von Freud hinsichtlich der »Triebveredelung« nicht gebraucht wird, scheint er mir der von ihm zu diesem Zeitpunkt vertretenen Auffassung zu entsprechen.

Krieg verstrickt, dessen Grausamkeiten nicht mehr viel mit einer authentischen Erfahrung des Todes zu tun haben. Es handelt sich freilich beide Male nicht um die gleiche Dekadenz – Dekadenz der Krieger aufgrund letztlich oberflächlicher, kulturell bedingter Triebveränderungen (»Triebveredelungen«); Dekadenz des Krieges im Gegenteil aufgrund des Verrats kultureller Ideale (der jetzige Krieg setzt sich z.b. über das »Völkerrecht« hinaus, das in friedlichen Zeiten gegolten hat (Z 38)). Die Zeit ist also gewissermaßen »aus den Fugen« (*out of joint*)[8] – der »ratlose Kulturweltbürger« verzweifelt an einer »ihm fremd gewordenen Welt« (Z 40). Man hätte den Dekadenten einen echten Krieg gewünscht, der ihnen in glaubwürdiger Weise die Wahrheit des Todes in Erinnerung rufen würde, aber der jetzige Krieg entspricht nicht wirklich dem erwarteten Ideal. Oder: Freud sagt – ich werde euch eine allgemeine Theorie der Wichtigkeit des Kriegs liefern, aber das »zeitgemäße« Beispiel, über das ich verfüge, eignet sich leider nicht für meinen Nachweis.

Dieses erste Scheitern einer an sich erwünschten Erfahrungsmöglichkeit beruht auf einer letztlich äußeren, historischen Konstellation oder, um es anders zu sagen: das Scheitern bleibt *kontingent*. Zu anderen Zeiten wäre vielleicht ein anderer Krieg möglich gewesen. Darüber hinaus entdeckt man aber in Freuds Text bezüglich der an sich erwünschten Erfahrung ein viel ernsteres, transhistorisches, gewissermaßen inneres Hindernis, das man der Kategorie der *Unmöglichkeit* zuordnen muss. Selbst wenn Freud im Krieg vor allem eine Chance sieht, zu einer an Heidegger gemahnenden Erfahrung der Sterblichkeit vorzudringen, ist die Lage komplizierter. Denn es ist bemerkenswert, dass Freud sich bezüglich des durch den Krieg geförderten Erinnerns an den Tod zunächst nicht auf die Krieger, sondern auf das »Elend der Daheimgebliebenen« (Z 35) bezieht, d.h. auf jene, die, wie er selbst, weil sie »zu Hause geblieben sind« (Z 51), *nicht* gekämpft haben. Folgt man Freuds Überlegungen, so machen im Krieg nur jene eine Erfahrung des Todes, die nicht ihr eigenes Leben aufs Spiel setzen – nämlich die »Daheimgebliebenen«, die dem Tod nur insofern begegnen als sie Gefahr laufen, »einen ihrer Lieben« (Z 51) zu verlieren. Die »Helden« dagegen, die tatsächlich der Gefahr des eigenen Todes ausgesetzt sind, machen eine solche Erfahrung gar nicht. Sie sind eigentlich gerade deshalb so mutig, meint Freud, weil sie »nicht an den eigenen Tod glauben können« (Z 59) – das wäre sogar das »Geheimnis des Heldentums«, d.h. des Muts (Z 56).[9] Seltsamerweise geht also aus Freuds Überlegungen hervor, dass es eine Erfahrung (Subjektivierung) des Todes – die er aber an anderen Stellen des gleichen Texts zu fordern scheint – überhaupt nicht geben kann: Einerseits gelangen die »Daheimgebliebenen« zu einer Anerkennung einer Wahrheit, deren Erfahrung sie selbst prinzipiell

---

8 Vgl. Derrida, *Spectres de Marx*, Paris, 1993, S. 43. Derrida zitiert aus *Hamlet*, I/5.
9 Was auch heißt, dass das Heldentum sich auf der Seite des Unbewussten ansiedelt, das vom Tod nichts weiß: »die dem Unbewussten entsprechende heldenhafte Reaktion« (Z 57).

nicht ausgesetzt sein können, und andererseits leben die Helden in der Verkennung dessen, was ihnen als Ereignis tatsächlich zustoßen könnte. Die sozusagen offizielle Forderung einer Rückkehr zur Eigentlichkeit einer Erfahrung wird also von innen her untergraben, ausgehöhlt – und zwar unter Berufung aufs Unbewusste[10]: »Im Unbewussten ist jeder von seiner eigenen Unsterblichkeit überzeugt« (Z 49). Man kann es auch so sagen: Selbst wenn Freud sich darüber beklagt, dass es eine »konventionell-kulturelle […] Verleugnung des Todes« (Z 55) gibt, ist alles, was uns zugänglich ist, die Erfahrung der Trauer, d.h. des Todes des *anderen* (der uns allerdings dann auch indirekt an die eigene Sterblichkeit erinnern kann). Eine direkte Konfrontation mit dem eigenen Tod dagegen, mit dem Tod »als solchen«[11], bleibt unmöglich.[12]

Freuds Überlegungen über den Tod unterscheiden sich also von demjenigen, was Heidegger als »existenziale Analyse des Todes«[13] (»Seinsmöglichkeit, die je das Dasein selbst zu übernehmen hat«[14]) erarbeitet hat. Insofern auf der Ebene des Unbewussten jeder von seiner eigenen Unsterblichkeit überzeugt ist, kann es in Freuds Theorie, anders als bei Heidegger, nicht zur Fundierung eines jenseits der Einzeltatsachen anthropologischer oder ethnologischer Studien allgemein gültigen »Begriffs des Todes«[15] kommen. Die in diesem Text offensichtliche Vorrangigkeit der Trauer (als Reaktion auf den Tod des anderen) gegenüber anderen Erfahrungsmöglichkeiten des Todes, wäre von der Unmöglichkeit der Erfahrung »meines« Todes[16], meines eigenen Todes her zu verstehen. Sobald das Unbewusste in seine Argumentation eintritt, stellt Freud also eigentlich genau jene »Wahrhaftigkeit« der Beziehung zum Tod in Frage, für die er gleichzeitig im selben Text – und zwar ebenfalls unter Berufung aufs Unbewusste – einzutreten scheint.

Was von der »Wahrhaftigkeit« übrigbleibt ist also, auf dieser Ebene zumindest, nur mehr die Wahrhaftigkeit einer (in späteren Texten, wie wir sehen werden, nicht mehr unbedingt vorrangigen) unwandelbaren Ursprünglichkeit des Unbewussten,

---

10 »[…] double postulation Freudienne selon laquelle il y a, certes, une irréductible pulsion de mort alors que, pourtant, ni la *science* biologique ni notre *croyance* ni notre inconscient n'attestent notre mortalité, une mortalité essentielle, nécessaire ou intrinsèque« (Derrida, *Apories*, a.a.O., S. 74).
11 Vgl. Derrida, *Apories*, a.a.O., S. 69
12 »Das Für-wahr-halten des Todes – Tod *ist* je nur eigener […]« (Heidegger, *Sein und Zeit*, §53, S. 265) – von einer solchen Möglichkeit ist bei Freud letzten Endes nicht die Rede. Heidegger sagt allerdings auch: »Dasein verendet nie« (*Sein und Zeit*, §49, S. 247). »Das Dasein, in seinem ursprünglichen Sein zum Tode, bleibt unsterblich, wenn man unter ›unsterblich‹ versteht ›ohne Ende‹ im Sinn von ›verenden‹«, paraphrasiert Derrida (*Apories*, a.a.O., S. 76).
13 Vgl. Heidegger, *Sein und Zeit*, § 49, S. 246 f.
14 Heidegger, ebd., S. 250; vgl. Derrida, *Apories*, a.a.O., S. 115
15 Heidegger, *Sein und Zeit* , S. 247 (»Dasein«, das noch nicht anthropologisch als »Mensch« vorausgesetzt wird; vgl. Derrida, *Apories*, a.a.O., S. 85)
16 Vgl. Derrida, *Apories*, a.a.O., S. 133

das von den kulturellen Idealen (denen Freud vielleicht später auch, bei etwaiger Kenntnisnahme, die Ergebnisse von Heideggers Philosophie zugeordnet hätte) unberührt bleibt. Das mag von einem gewissen philosophischen Standpunkt aus problematisch erscheinen, ist aber gerade aus diesem Grund interessant. Ich denke hier freilich wiederum an Derrida, der nicht ausschließt, dass Heideggers »saubere«[17] Ableitung in doppelter Weise in Frage gestellt werden könnte. Einerseits könnte, im Gegensatz zu Heideggers Behauptung, die »existentielle Analyse« des Todes selbst historischen (z.B. jüdisch-christlichen oder christlichen[18]) Ursprungs sein. Andererseits bestreitet Derrida auch die absolute Gültigkeit der von Heidegger angestrebten sauberen Ableitung (die, ohne es in Frage zu stellen, dem Prinzip einer »hierarchischen Ordnung« zwischen durch »saubere Grenzen« voneinander getrennten Bereichen gehorcht[19]).

Was diesen zweiten Punkt betrifft, präsentiert Derrida unsere Beziehung zum Tod als unmögliche Begegnung: Ich und der Tod (als anderer) erwarten einander ohne einander jemals begegnen zu können[20] – es würde hier ein notwendiges Verfehlen aufgrund einer Unmöglichkeit von Gleichzeitigkeit geben, was Derrida zur Annahme einer ursprünglichen Trauer führt.[21] Obwohl bei Freud von solcher ur-

---

17 Vgl. Derrida, ebd., S. 110. – Saubere Abgrenzung gegenüber kulturellen Unterschieden bezüglich des Todes, gegenüber nicht-menschlichen (d.h. tierischen) Formen des Sterbens (»Verenden«) und gegenüber der Unreinheit von Gegensätzen (vgl. ders., ebd., S. 77 f.).

18 Vgl. ders., ebd., S. 101 f. und 138-140 (*Sein und Zeit* könnte in diesem Sinn auch als »ein Kleines spätes Dokument unter anderen« gelesen werden); Derrida, *Donner la mort*, Paris, 1999, S. 41 und 75 (deutsche Übersetzung: »Den Tod geben«, in Anselm Haverkamp (Hrsg.), *Gewalt und Gerechtigkeit*, Frankfurt am Main, 1994, S. 351 und 378); und Hent de Vries, *Philosophy and the Turn to Religion*, Baltimore and London, 1999, S. 278.

19 Derrida, *Apories*, a.a.O., S. 60 und 77. Es geht also um Grenzen bezüglich des Todes, der selbst einer Grenze entspricht (vgl. Derrida, ebd., S. 61).

20 Derridas erreicht diese eigenartige Verschiebung von Heideggers Auffassung dadurch, dass er das Wort »bevorstehen« (*Sein und Zeit*, §50, S. 250) im Französischen durch »s'attendre« wiedergibt (Derrida, *Apories*, a.a.O., S. 117 f.). Derridas Lektüre unterstreicht eine von Heidegger in *Sein und Zeit* nicht explizit gemachte Spannung zwischen einerseits dem Tod als Möglichkeit einer sich enthüllenden, das heißt als Wahrheit erscheinenden Unmöglichkeit des Lebens und andererseits dem Tod als Möglichkeit von Unmöglichkeit (Unmöglichkeit, dass die Möglichkeit einer Unmöglichkeit »als solche« erscheinen würde – was ausschließt, zum Tod »als solchen« Zugang zu haben) (Derrida, ebd., S. 24 f. und 131). An einer anderen Stelle des Textes unterscheidet Derrida zwischen dem Möglichen (*possible*) als Bevorstehen und dem Möglichen als Vermögen (*pouvoir*; dasjenige, wozu ich imstande bin) (Derrida, ebd., S. 113). Hent de Vries (*Philosophy and the Turn to Religion*, a.a.O., S. 283, Fußnote) weist unter Berufung auf Tugendhat und Wolf (*Logisch-semantische Propädeutik*, Stuttgart, 1993, S. 244) darauf hin, dass man eine solche Ambiguität des Begriffs der Möglichkeit bereits bei Aristoteles angedeutet findet.

21 Trauer wäre, im Gegensatz zu demjenigen, was Heidegger wohl denken würde, nicht ableitbar. Derrida spricht von einer »Urtrauer« (*deuil originaire*), die es auch bei Freud – selbst wenn für ihn Trauer kein sekundäres Phänomen darstellt – nicht gebe (vgl. Derrida, *Apories*, a.a.O., S. 75 und 110 f.).

sprünglicher Trauer nicht die Rede ist, kann seine Art, die Trauer als letztlich einzigen Erfahrungsort des Todes anzusehen, als ein Schritt in diese Richtung angesehen werden. Wir stehen vor einem doppelten Aus-den-Fugen-Gehen der Zeit[22] – erstens dadurch, dass der jetzige Krieg, d.h. unsere moderne Zeit, sich für eine glaubwürdige Erfahrung des Todes nicht mehr eignet; zweitens dadurch, dass die zeitliche Erfahrung des Todes als solchen überhaupt unmöglich ist.[23] Das »Stück Fremdheit« (Z 53), das sich mir im Augenblick des Todes des Freunds aufdrängt, wäre also vielleicht auch der Tod »selbst«, den ich niemals zum »meinigen« zu machen imstande bin (was dann auch bedeuten würde, dass sich die eingangs formulierte Unterscheidung zwischen zwei verschiedenen Alteritäten verwischen würde).

Wenn ich hier das Bestehen von mehreren Schichten in Freuds Text zu zeigen versucht habe, beabsichtige ich damit nicht, die eine gegen die andere auszuspielen. Die Bedeutung der Konfrontation mit dem Tod als Bedingung lebenswerten Lebens – oder die Bedeutung des Kastrationskomplexes, der einer ähnlichen Logik gehorcht – verliert nicht unbedingt ihre Gültigkeit sobald man ihr nicht mehr die Funktion einer letzten Referenz zugesteht. Aber es ist wichtig zu erkennen, dass die Konfrontation mit dem eigenen Tod in Freuds Text gleichzeitig gefordert und als Möglichkeit in Frage gestellt wird, und dass ein solches In-Frage-stellen als Vorstoß in die Richtung einer Anerkennung des notwendigen Bestehens einer letztlich aporetischen Struktur aufgefasst werden kann.[24] Obwohl Freud zu Recht die »Normalisierung« des Subjekts mit dessen Anerkennung seiner eigenen Vernichtbarkeit in Zusammenhang bringt, scheint es für ihn letztlich doch keinen Extrempunkt (Tod, symbolische Kastration) zu geben, dessen schmerzhafte (und schließlich zu Aneignung führende) Durchschreitung genügen würde, um die Stabilität einer subjektiven Position endgültig zu gewährleisten. Weil er widersprüchlich bleibt, verfällt Freuds Diskurs nicht (oder nicht in der gleichen Weise) wie derjenige Heideggers in einen letztlich doch wieder metaphysischen Gegensatz von

---

22 Über die mehrfache Bedeutung des Ausdrucks »aus den Fugen geratene Zeit«, vgl. Derrida, *Spectres de Marx*, a.a.O., S. 42 f.
23 »Der eigene Tod ist ja auch unvorstellbar, und sooft wir den Versuch dazu machen, können wir bemerken, dass wir eigentlich als Zuschauer weiter dabeibleiben.« (Z 49). – Dieses zweite Aus-den-Fugen-Gehen der Zeit kann als Äquivalent der Unmöglichkeit der von Heidegger behaupteten »Einheit« der sogenannten zeitlichen »Ekstasen« verstanden werden (vgl. Heidegger, *Sein und Zeit*, § 65, S. 329; und Richard Beardsworth, *Derrida & the political*, London and New York, 1996, S. 106-108).
24 Freilich beruht auch Heideggers Auffassung auf der Annahme einer Aporie – der aporetischen Struktur ursprünglicher (im Gegensatz zu »vulgärer«) Zeit. Wozu Derrida nicht zustimmt, ist Heideggers Behauptung der Möglichkeit, aus dem Auf-sich-nehmen der Unmöglichkeit den Rahmen der Möglichkeit zu machen. In diesem Sinn ist Derridas Bemerkung zu verstehen, dass »die letzte Aporie die Unmöglichkeit der Aporie *als solcher* ist« (*Apories*, a.a.O., S. 137).

»Eigentlichkeit« und »Uneigentlichkeit« der Erfahrung. Dass es bei Freud so etwas wie eine Vorstellung der Wahrhaftigkeit (oder Eigentlichkeit) des Unbewussten gibt, ist unbestreitbar. Aber die Eigentlichkeit des Unbewussten besteht gerade darin, sich gegenüber der Eigentlichkeit der Erfahrung des Todes zu verschließen – das Unbewusste »als solches« will vom Tod »als solchen« nichts wissen. Nirgends ein Ausweg, oder: kein anderer »Ausweg« als sich auf »Holzwege« einzulassen.

Idiosynkrasie

Freud kommt auf die Frage des Kriegs im Jahr 1932 noch einmal zurück. Es handelt sich um den kurzen Text *Warum Krieg?*, der auf einem zur Publikation bestimmten Brief beruht, der die Antwort auf eine Anfrage von Albert Einstein darstellt.[25] Der Aufsatz ist zu einem Zeitpunkt geschrieben, wo Freuds Umgebung, anders als 1915, nicht in einen Krieg verwickelt ist.

Ich möchte mit dem Ende des Textes anfangen. Zu Beginn des letzen Abschnitts (W 284 f.) stuft Freud sich selbst als »weltfremden Theoretiker« ein, der zu den »praktischen Aufgaben« nicht unbedingt etwas beizutragen hat. Freud fragt sich, warum Einstein, er selbst und »so viele andere« den Krieg nicht einfach als etwas Naturgemäßes und Unvermeidliches hinnehmen können. Zunächst folgen zwei Gegenargumente gegen das bloße Hinnehmen des anscheinend Unvermeidlichen: Einerseits erwägt Freud, ob nicht »jeder Mensch Recht auf sein eigenes Leben hat« (W 284). Andererseits schreibt Freud, ähnlich wie er schon 1915 von seiner Enttäuschung hinsichtlich der Möglichkeit eines »ritterlichen Waffengangs« gesprochen hatte, »dass der Krieg in seiner gegenwärtigen Gestaltung keine Gelegenheit mehr gibt, das alte heldische Ideal zu erfüllen« (W 285). Anscheinend ganz ähnlich wie er 1915 meinte, dass wir uns angesichts des Kriegs »befremdet fühlen in der einst so schönen und trauten Welt« (Z 49), schreibt Freud auch 1932, dass wir den Krieg »einfach nicht mehr […] vertragen« (W 286).

Aber wir dürfen uns durch solche Ähnlichkeit nicht täuschen lassen. Denn es geht jetzt nicht mehr darum, die Zeitgenossen aufzufordern, die Oberflächlichkeit der kulturellen Veredelungen zuzugeben und durch den Krieg die Unvermeidlichkeit des Todes einzusehen oder (weil solches Einsehen ja, wie wir gesehen haben, unmöglich ist) zumindest sich mit den durchs Unbewusste gesetzten Grenzen anzufreunden. Nein, wenn wir den Krieg nicht vertragen, so liegt das jetzt ganz einfach

---

25 Einstein hatte während des ersten Weltkriegs einen Beitrag zum Band *Das Land Goethes* (hrsg. vom Berliner Goethebund, Stuttgart, 1916) geliefert, in dem Freuds Text »Vergänglichkeit« (*Studienausgabe*, Bd. X, 223 f.) zuerst erschienen ist. Einsteins Text ist einer der wenigen dieser Publikation, der keinerlei Spuren einer Verführung durch die damalige Kriegsstimmung zeigt. – Seitenangaben aus Freuds *Warum Krieg?* sind im folgenden durch den Buchstaben »W« gekennzeichnet.

daran, dass wir (dieses »wir« wird allerdings genauer zu bestimmen sein) »Pazifisten« sind, und zwar – hier liegt der wesentliche Unterschied gegenüber *Zeitgemäßes* – »weil wir es aus organischen Gründen sein *müssen*« (W 285; meine Hervorhebung). Das heißt, dass der »Prozess der Kulturentwicklung« (W 285), von dem 1915 in fast verächtlicher Weise die Rede war, jetzt sehr ernst genommen wird. Den organischen, »angeborenen Anteil der Kultureignung«, von dem er 1915 vor allem gesagt hat, dass er (wie auch der »erworbene«) immer »zu hoch veranschlagt« wird (Z 42 f.), sieht Freud jetzt für wesentlich an – zumindest für »uns«, d.h. für eine der Kultur verpflichtete Elite. Die »Kulturentwicklung« (d.h. die zwar kulturell bedingte, dann aber organisch eingeschriebene und somit irreversible Veränderung der Natur bestimmter Menschen) ist nicht mehr ein als Dekadenz einzustufendes Übel, das uns von der »Wahrhaftigkeit« entfernt, auch keine »Illusion, der wir uns gefangen gaben« (Z 44), sondern möglicherweise sogar eine Chance.[26] Wie 1915 schließt Freud mit einer Art Maxime: »Alles, was die Kulturentwicklung fördert, arbeitet auch gegen den Krieg.« (W 286) Das hätte er zwar auch schon 1915 schreiben können, nur tritt er 1932 *für* die gegen den Krieg arbeitende »Kulturentwicklung« ein.

Trotz seines neuen Vertrauens in die »Kulturentwicklung« sind Freuds Überlegungen allerdings in einen deutlichen Pessimismus[27] eingebettet: Wir »leiden« an den Folgen der Kulturentwicklung (W 285), die übermäßigen Wirkungen des Gewissens sind »ungesund« (W 282). Vielleicht führt der Kulturprozess sogar »zum Erlöschen der Menschenart, denn er beeinträchtigt die Sexualfunktion in mehr als einer Weise, und schon heute vermehren sich unkultivierte Rassen und zurückgebliebene Schichten der Bevölkerung stärker als hochkultivierte.« (W 285) Solche Bemerkungen können den Eindruck erwecken, Freud meine, dass der Prozess der Dekadenz inzwischen so weit vorgeschritten sei, dass ein Appellieren an die Wahrhaftigkeit der Kriegserfahrung aussichtslos geworden ist. Aber Freud betont nicht nur, dass die Veränderungen »organische Begründungen« (W 286) haben, sondern scheint jetzt auch den »ethischen und ästhetischen Idealforderungen« (W 286), die

---

26 Obwohl Freud auch noch 1932 meint, »dass es keine Aussicht hat, die aggressiven Neigungen der Menschen abschaffen zu wollen« (W 283), betont er zu diesem Zeitpunkt nicht mehr, dass »das primitive Seelische [...] im vollsten Sinne unvergänglich« ist (Z 45). Das scheint darauf hinzuweisen, dass Freud die Gewalt nicht mehr mit dem Fortbestehen von Archaischem, sondern mit der Irreduktibilität von Heterogenem in Zusammenhang bringt.
27 Ich erwähne hier, dass es – wie ich es in *Das Andere im Gleichen* (a.a.O., Kapitel I.1 und I.5) betont habe – in *Zeitgemäßes* Pessimismus, vielleicht sogar Zynismus bezüglich der Trauer gibt. Denn die Aussicht, sich dank des Kriegs »über den Tod geliebter Personen hinwegzusetzen« (Z 59; d.h. das verlorene Objekt restlos zu ersetzen), beruht notwendigerweise auf einer Ablehnung der Erfahrungsmöglichkeit der Singularität und der von ihr implizierten Unersetzbarkeit des anderen. Es schien mir auch, dass Freud mit einer solchen Forderung nach Ersatz bezüglich des Verlusts ein Ideal vertritt, an das er selbst nicht ganz glaubt.

»uns Pazifisten« den Krieg unerträglich machen, zuzustimmen – es handelt sich um »konstitutionelle Intoleranz«, »Idiosynkrasie« (W 286). Man könnte fast sagen, dass es unwahrhaft wäre, sich nicht zu seiner eigenen, organisch eingeschriebenen Dekadenz (Unwahrhaftigkeit?) zu bekennen.[28]

Vergleichen wir noch einmal. 1915 meint Freud: 1.Wir verkennen den Tod – authentische, heldenhafte Erfahrung wäre wünschenswert, der jetzige Krieg eignet sich aber nicht dafür. 2. Das Unbewusste macht einerseits solche direkte Erfahrung ohnehin unmöglich und sollte uns andererseits dazu führen, unsere konstitutionelle Bösartigkeit anzuerkennen. 1932 dagegen meint Freud: Wir sind konstitutionell nicht mehr für den Krieg gemacht; für den Krieg, der sich – wie er es schon 1915 konstatiert hatte – in seiner jetzigen Form für den Beweis des Heldentums gar nicht mehr eignet. Der moderne Krieg ist, zumindest für eine kultivierte Minderheit, absurder denn je, und wir haben das Recht, enttäuscht zu sein. Während Freud 1915 warnend betonte, dass »eine große Zahl von Menschen zum Kulturgehorsam gewonnen« werden, »die dabei nicht ihrer Natur folgen« (Z 44), beklagt er sich jetzt eher darüber, dass die Politik den kulturell bedingten Veränderungen der Natur (vergleichbar der »Domestikation gewisser Tierarten« (W 285)) nicht folgt, die sich zumindest bei einigen tatsächlich schon vollzogen haben.

Die Bezugnahme auf die Minderheit stellt freilich eine wesentliche Einschränkung dar – es handelt sich vorläufig doch nur um eine Elite der Kultur, die sich verändert hat. Daher die Frage: »Wie lange müssen wir nun warten, bis die anderen Pazifisten werden?« (W 286) Es scheint Freud nicht unmöglich, dass das Zusammenwirken von zwei »Momenten«, nämlich »der kulturellen Einstellung und der berechtigten Angst vor den Wirkungen eines Zukunftskriegs, dem Kriegführen in absehbarer Zeit ein Ende setzen wird.« (W 286) Aber die Spannung zwischen der jetzt eingestandenen Möglichkeit einer irreversiblen Veränderung zur Kultureignung hin und der gleichzeitigen Behauptung, dass sie nur eine kleine Zahl betreffe, führt Freud automatisch zu einem Liebäugeln mit aufgeklärten autoritären Systemen, die sozusagen in Warteposition die noch nicht ausreichend dekadenten Massen regieren sollen. In etwas befremdender Weise schwärmt Freud von »Lenkung« durch eine »Oberschicht«, von »Führern«, von »einer Gemeinschaft von Menschen, die ihr Triebleben der Diktatur der Vernunft unterworfen haben« (W 284).

Es bleibt natürlich die Frage, wie diese Wandlung von Freuds Standpunkt zu interpretieren ist. Wir könnten sie zunächst ganz unmittelbar verstehen – es würde sich tatsächlich um die organische Einschreibung eines kulturellen Prozesses handeln, um eine kulturelle Hinwegbewegung von der ursprünglichen Natur, die dann zu

---

28 In Anbetracht dessen, was Freud 1915 über das besondere Verhältnis der Juden zum Tod gesagt hatte, könnte man auch erwägen, ob die Wandlung seiner Einstellung nicht als Hinweis auf ein spätes Zustimmen zum eigenen Judentum zu verstehen ist.

einer Art von zweiter, friedlicherer Natur werden würde. Ohne uns allzu weit von einer solchen ersten Lesart zu entfernen, könnten wir Freuds Standpunkt auch mit einer in jüngerer Zeit aufgetauchten Diskussion über die Möglichkeit einer durch genetische Manipulation erzeugten Minderung der menschlichen Aggressivität in Zusammenhang bringen. Freud würde gewissermaßen sagen, dass die Natur schon dafür zu sorgen begonnen hat, jene erwünschte Änderung vorzubereiten, die man dann auf technisch-genetischem Weg noch verstärken könnte. Die Bezugnahme auf technische Manipulation erschreckt mich nicht – sie erschreckt mich zumindest nicht mehr als ein unreflektiertes Appellieren an humanistische, gegen die Technik gerichtete Werte. Ich würde gegen einen solchen Standpunkt eher einwenden, dass wir überhaupt nicht wissen, was über einen solchen Weg zu erreichen wäre, und zwar in doppelter Weise: Wir wissen weder, wie sich biologische Änderungen auf den Einzelnen auswirken könnten, noch wie solche etwaige Änderungen dann politisch gehandhabt werden sollten.

Ich schlage eine ganz andere Lektüre vor, die davon ausgeht, dass die von Freud erwogene Änderung bezüglich der Kultureignung mit der Möglichkeit einer Änderung der Stellung des Unbewussten in Zusammenhang gebracht werden könnte.[29] Obwohl sich Freud, wie wir gesehen haben, oft auf das Unbewusste als etwas Ursprüngliches und somit Unveränderliches beruft, findet man bei ihm auch Hinweise auf dessen mögliche Wandlungen.[30] Wenn wir z.B. davon ausgehen, dass die Funktion des Vaters eine Instanz des Unbewussten darstellt, so müssten sich Veränderungen dieser Funktion auf der Ebene der sozialen Realität letztlich auch auf das Unbewusste selbst auswirken. Ich verweise hier auf Derridas *Politiques de l'amitié*[31], wo gezeigt wird, inwieweit sich der scharfe Freund-Feind-Kontrast im Sinne Carl Schmitts[32] in ein philosophisch-kulturelles Gewebe einschreibt, das von der Vorstellung des Vaters und der Brüderlichkeit beherrscht wird. Schmitt (und Freud 1915[33]) appellieren vielleicht umso mehr an die Kontinuität einer Tradition, für die der Krieg als die wesentlichste Möglichkeit einer Rückkehr zur Ursprünglichkeit einer Erfahrung erscheint, als sie wissen, dass die Zeit dieser Tradition zu Ende geht.

---

29 Ich knüpfe hier an Überlegungen an, die ich in *Das Andere im Gleichen* (a.a.O., Kapitel III: »Psychoanalyse und Demokratie«) entwickelt habe.
30 In diesem Sinn kann man z.B. schon manche (allerdings in fragwürdiger Weise nur auf die Funktion der Wahrheit ausgerichtete) Bemerkungen in Freuds aus dem Jahr 1910 stammenden Text »Die zukünftigen Chancen der psychoanalytischen Therapie« (in *Studienausgabe*, Ergänzungsband, S. 121-132, speziell S. 129-132) lesen.
31 Derrida, *Politiques de l'amitié*, Paris, 1994, *passim*.
32 Vgl. Carl Schmitt, *Der Begriff des Politischen*, Berlin, 1963
33 Auch noch wenn er 1915 nostalgisch ein vor dem Weltkrieg bestehendes kosmopolitisches Ideal evoziert (die Gemeinschaft der »früheren Kompatrioten« (Z 45)), spricht Freud von einem »neuen, größeren Vaterland« (Z 37).

Ich sehe allerdings Freuds Stellungnahme aus dem Jahr 1932, d.h. dasjenige, was er als seinen eigenen Pazifismus bezeichnet, nicht als einen Aufruf an, prinzipiell auf Gewalt zu verzichten. Nichts weist darauf hin, dass Freud der Ansicht gewesen wäre, man solle nicht eingreifen und möglicherweise Gewalt anwenden, wenn Unrecht herrscht. Pazifist zu sein würde nur heißen, dass man den Krieg nicht schön findet[34] und ihn nicht mehr um seiner selbst willen liebt; dass man ihn nicht – wie Carl Schmitt – als Ausdruck des grundlegenden und letztlich einzig wahrhaften Verhältnisses zum anderen ansieht. Selbst wenn der Ton, wie man gesehen hat, etwas resigniert bleibt, kann Freuds Bekenntnis zum Pazifismus im weiteren als Hinweis dafür angesehen werden, dass er 1932 – im Gegensatz zu früher – kaum mehr von der Idee eines »Verfalls«[35] fasziniert ist. Die Idee einer beklagenswerten Dekadenz der modernen Zeit ist (fast) verschwunden, die Gegenwart wird nicht mehr bloß unter dem Blickwinkel einer der »eigentlichen Erfahrung« näherstehenden Vergangenheit betrachtet.

Vielleicht kann Freuds später Pazifismus mit einer Bemerkung Derridas in Zusammenhang gebracht werden, wonach sich etwas an unserer »Erfahrung der *Zugehörigkeit*« geändert habe.[36] Grob gesagt – das Wort »Gemeinschaft«, das in der Vergangenheit mancherlei Hoffnungen zu erwecken imstande war, hat für viele an Anziehungskraft oder zumindest seine Selbstverständlichkeit verloren; und umgekehrt erscheint das Interesse an einer mit dem traditionellen Ideal von Gemeinschaft kaum verträglichen »Theorie der absoluten Ambivalenz«[37] nicht unbedingt absurd. Das Freund-Feind-Verhältnis funktioniert nicht mehr so wie früher, und Freuds Pazifismus, scheint es mir, hat mit dieser Wandlung zu tun. Es gibt »Entpolitisierung« (oder zumindest Modifizierung dessen, was man traditionellerweise unter »Politik« verstanden hat), was wiederum sowohl zu Hoffnung als auch zu Beunruhigung Anlass geben kann.[38] Die von Freud festgestellte Wandlung wird wohl – im Gegensatz zu seiner eigenen Vermutung – nicht dazu führen, dass es in Zukunft keine Kriege mehr geben wird, könnte aber bedeuten, dass künftige Kriege, zumindest unter einem bestimmten Blickwinkel gesehen, mit den klassischen nur noch den Namen gemein haben werden. Fügen wir noch hinzu, dass die Änderung

---

34 Am Schluss seines Aufsatzes spricht Freud von »unserer Auflehnung« gegen die »ästhetischen Erniedrigungen« des Kriegs (W 286).
35 Bezüglich eines dem Heideggerschen Begriff des Verfalls inhärenten »Platonismus«, vgl. Derrida, »Ousia et grammé«, in *Marges de la philosophie*, Paris, 1972, speziell S. 73-78.
36 Derrida, *Politiques de l'amitié*, a.a.O., S. 98
37 Derrida, ebd., S. 132. – Notiert sei hier, dass Freud 1915 schreibt, die Ambivalenz hätte zur Wirkung, »die Liebe immer wach und frisch zu erhalten« (Z 59)
38 Beunruhigend wäre es z. B., mit Freud zunächst zu sagen »wir vertragen den Krieg nicht mehr« und dann einschränkend hinzuzufügen – wir vertragen ihn nicht, solange uns seine Präsentation (in den sogenannten »Massenmedien«) nicht die »ästhetischen Erniedrigungen« (W 286) erspart, die mit ihm verbunden sind.

von Freuds Standpunkt bezüglich des Freund-Feind-Verhältnisses einer Art von Auflösung einer Struktur gleichkommt, die analog demjenigen wäre, worauf wir bereits beim Kommentar seiner Reserven bezüglich der subjektiven Erfahrungsmöglichkeit des Todes gestoßen sind.

Recht und Gewalt

Das zweite große Thema von *Warum Krieg?* ist die Frage des Verhältnisses von Recht und Gewalt. Es geht um ein gewisses Monopol, von dem schon in *Zeitgemäßes* die Rede war, das in *Das Unbehagen in der Kultur*[39] wiederauftaucht und das auch bei Benjamin[40] behandelt wird. Schon 1915 konnte man lesen: »Der einzelne Volksangehörige kann in diesem Kriege mit Schrecken feststellen [...], dass der Staat dem Einzelnen den Gebrauch des Unrechts untersagt hat, nicht weil er es abschaffen, sondern weil er es monopolisieren will wie Salz und Tabak.« (Z 39) Der Staat verbietet dem Einzelnen z.B. Lüge und Betrug, geniert sich aber nicht im geringsten, den Feind sowohl zu belügen als auch zu betrügen. Man findet genau dasselbe Paar »Lüge und Betrug« auch bei Benjamin, der meint, dass deren Verbot für den Einzelnen ein historisch nicht altes und bedauernswertes Phänomen (das Ergebnis eines »Verfallsprozesses«) darstellt.[41]

Freuds Argument in *Warum Krieg?* arbeitet mit zwei Gegensätzen: 1. Gegensatz zwischen den »Uranfängen« (W 276) und dem heutigen Zustand; 2. Gegensatz zwischen dem Einzelnen und der Gemeinschaft. Am Anfang, zum Zeitpunkt, wo es nur »kleine Menschenhorden« gegeben hat, wurden Interessenkonflikte durch die bloße Muskelkraft entschieden, die dann noch durch einfache Werkzeuge verstärkt werden konnte. Wesentlich ist hier, dass Gewaltausübung damals zwischen *Einzelnen* stattfand, die sich auf keinerlei Recht beriefen – es gab gewissermaßen nur Kraft oder Gewalt als Kriterium, um Konflikte zwischen Einzelnen zu entscheiden. Von dieser Ursituation ausgehend ist zunächst eine einfache Addition möglich: mehrere Schwache sind gemeinsam stärker als ein einzelner Starker. Die Schwachen vereinigen sich, was dazu führt, dass die Gewalt nun in den Händen der Gemeinschaft liegt und sich gegen die mögliche Gewalt eines Einzelnen richtet, der

---

39 Freud, *Das Unbehagen in der Kultur*, Studienausgabe, Bd. IX, S. 225 f.
40 Nach Benjamin »wird man vielleicht die überraschende Möglichkeit in Betracht zu ziehen haben, dass das Interesse des Rechts an der Monopolisierung der Gewalt gegenüber der Einzelperson sich nicht durch die Absicht erkläre, die Rechtszwecke, sondern vielmehr durch die, das Recht selbst zu wahren.« (Benjamin, »Zur Kritik der Gewalt«, *Gesammelte Schriften*, II/1, Frankfurt am Main, 1991, S. 183; vgl. Derrida, *Force de loi*, Paris, 1994, S. 83, dt. *Gesetzeskraft*, Frankfurt am Main, 1991, S. 73)
41 Benjamin, »Zur Kritik der Gewalt«, a.a.O., 192; und Derrida, *Force de loi*, a.a.O., S. 117, dt. S. 101.

sich der Gemeinschaft widersetzen wollte. Recht ist nichts anderes als diese Gewalt der Gemeinschaft. Die Angelegenheit wäre einfach, wenn die Gemeinschaft der Einzelnen aus völlig gleichen Elementen bestünde, was aber nicht der Fall ist – Frauen und Männer, Kinder und Eltern, Besiegte und Sieger nach einem Krieg sind nicht gleich stark, was dann dazu führen kann, dass das Recht für die Herrschenden gemacht wird. Von hier aus kann es entweder zur Rückkehr zur alten Gewaltherrschaft kommen oder – wenn sich die sich auflehnenden Unterdrückten durchsetzen können – zur Entwicklung zum gleichen Recht für alle.
Selbst wenn man annehmen will, dass ein solches gleiches Recht für alle hergestellt werden könnte, taucht freilich sofort ein neuer Aspekt auf – dass sich nämlich die verschiedenen Gemeinschaften (»Großindividuen« schrieb Freud in *Zeitgemäßes* (Z 38)) untereinander wiederum wie Einzelne verhalten, die sich, eben in Kriegen, gegenseitig mit rohester Gewalt bekämpfen. Der Krieg wäre so gesehen zunächst nichts anderes als das Wiederauftauchen oder Fortbestehen des Urzustands auf kollektiver Ebene. Von hier aus gelangt man zur Idee, dass es eine übergeordnete Zentralgewalt geben sollte, der – im Gegensatz zum damaligen Völkerbund – auch ausreichende Macht (d.h. Gewalt) verliehen würde, um Kriege zu verhindern. Das würde freilich voraussetzen, dass die einzelnen Mitglieder dieser Instanz (wie früher die »Einzelnen«) auf ihre eigene Macht, d.h. auf einen Teil oder die Gesamtheit ihrer Souveränität verzichten. Der Völkerbund hat aber überhaupt keine Macht, er stellt den Versuch dar, »die Autorität - d.i. den zwingenden Einfluss - , die sonst auf dem Besitz der Macht ruht, durch Berufung auf eine bestimmte ideelle Einstellung zu erwarten«. (W 279) Damit kommt man wieder zurück auf das Problem, das sich innerhalb der Einzelstaaten gestellt hat: Die Ideen, die ohne Gewalt wirken sollen, setzen das Bestehen von »Gefühlsbindungen« voraus, die ihrerseits nur denkbar sind, wenn die Ideen »wichtigen Gemeinsamkeiten der Mitglieder Ausdruck geben« (W 280). Es gibt in unserer Zeit aber »keine Idee, der man eine solche Autorität zumuten könnte« (W 280). [42] »Es ist ein Fehler in der Rechnung, wenn man nicht berücksichtigt, dass Recht ursprünglich rohe Gewalt war und noch heute Stützung durch die Gewalt nicht entbehren kann.« (W 280)
Stellen wir zunächst fest, dass Freuds Überlegungen über eine gewisse Kontinuität zwischen ursprünglicher, roher Gewalt und Recht einer Tradition nahestehen, der auch Benjamins *Kritik der Gewalt* und Carl Schmitts Werk angehören – wobei das-

---

42 Man könnte sich freilich mit Kant (vgl. Kant, *Die Metaphysik der Sitten*, in *Werke in zehn Bänden*, Bd.7, Darmstadt, 1981, S. 339 f.) fragen, ob das Wirken von Ideen nicht schon Gewalt impliziert: Recht »darf und kann, wenn es rein sein soll, sich auf dieses Bewusstsein als Triebfeder nicht berufen, sondern fusset sich deshalb auf dem Prinzip der Möglichkeit eines äußeren Zwanges [...]. Recht und Befugnis zu zwingen bedeuten also einerlei«. – Vgl. Derrida, *Force de loi*, a.a.O., S. 17 (dt. S. 12, wo aber der Verweis auf Kant nicht aufscheint); und ders., *Du droit à la philosophie*, Paris, 1990, S. 77 f.

jenige, was wir über Freuds Pazifismus gesagt haben aber zeigt, dass er schließlich zu einer ganz anderen Einstellung als diese beiden Autoren gelangt. Was mich an Freuds Argumentationsweise interessiert, ist die Frage, ob sie sich nicht gewissermaßen selbst zerstört – besser: sich selbst zerstören würde, wenn Freud seine eigenen Ideen etwas weiter geführt hätte.
Der Text stammt aus dem Jahr 1932, d.h. aus einer Zeit, wo Freud – im Gegensatz zu *Zeitgemäßes* – schon seinen Begriff des Todestriebs eingeführt hat, der in seinen jetzigen Überlegungen an die Stelle zu treten scheint, welche 1915 der Funktion des Unbewussten zugekommen war. Das Problem scheint mir zu sein, dass Freud hier hinter der Komplexität zurückbleibt, die diesem Begriff – der aufgrund seiner Komplexität dann auch gar nicht mehr als Begriff im »klassischen« Sinn funktionieren kann – eigen ist. Folgt man dem Text von *Warum Krieg?*, so gewinnt man zunächst den Eindruck, dass Freud die Wirkung des Todestriebs auf diejenige eines »Aggressionstriebs oder Destruktionstriebs« (W 281) beschränkt, der darauf gerichtet ist, den anderen zu töten oder – durch Wendung nach innen – das Subjekt selbst zu quälen. Es geht hier freilich nicht darum, Freuds Feststellung zu bestreiten, »dass es keine Aussichten hat, die aggressiven Neigungen des Menschen abschaffen zu wollen« (W 283); oder zu übersehen, dass die Wirkungen des Über-Ichs mit dem Todestrieb zusammenhängen. Aber es ist eigenartig, dass Freud nur ganz nebenbei anführt, dass der Todestrieb, bevor er noch als Aggression nach außen gerichtet wird, »innerhalb eines jeden lebenden Wesens arbeitet und dann das Bestreben hat, es zum Zerfall zu bringen« (W 282); und dass er überhaupt nicht erwähnt, dass der Todestrieb gemäss seiner eigenen Auffassung auch Wiederholungszwang ist.
Die Vermutung wäre also folgende: Vielleicht ist es, sobald man sich auf die Konsequenzen der Einführung des Todestriebs einlässt, überhaupt nicht mehr möglich, die Reinheit des Gegensatzpaares von ursprünglicher Natur und Gesetz, die für Freuds Überlegungen in *Warum Krieg?* bestimmend ist, aufrechtzuerhalten. Der Begriff des Todestriebs wäre mit der Annahme der Einfachheit eines Ursprungs und eines späteren Verlusts solcher Einfachheit nicht vereinbar. Oder: die bloße Annahme der Möglichkeit solcher Einfachheit würde schon einer Verleugnung der tatsächlichen Tragweite der Wirkung des Todestriebs gleichkommen. Denn wenn der Todestrieb »innerhalb eines jeden lebenden Wesens arbeitet und dann das Bestreben hat, es zum Zerfall zu bringen«, und wenn diese Selbstzerstörung, wie Freud es behauptet, als ursprünglich angenommen werden muss[43], so

---

43 Freuds Formulierung in *Warum Krieg?* ist allerdings etwas unscharf: Er schreibt zunächst, dass ein Anteil des Todestriebs im Innern des Lebewesens »verbleibt«, spricht aber dann im selben Satz – als ob es sich um eine sekundäre Verlagerung handeln würde – von »dieser Verinnerlichung« (W 282).

würde das ja heißen, dass es die anfängliche Einheit des Einzelnen, den mit sich selbst identischen Einen, nie hat geben können. Der Einzelne (und, wenn man der Entwicklung von Freuds Gedanken folgt, im weiteren dann auch die Gemeinschaft, das angebliche »Großindividuum«) kann aufgrund des ursprünglichen »Zerfalls« gar nicht einheitlich sein und müsste, um es zu werden, schon sich selbst (d.h. seine Nicht-Einheitlichkeit) zerstören.[44] Aus dem Wunsch, mit sich eins zu werden, kann es tatsächlich dazu kommen, dass der Einzelne unaufhörlich (im Sinne zumindest eines Aspekts des »Wiederholungszwangs«) versucht, das »Stück Fremdheit« – von dem in *Zeitgemäßes* nur bezüglich des anderen die Rede war (Z 53), das er selbst aber nicht weniger enthält – zu vernichten. Das wäre aber schon eine Folge der erwähnten Verleugnung, von der man annehmen kann, dass sie gefördert wird durch die Verleugnung jener Gewalt, die mit der prinzipiellen Wiederholbarkeit (»Iterabilität«[45]) des Einen, d.h. mit dem allerersten Auftauchen des Gesetzes einhergeht.

Einerseits werden wir also sagen, dass es »vor dem Gesetz« – hier zunächst zeitlich verstanden als: bevor das Gesetz noch da gewesen wäre – den Einzelnen als Einheit gar nicht hat geben können. Die Vorstellung der Einheit setzt schon das Bestehen des Gesetzes voraus. Andererseits werden wir aber auch fordern, dass, sobald das Gesetz da ist (aber ist es nicht immer schon da?), der nichtsdestoweniger von irreduktibler Fremdheit (Singularität) bewohnte Einzelne in Anbetracht solcher Singularität immer »vor dem Gesetz«[46] steht (oder stehenbleiben sollte). Denn wenn es so etwas wie Gerechtigkeit[47] gibt, kann diese nie bloß auf der mechanischen Anwendung des Gesetzes (d.h. auf der alleinigen Wirkung der von Freud zu Recht unterstrichenen Gewalt des Gesetzes) beruhen, welcher die Einzelheit (die Singularität des Einzelnen) gleichgültig wäre. So gesehen gibt es zwar einerseits kein Urteil ohne Gesetz, aber andererseits keine gerechte Entscheidung, die nicht »vor dem Gesetz« bleiben würde (oder: welcher die Singularität des anderen nicht zum Gesetz werden würde). Und genau diese notwendige Zweischneidigkeit jegli-

---

44 Vgl. Derrida, *Mal d'archive*, Paris, 1995, S. 124 f.
45 Vgl. ders., *Limited Inc.*, Paris, 1990, S. 97
46 Vgl. ders., »Préjugés, devant la loi«, in *La Faculté de juger*, Paris, 1985, S. 87 ff.
47 Diese von Derrida vertretene Auffassung der Gerechtigkeit unterscheidet sich freilich von Bemerkungen Freuds zu dieser Frage. Für Freud beschränkt sich die Funktion der Gerechtigkeit auf die »Versicherung, dass die einmal gegebene Rechtsordnung nicht wieder zugunsten eines Einzelnen durchbrochen werde«, sowie auf die Forderung, dass die durch die »Kulturenwicklung« erzeugten Einschränkungen der individuellen Freiheit keinem erspart werden (*Das Unbehagen in der Kultur*, Studienausgabe, Bd. IX, S. 225 f.), d.h. auf die Forderung gleichmäßiger Austeilung. Ähnliche Bemerkungen über Gerechtigkeit finden sich in *Massenpsychologie und Ich-Analyse* (Studienausgabe, Bd. IX, S. 112): »Forderung [...] nach gleicher Behandlung für alle«; »soziale Gerechtigkeit will bedeuten, dass man sich selbst vieles versagt, damit auch andere darauf verzichten müssen, oder was dasselbe ist, es nicht fordern können«.

cher Entscheidung ist das einzige, was uns hoffen lassen kann, dass »geringere Gewalt«[48] möglich sein könnte.

Man könnte sagen, dass es in einem der beiden kommentierten Texte Freuds (*Warum Krieg?* – aber es könnte auch für andere Texte gelten) einen von ihm selbst wohl nicht beabsichtigten Aspekt von Selbst-Referenz gibt, der seine Argumentation notwendigerweise gleichzeitig zerstört und dann doch wieder bestätigt. Obwohl der Text bloß *über* den Todestrieb zu sprechen scheint, kann dieser Trieb gleichzeitig *im Text selbst* wirksam werden – als Tendenz, die (gemäß Freuds eigener Formulierung im gleichen Text) »innerhalb eines jeden lebenden Wesens arbeitet und dann das Bestreben hat, es zum Zerfall zu bringen« (W 282). Das »lebende Wesen« wäre also hier, sofern man ihn in der von mir vorgeschlagenen Weise liest, auch der Text, und die Wirkung des »Zerfalls« würde darin zutage treten, dass Freud uns zumindest die Möglichkeit lässt, das Fremde, über das er spricht, nicht auszuschließen, sondern es innen – z.B. als Ursache eines Widerspruchs – wirken zu sehen. Man sollte ihn dafür nicht kritisieren – im Gegenteil.

---

48 Vgl. Derrida, »Violence et métaphysique«, in *L'écriture et la différence*, Paris, 1976, S. 136 (Fussnote) und 172, dt. »Gewalt und Metaphysik«, in *Die Schrift und die Differenz*, a.a.O., S. 141 und 178. Kommentar dieser Formel in Richard Beardsworth, *Derrida & the political*, a.a.O., *passim*.

Deportation und neue Gemeinschaft

Krafft-Ebing

Am 25. Januar 1884, zwei Jahre vor Erscheinen der ersten Auflage seiner berühmten *Psychopathia sexualis*, hält der Psychiatrieprofessor Richard von Krafft-Ebing im Grazer Mädchen-Lyceum einen Vortrag *Über Nervosität*. Gleich zu Beginn stellt er fest, dass »die fortschreitende medicinische Wissenschaft« glücklicherweise die Ursachen vieler Krankheiten kennt und somit die Mittel zu ihrer Verhütung anzudeuten vermag. Allerdings muss man leider konstatieren, dass dieser wichtigste Zweig der Medizin, die Gesundheitspflege, nicht in gleichem Maß gewürdigt wird wie die »Heilung bereits eingetretener Krankheitszustände«. Solche Vernachlässigung erscheint Krafft-Ebing umso bedauerlicher, als der Arzt, der dazu berufen ist, sich mit dem leiblichen Wohl seiner Mitmenschen zu beschäftigen, Ursache hat, »mit der Constitution der gegenwärtigen Generation unzufrieden zu sein.« Die moderne Menschheit ist in schlechtem Zustand, genauer: »die Signatur unserer Zeit ist *Blutarmut* und *Nervenschwäche*«. Wir sind blass und nervös geworden. Während die Blutarmut durch Eisenmittel behandelt werden kann – »die Stahlquellen erfreuen sich eines von Jahr zu Jahr steigenden Besuches« – erweist sich die Situation bezüglich der Nervenschwäche als komplizierter.[1]
Es geht um Ersatz – um den Ersatz dessen, was man für Natur hält, durch Künstliches und ihr Fremdes, das heißt um *Technik*: Die Mütter »namentlich in den so-

---

1 Richard von Krafft-Ebing, *Über Nervosität*, Graz, 1884, S. 5 f. – Zusammenhang zwischen den beiden Übeln Blutarmut und Nervenschwäche: »Das Gehirn ist ein überaus blutreiches Organ. Eine geringfügige Mischungsänderung des Blutes stört die Function des Gehirns [...]. Der gegenwärtigen Generation fehlt es vielfach an gesundem Blut.« (ebd., S. 13)

genannten besseren Gesellschafts-Classen«, sind meist »unfähig ihrer ersten Mutterpflicht zu genügen. Dem Bedarf an Ammen kann kaum entsprochen werden«. Solcher Ersatz ist verantwortlich für das »geistige Siechtum« unserer Zeit. Unterscheidung zwischen natürlicher Ernährung (Fleisch, das zu teuer geworden ist) und künstlichem Ersatz, »geboten durch gewisse Genussmittel, wie z.B. Kaffee, Thee, Branntwein«. Statt natürlichem Schlaf, der ein richtiges Verhältnis zwischen »Nervencapital und Verausgabung desselben« garantiert, »permanenter Zustand der Reizung und Ueberreizung.« Nur der Großstädter findet »Behagen an diesem Treiben«, was freilich »kein Zeichen der Gesundheit und Kraft, sondern der nervösen Überreizung und Schwäche« ist – die Verfälschung ist bei ihm schon so weit vorgedrungen, dass sein Nervensystem nicht mehr das »einfache ruhige Leben« erträgt, »so wenig als der kranke und geschwächte Magen des Schlemmers Behagen an solider Hausmannskost findet und meint nur mit pikanten Saucen und Gewürzen und dem ganzen Raffinement der Kochkunst bestehen zu können.« Der Ersatz ist also nicht nur als solcher schädlich, sondern hindert darüber hinaus denjenigen, der sich ihm hingibt, die Schädlichkeit einzusehen; er hält das Schlechte für besser als das Gute. Darüber hinaus gibt es einen ökonomischen *circulus vitiosus* – die Ersatzgenüsse müssen hergestellt werden, was neuerlichen Aufwand erfordert, der dann weiter an der bereits geschädigten Gesundheit nagt: »Aber all' dies kostet Geld, und für diese immer mehr zum Lebensbedürfnisse werdenden Genüsse muss das Gehirn aufkommen.« Allgemeine Beschleunigung: »Bei dieser Ueberhastung und Ueberreizung genügen nicht mehr gewöhnliche Bahnzüge, sondern nur Schnell-, Courier- und Expresszüge, nicht Briefe, sondern nur Telegramme; die Zeitungen müssen zwei- bis dreimal des Tages erscheinen.« Nicht nur geht alles zu schnell, es kommt auch zu früh: »Unvernünftige Eltern schleppen ihre Kleinen auf Vergnügungen mit. Dadurch wird alles zu früh und oft verderblich bei diesen Kindern die Sinnlichkeit geweckt, zudem ihrem Schlafe Abbruch gethan, den sie doch nothwendig brauchen.« Sogar »eine Zeitung für Kinder soll irgendwo existieren.«[2]

---

2 Ebd., S. 6-21. – Wilhelm Griesinger, der bezüglich der Degeneration (»Verschlechterung der *ganzen Race*«) die beiden grundlegenden Werke von Morel (*Traité des dégénérescences de l'espèce humaine* (1853) und *Traité des maladies mentales* (1860)) zitiert (*Die Pathologie und Therapie der psychischen Krankheiten* (1861), Amsterdam, 1974, S. 159), schreibt zuvor (ebd., S. 142 f.) über die Zivilisationsschäden: »Die Steigerung der Industrie, der Künste und Wissenschaften setzt auch eine allgemeine Steigerung der cerebralen Thätigkeiten voraus; die immer weitere Entfernung von einfachen Sitten, die Verbreitung der feineren, geistigen und leiblichen Genüsse bringt früher unbekannte Neigungen und Leidenschaften mit sich; die allgemeine liberale Erziehung weckt unter der Masse einen höher strebenden Ehrgeiz, den nur die Wenigsten befriedigen können, der den meisten bittere Enttäuschung bringt; industrielle, politische und sociale Schwindeleien wirken erschütternd auf die Einzelnen, wie auf das Ganze. Alles lebt rascher; ein fieberhaftes Jagen nach Erwerb und Genuss und die ungeheuer ausgedehnte Discussion aller politischen und socialen Fragen hält die Welt in steter Aufregung.«

Hier setzt ein weiterer für die Argumentationsweise der Epoche charakteristischer Schritt ein, der Rückgriff auf die sogenannte *Degenerationslehre*. Wer sich nicht der Natur fügt, meint Krafft-Ebing, schädigt die *Gemeinschaft* – nicht nur derjenige, welcher selbst der »naturwidrigen Lebensweise« unterworfen ist, hat an deren Folgen zu büßen. »Ein unerbittliches biologisches Gesetz ist das der *Vererbung*. Unsere Lebensweise ist entscheidend für das Lebensglück der Nachkommen. Nicht blos Vorzüge und Tüchtigkeiten vererben sich, sondern auch Fehler und Gebrechen.« Naturwissenschaft – im speziellen Fall Elemente Lamarckistischer Vererbungslehre – im Dienste der Ethik: »Man macht der Naturwissenschaft so häufig den Vorwurf des Materialismus, aber aus ihren Forschungen über Vererbung geht zweifellos die höchste Ethik hervor, die tiefernste Mahnung, den Gesetzen der Natur gemäss zu leben, wenn nicht unschuldige Nachkommen leiden sollen.« Krafft-Ebing glaubt, dass es »angesichts dieser traurigen Thatsachen« noch als ein Glück einzuschätzen ist, dass die »Nachkommen von Trunkenbolden eine äußerst geringe Lebensfähigkeit haben.«[3] Trotz des Bestehens einer solchen natürlichen Regelung, trotz der Möglichkeit der »nervösen Constitution« durch Erziehung vorzubeugen (bei blutarmer Mutter kann sich das Stillen bei einer Amme als vorteilhaft erweisen), müssen Maßnahmen ergriffen werden: »Vermeidung von Ehen mit nervensiechen Familien«, und das umso mehr als »die nervösen Leute« oft »eine fatale Inclination zu anderen nervösen Individuen haben«[4].

Obwohl sich bei Krafft-Ebing bereits Elemente dessen abzeichnen, was wir mit Foucault als *Biopolitik* bezeichnen werden, hat man den Eindruck, dass er nicht bereit war, seine Gedanken konsequent weiterzuführen. Der Ekel vor der Modernität ist noch nicht stark genug, um zur Forderung radikaler Maßnahmen zu führen. Für Krafft-Ebing ist die Kultur zwiespältig – einerseits gibt es die »glänzenden Erfolge der Culturentwicklung«, andererseits steuern wir einem »physischen Bankerott« zu, der eine »geradezu trostlose Perspective« eröffnet: »gewaltige stürmische Entwicklung des menschlichen Geistes, wie sie durch die erste französische Revolution inauguriert wurde« und der sich die jüngeren Generationen nur mühsam anzupassen vermögen. Krafft-Ebing steht dieser Situation nicht unbedingt ablehnend gegenüber, hofft lediglich, »dass wieder ruhigere Zeiten in der Culturentwicklung« eintreten werden. Im Gegensatz zu späteren Denkern der Degeneration *bedauert* er, dass »nur der Stärkere sich im Kampf um's Dasein« zu behaupten weiß. Die Zahl der Opfer und das Schicksal der Unterliegenden soll gemindert werden. Krafft-Ebing schwärmt von einer Rückkehr zu einfacheren Formen der Kultur: »Statt das Feld zu bebauen, der Jagd und der Fischerei nachzugehen, wie es der eigentliche und ursprüngliche Beruf des Menschen ist, nöthigt die heutige Civilisa-

---

3 Krafft-Ebing, *Über Nervosität*, a.a.O., S. 22-25
4 Ebd., S. 41-44

tion dazu, das Leben in der Stube, im Bureau, dem Arbeits- und Fabrikssaal zuzubringen.«[5] Weil er nicht weiter gehen will, schlägt Krafft-Ebing als Abhilfe gegen das moderne Übel lediglich milde Maßnahmen wie »Hirnferien« und »Sommerfrische« vor. Schließlich gibt er am Ende seines Vortrags seiner Freude darüber Ausdruck, dass es in »unserem schönen Graz« einen Stadtpark gibt, der wenigstens »Ersatz für Waldesruhe und Landluft« bieten kann.[6] Mit dem Bestreben, Genesung durch solchen lokalen Naturersatz zu fördern, scheint er sich letztlich begnügt zu haben.

Hans Gross

Ein anderer Grazer, der Kriminologe Hans Gross, wird sich in solchen Fragen radikaler zeigen. In mehreren zwischen 1886 und 1905 veröffentlichten Texten beschäftigt er sich mit der von ihm befürworteten Deportation und mit dem ihn bewegenden Problem nicht durch Strafmaßnahmen beeinflussbarer Individuen. Indem er die Dringlichkeit der von ihm geforderten Maßnahmen in seinen späteren Arbeiten durch Berufung auf die Degenerationstheorie zu beweisen versucht, wird Gross zu einem wichtigen Vordenker der Vernichtungspolitik des zwanzigsten Jahrhunderts.
Bereits 1896 behandelt Gross das Thema der Deportation, die ihm für durch Strafe nicht belehrbare Delinquenten als einzig angemessene Maßnahme erscheint. Wie soll die Gesellschaft jene Individuen behandeln, bei denen die Idee der Bestrafung keinerlei Beeinflussung zu bewirken vermag? Ausgangspunkt von Gross' Überlegungen ist das Schwinden eines Konsensus hinsichtlich der Vollstreckung der Todesstrafe. »Konsequent wäre es [...], jeden wirklich Unverbesserlichen hinzurichten; das dürfen wir nicht. Ihn lebenslänglich einzusperren wäre entschieden noch grausamer [...]«[7]. Nach Gross' Ansicht sollen die Unverbesserlichen in ferne Kolonien verbannt werden. Dabei gehe es aber nicht darum, Gesindel los zu werden, »es sollen aus den Deportierten anständige Menschen werden«[8]. Man findet in dem Text aus dem Jahre 1896 noch nicht das für seine spätere Auffassung wesentliche Argument der Verpflanzung in ferne Gegenden, in denen ein für uns längst verloren gegangener Naturzustand weiterbesteht. Es geht vorläufig noch nicht um Volksgesundheit, sondern lediglich darum, »dass der zu Strafende aus seinen bis-

---

5   Ebd., S. 8-13
6   Ebd., S. 49 f.
7   Hans Gross, »Zur Deportationsfrage« (1896), *Gesammelte Kriminalistische Aufsätze*, Bd.1, Leipzig, 1902, S. 66
8   Ebd., S. 71

herigen Verhältnissen vollkommen herausgerissen wird, dass ihn neue Umgebung, neue Forderungen und neue Menschen zur Arbeit und zum Segen bringen sollen«. In seinem 1904 verfassten Aufsatz *Die Degeneration und das Strafrecht* setzt Gross den Begriff der Degeneration ein und zieht aus ihm jene Konsequenzen, die man bei Krafft-Ebing noch nicht findet. Gross skizziert zunächst als »Altbekanntes« dasjenige, was er für die wissenschaftliche Grundlage der Degenerationslehre hält: »Jeder Organismus kann nur Organismen erzeugen, die ihm gleichen; hierbei können aber gewisse Unterschiede auftreten, und diese können sich bei der Nachkommenschaft vergrößern und verstärken, wenn sie bei beiden Eltern einer Paarung vorhanden waren, oder wenn sich eine für sie günstige Mischung bei den Eltern ergeben hat. Wir nehmen weiter an: wenn sich aus diesen verstärkten Unterschieden bestimmte Eigenschaften gebildet haben, so können diese ihren Besitzern den Kampf ums Dasein erleichtern oder erschweren, je nachdem sie sich günstig oder ungünstig gestaltet haben. Jene Individuen, bei welchen sich nun erste Verhältnisse entwickelten, nehmen den Kampf gegen die Elemente, das Klima, den Boden, die anderen Geschöpfe mit Vorteil auf, existieren und vermehren sich weiter, die anderen, mit den ungünstig vererbten Eigenschaften gehen zugrunde. Es bleiben also nur die besser ausgestatteten Individuen übrig, diese paaren sich und vererben wieder nur zweckmäßige Eigenschaften auf ihre Nachkommen.«[9]

Dieser segensreiche Mechanismus wirkt aber nur dort, »wo die Natur freie Hand hat« – bei »wilden Tieren«. Bei Haustieren ist das nicht der Fall – deren Zucht implizierte immer schon, dass gewisse »Fehler« absichtlich erhalten und vermehrt wurden (»das hörnerlose Rindvieh, das speckansetzende Mastschwein, der Dachshund, das heikle, spindeldürre Rennpferd«). Beim Menschen geht dieser Prozess insofern noch einen wesentlichen Schritt weiter, als wir Missgeburten nicht töten und das verunstaltete Kind häufig mit größerer Liebe aufzüchten als das wohlgeformte. Das eigentliche Unglück beginnt aber erst im Moment, wo derartige Individuen durch künstliche Hilfsmittel der Medizin so weit gebracht werden, dass sie zur Fortpflanzung schreiten können. Sobald letztere mit einem ebenfalls Mängel aufweisenden Partner erfolgt, perpetuiert sich der Degenerationsprozess: »Ebenso wie die Natur durch Zuchtwahl und Auslese, durch Ausschaltung des Untauglichen für die Verbesserung und zweckmäßige Gestaltung der Rassen sorgt, so arbeitet die Kultur durch Erhaltung und Züchtung auch des Untauglichen für die Verschlechterung der Rassen« – Kultur schafft »degenerierte Individuen«[10].

Aufgrund solcher negativer Auslese entstehen unbrauchbare und sogar schädliche Eigenschaften – »das Individuum gestaltet sich antisozial, weil es sich in unsere

---

9 Ders., »Die Degeneration und das Strafrecht« (1904), *Gesammelte Kriminalistische Aufsätze*, Bd. 2, Leipzig, 1908, S. 2
10 Ebd., S. 2 f.

Zwecke nicht einfügen kann«. Hans Gross geht hier davon aus, »dass sozial beschaffen *der* ist, welcher durch sein Auftreten das Zusammenleben der Menschen erleichtert«. Diesem Ideal genügen die Degenerierten nicht – die Arbeitsscheuen, die sexuell Perversen oder die »politisch Malkontenten [...], die hetzen und rumoren und als nächstes Ziel das ›Alles kaputt machen‹ vor Augen haben«[11]. Da aber die Wirksamkeit von Strafen (»*ein autorativ angedrohtes Übel, welches als Hemmungsvorstellung in die Erwägung für die Begehung als gefährlich angesehener Handlungen eingestellt wird*«) ein »normales Reagieren auf Motive« voraussetzt, welches bei Geisteskranken und Degenerierten eben nicht gegeben ist, stellt sich die Frage, was mit derartigen Individuen geschehen soll.[12]

Entscheidend ist hier Gross' Behauptung, dass – bevor es noch aus biologischen Gründen zu solchen gesetzlicher Bestrafung nicht mehr zugänglichen Phänomenen kommt (»Volldegeneration«) – bei den ersten Vorfahren diskretere Formen der Degeneration auftreten: Grübler und Hetzer, Gewohnheitslügner, Egoisten, Missgünstige, Bohemiens etc.; Leute, die gesetzlich nicht strafbar sind, welche aber »von der Natur, ließe man ihr freie Hand, bald ausgeschaltet würden«. Als Wissenschaftler will Gross »weder am Worte, noch an der Erscheinung hängen bleiben; in kriminalanthropologischem Sinne ist Landstreicher nicht bloß der Vagant, der um Kreuzer bittet, sondern auch der unruhige Müßiggänger, den ererbtes Vermögen zufällig des Bettelns enthebt; wissenschaftlich und theoretisch sind auch alle jene als Gewohnheitsdiebe, Hochstapler, Falschspieler usw. mitzuzählen, die infolge günstiger äußerer Verhältnisse sich nicht gefährden müssen, deren ganzer, meistens auf das Deutlichste in die Augen springender Charakter sie aber als zweifellos Degenerierte erscheinen lässt.«[13] Obwohl man bezüglich der unverbesserlichen Delinquenten nie an der Unanwendbarkeit von Bestrafung gezweifelt hat, hat man sich hinsichtlich der Schädlichkeit eines bestimmten Typs nicht straffälliger Degenerierter bis jetzt täuschen lassen. Wissenschaftlich betrachtet stellen sie aber eigentlich das Schlimmste dar. Denn ihr Verhalten beruht auf einer doppelten Entfremdung von der Natur. Während der nicht sozial privilegierte Degenerierte wenigstens demjenigen ausgesetzt ist, was an unseren Gesellschaften noch der Natur ähnelt, ist das beim begüterten nicht mehr der Fall.

Umgekehrt ist ebenfalls aufgrund der Unterscheidung von Phänomen und Wesen nicht jeder Verbrecher ein Degenerierter. Der »Köhler, der trotz Strafe wieder wildert, der Student, der unzählige Mensuren schlägt«, ist zwar unverbesserlich, aber doch nicht degeneriert. Im Gegenteil, solche Menschen sind der prinzipiell richtig

---

11 Ebd., S. 4 f.
12 Ders., »Degeneration und Deportation« (1905), *Gesammelte Kriminalistische Aufsätze*, Bd.2, a.a.O., S. 74
13 Ders., »Die Degeneration und das Strafrecht«, a.a.O., S. 5 f.

wirkenden Natur zu nahe geblieben: »gesundegoistische, kraftstrotzende Elemente«. Gross spricht in diesem Zusammenhang auch von »wirklichen Verbrechern«[14] und später von »Verbrechen aus Überkraft«[15]. Ob er es will oder nicht, muss sich der Kriminologe freilich zunächst mit dem Problem der straffälligen Degenerierten beschäftigen. Was soll mit jenen Delinquenten geschehen, welche »infolge ererbten Vorkommens antisozial wurden« und der Besserung durch Strafe nicht zugänglich sind? Sie müssen von »wirklichen Verbrechern, die auf Motive normal reagieren«[16], d.h. der Strafe nicht gleichgültig gegenüberstehen, unterschieden werden. Hier wird zunächst die bereits 1896 vorgebrachte Idee wiederaufgenommen, dem Übel durch ein bis jetzt nicht akzeptiertes Mittel abzuhelfen. Weil sie durch herkömmliche Mittel nicht unschädlich gemacht werden können, sollen die degenerierten Antisozialen deportiert werden.

Es ist wesentlich, dass Gross in seinem späteren Text neue theoretischen Grundlagen der Deportation formuliert und erst dadurch zu einem wichtigen Vorbereiter moderner Vernichtungspolitik wird. Es geht jetzt nicht mehr um Aussichten aufs Anständigwerden, sondern um eine Art von neuer Gerechtigkeit. Deportation besteht in der Verlagerung von Individuen in Gegenden, wo die *Natur noch ungezügelt herrscht* (»unkultivierte Länder«[17]). Weil unsere Kultur den natürlichen Auslesemechanismen entgegen arbeitet, kann nur die Wiedereinsetzung einer Natur, der »freie Hand« gelassen wird[18], bei straffälligen Degenerierten abhelfen. »Unserer Zeit droht weniger Gefahr von gewissen schweren Verbrechern, die vielleicht kerngesund sind, – die möge man entsprechend einsperren, viel mehr haben wir zu befürchten von den echten Degenerierten [...], die unsere Natur herangezüchtet hat und die man dem ausliefern soll, dessen Entziehung an ihrer Existenz schuld ist, der Natur.«[19] Durch Deportation sollen der Strafe nicht zugängliche Kriminelle dem harten Gesetz einer bei uns überdeckten, in fernen Gegenden aber noch uneingeschränkt wirkenden Natur überantwortet werden. Dort »sich selbst überlassen«[20], werden sie untergehen oder vielleicht in einzelnen Fällen überleben; wohl deshalb – Gross bleibt hier eher vage – weil es sich doch um »wirkliche Verbrecher« und nicht um Degenerierte gehandelt hat. Das Verfahren erlaubt es gleichzeitig der von ihren Gegnern befreiten Gesellschaft, in ihrer eben durch Einführung der Deportation wiedererlangten Quasi-Natürlichkeit unverändert weiterzubestehen.

---

14 Ebd., S. 9 f.
15 Ders., »Degeneration und Deportation«, a.a.O., S. 71
16 Ders., »Die Degeneration und das Strafrecht«, a.a.O., S. 9 f.
17 Ders., »Degeneration und Deportation«, a.a.O., S. 75
18 Ders., »Die Degeneration und das Strafrecht«, a.a.O., S. 10
19 Ders., »Degeneration und Deportation«, a.a.O., S. 77
20 Ders., »Die Degeneration und das Strafrecht«, a.a.O., S. 10

Was die Gross'sche Auffassung der einige Jahrzehnte später tatsächlich realisierten Vernichtungspolitik nahe bringt, sind seine Andeutungen über die Notwendigkeit, Maßnahmen auch gegen nicht straffällige Degenerierte vorzunehmen. Gross stellt freilich nicht explizit die Forderung auf, solche nicht kriminelle, aber deswegen erst recht suspekte Nutznießer zu vernichten. Aber er meint, dass sie »für die staatliche Existenz im höchsten Grad gefährlich« sind und ihnen deshalb mehr Aufmerksamkeit gewidmet werden soll als den potentiell wertvollen gewalttätigen Bestien (»Naturen wie sie der Kampf ums Dasein, theoretisch genommen, braucht«[21]). Selbst wenn Gross vermutlich meint, dass das endgültige Reinigungsprogramm noch nicht durchführbar ist, enthalten seine Schriften die für eine solche Aktion notwendigen theoretischen Postulate. So z.B. wenn er seine Auffassung lapidar in folgende zwei »Sätze« zusammenfasst. »Erster Satz«: »*Beseitigung aller untauglichen Exemplare: keine Degeneration.*« »Zweiter Satz«: »*Aufzüchtung der untauglichen Exemplare: Vorhandensein von Degeneration.*«[22] Die von Gross gestellte Frage, »ob sich nicht Degeneration mit Deportationsnotwendigkeit, naturwissenschaftlich gesprochen, decken muss«[23], impliziert durchaus die Ausschaltung nicht straffälliger Degenerierter. Obwohl Gross angesichts von Widerständen gegen seine Ideen zunächst vorschlägt, bloß jene Straffälligen zu deportieren, die sich freiwillig dazu melden[24], deutet alles darauf hin, dass er es schließlich für wünschenswert gehalten hat, von der unmittelbar geforderten Deportation der straffälligen Degenerierten zur gemäss seiner Auffassung letztlich nicht weniger notwendigen Deportation der nicht straffälligen fortzuschreiten.

Vorläufer der Biopolitik

Solche Dokumente zeigen zunächst, wie sich eine bestimmte, von Foucault als Biopolitik bezeichnete Auffassung allmählich ausgebildet hat. Krafft-Ebings Vortrag zeugt – wie Max Nordaus 1892/93 erschienenes Werk *Entartung*[25] – von einem Erschrecken vor dem Zustand der modernen Kultur. Krafft-Ebing zieht zwar das Bestehen einer biologischen Degradierung als Erklärung in Betracht, denkt aber die sich daraus ergebenden Möglichkeiten nicht zu Ende. Er fordert nicht die Wieder-

---

21 Ders., »Degeneration und Deportation«, a.a.O., S. 71. – Notieren wir hier, dass Freud in *Warum Krieg?* zur genau umgekehrten Auffassung gelangt: Den am wenigsten agressiven Individuen sollte als Elite die »Lenkung« der Menschen anvertraut werden (vgl. oben »Freuds später Pazifismus«).
22 Ebd., S. 73
23 Ebd., S. 71
24 Ders., »Die Gegner der Deportation« (1901), *Gesammelte Kriminalistische Aufsätze*, 1, a.a.O., S. 398
25 Max Nordau, *Entartung*, Berlin, 1892/93; vgl. Christoph Schulte, *Psychopathologie des Fin de siècle*, Frankfurt am Main, 1997

einsetzung eines Naturprinzips, welches den Schwächeren eliminieren soll, sondern gibt im Gegenteil dem Wunsch Ausdruck, dasjenige, was in der modernen Gesellschaft einem solchen Eliminationsprinzip ähnelt, zu mildern. Es geht noch nicht darum, dasjenige, was man sich als wilde Natur vorstellt, als Regulationsmechanismus in eine von Degeneration bedrohte Kultur einzuführen, sondern – in letztlich widersprüchlicher Weise – lediglich darum, dem Kulturmenschen durch die Förderung der Ausbildung von Zonen, in denen der *harmonische* Aspekt von Natur nachgeahmt werden soll, zeitweise von demjenigen Erholung zu bieten, was an der Kultur zu sehr dem *grausamen* Aspekt von Natur ähnelt.

Selbst wenn Hans Gross von Anfang an einen anderen Ton anschlägt, kann man seine früheren Texte ebenfalls noch nicht als Dokumente einer Vernichtungspolitik ansehen. Gefordert wird zunächst nur – angesichts der infolge des Schwächerwerdens der Prinzipien klassischer Souveränität nicht mehr großzügig anwendbaren Todesstrafe – die Deportation als neues Mittel, das die Gesellschaft vor unverbesserlichen Kriminellen zu schützen vermag. Die Unverbesserlichen sollen nicht eliminiert, sondern in eine Umgebung verpflanzt werden, die ihnen erlaubt, zu »anständigen Menschen« zu werden. Der von Gross später vollzogene entscheidende Schritt besteht darin, einen Gegensatz aufzustellen zwischen einem kraftstrotzenden und letztlich gesunden Verbrecher, welcher der Natur nahe steht, und einem degenerierten nicht kriminellen Müßiggänger, vor welchem sich die Gesellschaft vorbeugend schützen muss. Damit wird der Weg zur medizinisch indizierten Massenvernichtung einer als minderwertig eingestuften Menschenkategorie geöffnet. Das Gesamtprojekt beruft sich auf eine Wiedereinsetzung der gesunden Prinzipien einer prinzipiell grausamen Natur: Fähigkeit der Normalen, angesichts der *naturähnlichen Grausamkeit des modernen Staates*, der selbst überleben will, zu überleben; Konfrontation mit der *Grausamkeit nackter Natur* für die Degenerierten, die als kranke Schädlinge das Überleben dieses vorläufig noch zu toleranten Staats bedrohen.

Zu Recht weigert man sich heute, die Forderung solchen direkten Griffs der Politik auf das Leben als streng lokalisierbare Ausgeburt eines anderswo nicht wirksamen Denkens aufzufassen. Für Foucault gehören Degenerationslehre und moderner Rassismus einem unsere Zeit insgesamt bestimmenden Programm an, das er als *Biopolitik* bezeichnet hat. Deren wesentliches Merkmal wäre eine neue Artikulationsweise der beiden Ausdrücke Leben und Tod. Bis zum Aufkommen der Biopolitik »sind Leben und Tod keine natürlichen, unmittelbaren Phänomene«. Gegenüber der Macht »ist das Subjekt rechtmäßig weder lebendig noch tot«, der *Souverän* besitzt die Macht »zu töten oder leben zu lassen (faire *mourir ou laisser vivre*)« und legitimiert dadurch gleichzeitig die Existenz der ihm unterworfenen Subjekte. Die neue, sich im 19. Jahrhundert ausbildende Art Macht auszuüben besteht umgekehrt darin, »Leben ›zu unterhalten‹ oder sterben ›zu lassen‹ (›*faire*‹

vivre ou ›laisser‹ mourir)«[26]. Nicht bloß die Disziplinierung des einzelnen menschlichen Körpers steht auf dem Spiel, sondern statistisch erfassbare Massenphänomene: Geburts- oder Todesrate, Reproduktivität, Fruchtbarkeit einer Bevölkerung. Der moderne Rassismus zeichnet sich wie alle biopolitischen Phänomene dadurch aus, einen Schnitt zwischen demjenigen, was leben soll und demjenigen, was sterben muss, einzuführen.[27] Was solchen Rassismus von der alten Kriegsidee unterscheidet, ist der Faktor Gesundheit. Gewiss, im Krieg galt immer schon die Devise: »Um zu leben, musst Du die Feinde massakrieren«, nur handelt es sich jetzt nicht mehr um einen kriegerischen oder politischen, sondern um einen »biologischen Typ von Beziehung«: »Je mehr die minderwertigen Spezies verschwinden, desto weniger Degenerierte wird es geben und desto gesünder und reiner wird das Leben sein.« Nicht etwa um einen wissenschaftlich verkleideten politischen Diskurs geht es, sondern um eine biologische Art Kolonisierung, Krieg, Kriminalität und Wahnsinn zu denken.[28]

Der Begriff der Biopolitik erlaubt es, zwischen anscheinend weit voneinander entfernten modernen Phänomenen ein Kontinuum herzustellen, das von der in europäischen Flughäfen geführten Fremdenpolitik bis zur im Hinblick auf Organtransplantationen entwickelten Auffassung des Hirntods reicht.[29] Biopolitik als unvermittelter Zugriff der Macht aufs Leben wäre dasjenige, was heutige Politik – als permanenten Ausnahmezustand[30] – überhaupt auszeichnet. Ohne die Bedeutung der Herstellung solcher Zusammenhänge zu bestreiten, sollte man jedoch nicht übersehen, dass dasjenige, was man als Leben bezeichnet, weniger denn je von einer Anzahl von »technischen« Bedingungen getrennt werden kann. Angesichts solcher Verflechtung betrifft Biopolitik nicht die technische Verwaltung »nackten Lebens«, sondern eines Lebens, welches selbst längst schon *techne* geworden ist. Begriffe wie »Leben« und »Rasse« würden, selbst wenn sie in neuer Weise eingesetzt werden, lediglich neue Figuren an Stelle der klassischen Figuren von Souveränität darstellen.[31] So betrachtet wäre der Anbruch der biopolitischen Epo-

---

26 Michel Foucault, »*Il faut défendre la société*«, Paris, Gallimard/Seuil, 1997, S. 214. – Hans Gross' Abneigung gegen die Todesstrafe (vgl. Emanuel Hurwitz, *Otto Gross/Paradies-Sucher zwischen Freud und Jung*, Zürich und Frankfurt, 1979, S. 46f.) kann unter anderem als Symptom des Schwindens der Prinzipien klassischer Souveränität angesehen werden.
27 Michel Foucault, »*Il faut défendre la société*«, a.a.O., S. 216
28 Ders., ebd., S. 227 ff.
29 Giorgio Agamben, *Homo sacer*, Paris, 1997, S. 173 f. und 188
30 Ders., ebd., S. 162
31 Vgl. Jean-Luc Nancy, *La création du monde*, Paris, 2002, S. 139 ff. – Ein interessantes Beispiel solcher hoffnungsloser Mischung von konservativen und modernen biopolitischen Bestrebungen liefert die Tatsache, dass der französische Staat während der deutschen Besetzung der Deportation der Juden zugestimmt hat um seine eigene Souveränität zu bewahren (Annette Wieviorka, »Les gens n'ont pas vu, il n'y a pas de photo, rien«, in *Libération*, 16. Juli 2002, S. 15).

che nicht unvereinbar mit der späten Radikalisierung von Denkformen, welche die abendländischer Kultur immer schon bestimmt haben: panischer Rückfall in Metaphysik im Augenblick, wo die sie in der Vergangenheit legitimierenden Verkörperungen der Macht im Schwanken begriffen sind.[32]
Wir leben in einer Zeit gleichzeitiger Entpolitisierung der Politik und Technisierung des Lebens – »weder Leben (als Lebensform) noch Politik (als Form der Koexistenz)«. Selbst wenn man dieses Phänomen zu Recht als Biopolitik bezeichnet, ist nicht zu übersehen, dass dieses Wort eine von Jean-Luc Nancy unterstrichene Gefahr mit sich bringt, die daher kommt, dass es zwei Lesarten zu gestatten scheint, welche den Sinn der beiden es bildenden Komponenten jeweils unangetastet lassen. Entweder ein Leben in seinem angeblichen Ursprungszustand, welches der Sinnlosigkeit seiner nackten Kontingenz ausgeliefert wäre – wobei dann die Ausbildung einer »Lebensform« als die eleganteste Weise erscheinen würde, sich aus dem düsteren Prozess zurückzuziehen. Oder umgekehrt sich selbst technisch produzierendes Leben, das sich die Äußerlichkeit der Beherrschung wiederanzueignen imstande wäre und derart – als »lebendige Gemeinschaft« auf neuen biologischen Grundlagen – die gesamte Politik in sich resorbieren würde.[33] Träume von sich selbst genügender *wellness* oder von technisch gezähmten Individuen, die endlich friedlich miteinander Leben könnten. Beide Varianten sowie ihre möglichen Mischungen vernachlässigen dasjenige, was Demokratie – jenseits von Identifizierungen und Zielsetzungen – zu versprechen hätte.
Solche Forderung nach Demokratie geht davon aus, dass die Antwort auf die unbestreitbare Erschöpfung klassischer Figuren von Souveränität keinesfalls im ohnehin aussichtslosen Versuch der Wiederherstellung des Verlorenen[34] – wie sie etwa von Carl Schmitt gewünscht wurde – bestehen kann.[35] Andererseits kann man sich nicht mit jenen Alternativen – Stichworte: »Lebensform«, »lebendige Gemeinschaft« – begnügen, die lediglich eine sich sanfter gebende Version des biopolitischen Programms in Aussicht stellen.

---

32 Vgl. Giorgio Agamben, *Homo sacer*, a.a.O., S. 196 und 202
33 Jean-Luc Nancy, *La création du monde*, a.a.O., S. 141 f.
34 Die Psychoanalyse erschien Foucault als ehrwürdiger Versuch, die alte Souveränität, das Gesetz und den »Vater als Souverän« auf individueller Ebene wiedereinzusetzen (Michel Foucault, *La Volonté de savoir*, Paris, 1976, S. 197 f.), lässt sich aber – trotz mancher Versuche in dieser Richtung – Gott sei Dank nicht auf eine solche Sichtweise reduzieren.
35 Vgl. Michael Turnheim, »Psychoanalyse und Demokratie«, in *Das Andere im Gleichen*, Stuttgart, 1999, S. 145-158

Otto Gross

Vieles in Leben und Werk von Hans Gross' Sohn Otto erweckt den Eindruck einer Auflehnung gegen das Weltbild des Vaters: soziales Außenseitertum statt Forderung nach Anpassung, revolutionäres Engagement statt ideologischer Unterstützung der Machthaber. Sobald diese rebellische Haltung immer mehr sein Leben bestimmt, wird Otto Gross unbestreitbar zum Objekt der durch den Vater und die mit ihm kollaborierenden Instanzen (Polizei, Psychiatrie) ausgeübten Verfolgung. Die Aufmerksamkeit, welche ihm, dem zunächst Vergessenen, seit einiger Zeit gewidmet wird, beruht vorwiegend auf der Faszination, welche dieser biographische Aspekt ausübt. In den meisten ihm gewidmeten Texten wird Otto Gross gleichzeitig als Opfer und als Held dargestellt, welcher der Gewalt eines politischen Systems, zu dem sein Vater sich vorbehaltlos bekannte, zu widerstehen gewusst habe. Für die Frage, inwieweit die von Otto Gross vertretenen Ideen tatsächlich Alternativen zum Denken des Vaters darstellen, hat man sich kaum interessiert.

Geht man davon aus, dass Otto Gross sich gegen den Vater – dessen Handlungsweise ihm gegenüber tatsächlich »biopolitische« Züge aufweist – aufgelehnt hat, muss man sich zunächst darüber klar werden, worin diese Auflehnung bestanden hat. Falls das von Hans Gross vorbereitete biopolitische Programm als Symptom des Niedergangs der letztlich von der symbolischen Figur des Vaters verkörperten klassischen Souveränität aufzufassen ist, so kann das wesentliche Moment des Dramas des Sohns nicht in der Auflehnung gegen die traditionelle Figur des Vaters bestanden haben. Es wäre eher zu vermuten, dass die spezifische Situation des Sohnes hauptsächlich damit zusammenhing, dass sein Vater *nicht mehr imstande war*, den *pater familias* in glaubwürdiger Weise zu verkörpern.[36]

In einem bestimmten historischen Kontext läuft der Zugriff der Normen aufs Leben über die Anerkennung der symbolischen Funktion des Vaters. Durch solche Anerkennung gelangt das Subjekt dazu, Fremdes – und das ist zuerst die prinzipielle Fremdheit von Sprache (in der Terminologie des frühen Derrida: »Schrift« als erste Gewalt) – derart zu verinnerlichen, dass es wie Eigenes zu erscheinen vermag. Die abendländische Kultur bestimmende Bevorzugung der Lebendigkeit von Sprechen gegenüber einer als bloßes technisches Machwerk verachteten »auswendigen« Schrift geschieht unter der Schutzherrschaft des Vaters.[37] Daraus folgt, dass Subjekte, für welche die väterliche Funktion kaum oder gar nicht zur Wirkung ge-

---

36 Wichtige Untersuchungen zu dieser Konstellation finden sich bei Eric L. Santner (*On the Psychotheology of Everyday Life*, Chicago and London, S. 25-45). – Der radikale *Unglaube*, um den es hier geht, wäre zu unterscheiden von der Einstellung des modernen Durchschnittssubjekts, das *glaubt nicht mehr zu glauben*.
37 Vgl. Jacques Derrida, *La dissémination*, Paris, 1972, S. 86 ff.

kommen ist, Fremdheitsphänomenen (»radikaler Spracherfahrung«[38], zum Beispiel in Form einer Begegnung mit der normalerweise vergessenen »suggestiven« Wirkung von Sprache als solcher[39]) ausgesetzt sind. Sie können – weil sie ein »feineres Gefühl«[40] besitzen – im besten Fall Zeugnis davon ablegen, inwiefern die subjektive Einfügung in symbolische Strukturen immer schon über eine Konfrontation mit der nackten Gewalt von Souveränität erfolgte; oder – um es im Sinne von Derridas Benjamin-Lektüre zu sagen – inwiefern »rechtssetzende« und »rechtserhaltende« Gewalt immer »in einer gleichsam gespenstischen Vermischung« auftreten.[41]

Otto Gross' ständige Auseinandersetzung mit der Funktion des Fremden kann als Auswirkung seines Verhältnisses zum Vater angesehen werden.[42] Das Interessante und Eigenartige besteht jedoch in seinem Fall gerade darin, dass trotz der Gegensätzlichkeit der jeweiligen politischen Einstellungen in seiner eigenen Auffassung eindrucksvolle Übereinstimmungen mit derjenigen des Vaters zutage treten. Damit werden Otto Gross' Texte aus der Revolutionszeit zu wichtigen Dokumenten dafür, dass extreme politische Stellungnahmen – selbst wenn sie zu Recht neue Formen der Gemeinsamkeit fordern – nicht unbedingt Auswege hinsichtlich dessen darstellen, wogegen sie sich zu richten scheinen.

Bereits im aus der vorrevolutionären Zeit seines Lebens stammenden psychiatrischen Werk von Otto Gross findet man bemerkenswerte Analysen von Sprachentfremdung, in denen – in der Terminologie der von ihm damals geschätzten mechanistischen Psychologie – gezeigt wird, wie das Gefühl, Sprechen als Eigenes

---

38 Michel Foucault, *Raymond Roussel*, Paris, 1963, S. 205
39 Vgl. Lacan, »Über eine Frage, die jeglicher möglichen Behandlung der Psychose vorausgeht«, *Schriften II*, Olten und Feiburg im Breisgau, 1975, S. 65. – Man wird sehen, welche Rolle das Phänomen der »Suggestion« in Otto Gross' Theorie spielt.
40 Walter Benjamin, »Zur Kritik der Gewalt«, *Gesammelte Schriften*, Bd.II/1, Frankfurt am Main, 1977, S. 188
41 Ebd., S. 189; vgl. Jacques Derrida, *Force de loi*, Paris, 1994, S. 101 f., dt. *Gesetzeskraft*, Frankfurt am Main, 1991, S. 90 ff.
42 Warum war Otto Gross – verglichen mit Daniel Paul Schreber, mit dem man ihn zu Recht in Zusammenhang gebracht hat (vgl. Eric L. Santner, *My Own Private Germany*, Princeton, 1996, S. 176 f.) – eher milderen Formen der Erfahrung von Fremdphänomenen ausgesetzt? Folgende Faktoren könnten in Betracht gezogen werden: Hinsichtlich der Begegnung mit der »Auswendigkeit« von Sprache durch die Verleihung von offiziellen Titeln ist ein *Senatspräsident* (Schrebers Ernennung löst seine Psychose aus) etwas anderes als ein *Privatdozent* (akademischer Titel, der Otto Gross verliehen wurde); seinen Verpflichtungen als Vater wusste Gross im Leben – wie es die biographischen Dokumente zeigen – auszuweichen; und schließlich könnten die von ihm konstant gebrauchten Drogen hinsichtlich der Konfrontation mit Fremdem einen »therapeutischen« Effekt gehabt haben.

zu besitzen, von dem Bestehen einer letztlich artifiziellen Markierung abhängt.[43] Deren Fehlen, argumentiert Gross in überzeugender Weise, bewirkt das Auftauchen von dem Subjekt nicht mehr als eigene erscheinenden Sprachphänomenen, welche die Psychiatrie als verbale Halluzinationen qualifiziert. Allerdings fällt schon hier auf, dass Gross solche Begegnung mit Fremdem lediglich als pathologisches Phänomen interessiert, während er das normale Funktionieren des psychischen Apparats durch das glatte Ablaufen von Prozessen innerhalb des Rahmens einer »Bewusstseinskontinuität«[44] charakterisiert. Deshalb stuft er – sowohl in seinen psychiatrischen als auch in seinen späteren revolutionären Texten, in denen er sich eingehender mit der Psychoanalyse auseinandersetzt – im Gegensatz zu Freud das Bestehen von Unbewusstem als etwas grundsätzlich Pathologisches ein.[45] Damit zeigt sich, dass ihm die für die psychoanalytische Theorie wesentliche Auseinandersetzung mit auch beim Normalen bestehenden Fremdphänomenen immer schon inakzeptabel erschienen ist.

Noch heute beeindruckt an Otto Gross' revolutionären Schriften der Versuch, ohne Rückgriff auf gängige kommunistische Terminologie neue Formen des Zusammenlebens zu entwerfen.[46] Trotz solcher Originalität fällt aber auf, dass er wie sein Vater das Neue, entsprechend der metaphysischen Tradition, nur unter Berufung auf eine Rückkehr zum Naturzustand zu denken imstande ist.[47] Während der Vater Natur durch Grausamkeit definiert, welcher nur die Stärksten gewachsen sind, entwirft der Sohn eine Idylle ursprünglichen gegenseitigen Verständnisses, welche

---

43 Otto Gross, »Über Vorstellungszerfall«, *Monatsschrift für Psychiatrie und Neurologie*, Bd.11, 1902, S. 205-212. – Eine detaillierte Analyse dieses Aspekts von Gross' Werk findet sich in meinem »Otto Gross und die deutsche Psychiatrie«, in *Freud und der Rest*, Wien, 1993, S. 90-93.
44 Vgl. Otto Gross, »Über Bewusstseinszerfall«, *Monatsschrift für Psychiatrie und Neurologie*, Bd.15, 1904, S. 47
45 Vgl. Ders., »Zur Überwindung der kulturellen Krise«, in *Von geschlechtlicher Not zur sozialen Katastrophe*, Frankfurt am Main, 1980, S. 14. – Das Verfahren der Psychoanalyse bewirkt nach Gross »die Wiederherstellung einer individuell harmonischen, in einer umfassenden psychischen Kontinuität sich selbst ganz überschauenden Persönlichkeit und deren Selbstbefreiung von den Konflikte erzeugenden fremden Motiven.« (ders., »Elterngewalt«, in *Von geschlechtlicher Not zur sozialen Katastrophe*, a.a.O., S. 10)
46 Gross' revolutionäre Schriften werden im Kapitel »Überlegungen zu Otto Gross' Spätwerk« näher analysiert.
47 Bezüglich der Möglichkeit gleichzeitigen Bestehens von Subversion und Affirmation metaphysischer Prinzipien, vgl. Derridas Bemerkungen über Antonin Artaud: »[...] was er dem Feind entgegensetzt ähnelt manchmal dem verborgensten Wunsch des Feindes« (Derrida, »Artaud, oui...«, *europe*, Nr. 873/874, Januar/Februar 2002, S. 24; vgl. auch ders., »La parole soufflée«, *L'ecriture et la différence*, Paris, 1967, S. 265, dt. in *Die Schrift und die Differenz*, Frankfurt am Main, 1972, S. 272). Was bei Gross, verglichen mit Artaud oder Schreber, letztlich enttäuscht, ist die zu geringe »Intensität« seiner Fremderfahrung. So gesehen wäre er zu wenig verrückt gewesen, um von einer diesseits von Politik oder Familie wirkenden Andersheit Zeugnis abzulegen.

durch die Einsetzung von »Surrogaten«[48] verraten worden sei. Am Anfang gab es ungetrübte Einheit, was impliziert, dass für »jede innere Zerrissenheit und Selbstsabotage im letzten Grunde stets nur Wirkungen von außen her, gewaltsame Durchkreuzung natürlicher Entwicklung verantwortlich zu machen sind«.[49]
Jenseits der Gegensätzlichkeit der Auffassungen geht sowohl für den Vater als auch für den Sohn die Herstellung der jeweiligen Form wahrer Gemeinschaft mit dem radikalen Ausschluss des Fremden einher. Als grundsätzlicher Pessimist macht Hans Gross sich keine Illusionen über das Beunruhigende des Bestehens von Fremdem, dessen glatte Vernichtung er fordert. Als grundsätzlicher Optimist rechtfertigt Otto Gross seine sozialistischen Hoffnungen durch die Überzeugung, es müsse am Anfang durch nichts Fremdes gestörte Harmonie gegeben haben, welche dann durch äußere Einwirkung vernichtet worden sei. Aufgrund des Postulats ursprünglicher Einheit wird alles, was »individualitätsgemässes Sein« stören könnte, als Anpassungszwang disqualifiziert, den das sich selbst gleich bleiben wollende Subjekt nur als »Suggestion« empfinden kann.[50] Entsprechend reduziert Otto Gross durch die Annahme einer nicht perversen homosexuellen Triebkomponente, welche zur Funktion hat, »die Einfühlung in die sexuelle Einstellung des anderen Geschlechts zu ermöglichen«[51], sexuelle Differenz als Ort möglicher Begegnung mit Alterität auf eine bloße Gelegenheit, Gleiches wiederzufinden: »Reinheit alles Sexuellen«[52]. Dass er im Gegensatz zu Hans Gross friedliches Zusammensein der Individuen für möglich hält, hindert Otto Gross keineswegs daran, ganz wie der Vater diejenigen, welche dem Entwurf der idealen Gemeinschaft nicht zustimmen, als minderwertig (»Charaktere zweiten Ranges«[53]) einzustufen. Angesichts solchen »tödlichen« Gegensatzes sieht er »Vermittlungspolitik«, »Kompromiss« oder »Verhandlung« als aussichtslos an.[54]

---

48 Otto Gross, »Über Konflikt und Beziehung«, in *Von geschlechtlicher Not zur sozialen Katastrophe*, a.a.O., S. 75, 77 und 80.
49 Ders., »Zur funktionellen Geistesbildung des Revolutionärs«, in *Von geschlechtlicher Not zur sozialen Katastrophe*, a.a.O., S. 68 f.
50 Ders., »Zur Überwindung der kulturellen Krise«, a.a.O., S. 14
51 Ders., »Zur funktionellen Geistesbildung des Revolutionärs«, a.a.O., S. 78
52 Ders., »Die kommunistische Grundidee in der Paradiessymbolik«, in *Von geschlechtlicher Not zur sozialen Katastrophe*, a.a.O., S. 44. – Eric Santner (*My Own Private Germany*, a.a.O., S. 177) meint, dass die von sexueller Promiskuität bestimmte Lebensweise von Otto Gross und seiner Umgebung den Versuch dargestellt habe, eine Art von *countercultural body* zu entwickeln. Ohne eine solche Sichtweise zu bestreiten, scheint es mir, dass Gross auf die in diesem Zusammenhang entscheidende Frage (vgl. Jean-Luc Nancy, *Corpus*, Paris, 2000, S. 71, dt. Corpus, Berlin, 2003, S.71) keine befriedigende Antwort gefunden hat: Wie könnte der irreversible Sinnverlust des Körpers einen Sinn ergeben, der diesen Verlust nicht verleugnet?
53 Otto Gross, »Zur Überwindung der kulturellen Krise«, a.a.O., S. 15
54 Ders., »Orientierung des Geistigen«, in *Von geschlechtlicher Not zur sozialen Katastrophe*, a.a.O., S. 33

Die innerhalb weniger Jahrzehnte erfolgte Radikalisierung des Zugriffs der Macht aufs Leben hat Otto Gross – sowohl als Folge der Unglaubwürdigkeit des Vaters als auch durch die Brutalität der gegen ihn ergriffenen Maßnahmen – buchstäblich am eigenen Leib erfahren. Dieser doppelte Ursprung seines Leids (symbolisch vaterloses, dem realen Vater und seinen Kollaborateuren ausgeliefertes Subjekt) macht aus seinem Schicksal ein modernes, das uns heute noch interessiert. Aber selbst wenn er sich im Leben gegen die »Suggestionen« seiner Umgebung zur Wehr gesetzt hat, erweckt das Werk in vieler Hinsicht den Eindruck stillen Einverständnisses mit Gedanken des Vaters. Das Zeugnis der ihm Nahestehenden, wonach sein unstetes Leben nach dem Tod des Vaters gänzlich aus den Fugen geraten sei[55], legt die Vermutung nahe, dass die Mischung aus offensichtlicher Auflehnung und verborgenem Einverständnis auf imaginärer Identifizierung beruht haben könnte.

Es wäre zynisch, den liberalen Staat als Ende der Geschichte aufzufassen und damit jene, die sich wie Otto Gross nach neuen Formen von Gemeinsamkeit gesehnt haben, zu bloßen Träumern abzustempeln. Otto Gross' ständiges Bestehen auf der Unzumutbarkeit von Gewalt ist ernst zu nehmen. Nur genügt es nicht, der Gewalt insgesamt den Krieg anzusagen, um zu geringerer Gewalt zu gelangen.[56] Soll die Forderung nach einer »Konstitution des *Mehrere*-Seins als solchen«[57] nach dem kommunistischen Desaster glaubwürdig bleiben, so muss zunächst anerkannt werden, dass schon das *Eine* nicht ohne einen ihm selbst innewohnenden, immer Gewalt implizierenden Abstand (*espacement*) vorstellbar ist. Was uns gemeinsam ist, ist auch das, was uns trennt und uns einander fremd macht – »was geteilt wird, teilt«[58]. Davon aber wollten Vater und Sohn Gross nichts wissen.

---

55 Vgl. Emanuel Hurwitz, *Otto Gross*, a.a.O., S. 281
56 Bezüglich des Ausdrucks »geringere Gewalt«, vgl. Derrida, »Violence et métaphysique«, in *L'écriture et la différence*, Paris, Seuil, 1976, S. 136 (Fußnote) und 172, dt. »Gewalt und Metaphysik«, in *Die Schrift und die Differenz*, a.a.O., S. 141 und 178.
57 Jean-Luc Nancy, *Être singulier pluriel*, Paris, Galilée, 1996, S. 63, meine Hervorhebung.
58 »[...] ce qui est partagé est aussi bien ce qui partage [...]« (ebd., S. 107). – Lacan spricht in diesem Zusammenhang bekanntlich von einem Genießen (*jouissance*), das mir in mir selbst nicht weniger fremd bleibt als im anderen.

Überlegungen zu Otto Gross' Spätwerk

Kommunistisches Desaster

Spricht man von Gross' späterem Werk, so muss man berücksichtigen, dass es sich hier – anders oder zumindest in viel schärferer Form als bei den früheren Arbeiten, die der Psychiatrie angehören[1] – um den Versuch einer Verflechtung von Theorie und Praxis handelt. Was Gross in diesen späteren Texten nicht bloß vorschlägt, sondern sogar sehr energisch fordert, ist ein bestimmtes Ineinandergreifen von einerseits psychoanalytischer und politischer Theorie, und andererseits revolutionärem Agieren. Es scheint unmöglich, sich hier darüber hinwegzusetzen, dass die revolutionäre Praxis, d.h. der sogenannte Kommunismus, seit Gross eine Nachgeschichte gehabt hat, die wir – selbst wenn wir immer noch Schwierigkeiten haben, sie zu verstehen – inzwischen kennen, und die man, ohne zu zögern, als *Desaster* zu qualifizieren hat. Beschränken wir uns auf eine Formel, die freilich sehr grob bleibt: Die politische Realität der kommunistischen Staaten als Resultat der revolutionären Bewegungen zeichnete sich durch eine diabolische Mischung von Langeweile und Gewalt aus, oder – um es anders zu sagen – durch *Ereignisfeindlichkeit* und *Ungerechtigkeit*. Eine Bewegung, die *anderes*, das Kommen eines Ereignisses gewünscht und gefordert hatte, führte zur Herstellung eines grausamen, gegen jegliche Andersheit gerichteten politischen Apparats.

Angesichts dieses Desasters könnte man das Eingehen auf einen Autor, der sich zur Revolution bekannt hat, im voraus ablehnen. Eine andere Möglichkeit wäre, zu behaupten, dass die revolutionären Autoren Opfer einer falschen Lektüre gewesen

---

[1] In einer früheren Arbeit (»Otto Gross und die deutsche Psychiatrie«, in *Freud und der Rest*, Wien, 1993, S. 71-118) habe ich mich mit dem psychiatrischen Werk von Gross auseinandergesetzt.

sind. Ihre Texte, würde man dann sagen, sind verfälscht worden und müssen endlich »richtig« gelesen werden. Im speziellen Fall von Gross, der niemals dem kommunistischen Machtapparat angehört hat und dessen Thesen, zumindest was ihre Terminologie betrifft, von den offiziellen sehr weit entfernt sind, könnte man auch – wenn sich dafür Anhaltspunkte finden – versuchen, ihn sozusagen als Autor der verratenen Chancen einzustufen. Hätten Menschen wie Gross etwas zu sagen gehabt, würde man dann behaupten, so wäre es nicht zum Desaster gekommen.

Jede dieser drei Möglichkeiten erscheint fragwürdig, und man könnte ihnen drei Thesen gegenüberstellen. Erste These: Die Forderung einer Änderung, sogar einer radikalen Änderung der politischen Zustände erscheint angesichts der weiterhin bestehenden sozialen Ungerechtigkeit heute nicht weniger gerechtfertigt als früher, und das heißt auch, dass es gerechtfertigt ist, revolutionäre Texte aufmerksam zu studieren. Zweite These: Wenn man etwas über das Desaster wissen will, zu dem die revolutionäre Bewegung geführt hat, genügt es nicht, einfach zu versuchen, zu demjenigen zurückzukehren, was man – in äußerst problematischer Weise – für die authentische, noch unverfälschte Botschaft der revolutionären Denker halten könnte. Diese Denker sind zwar weiterhin aktuell, vielleicht sogar aktueller denn je, aber es muss in ihren Texten jenseits des Verrats, dessen Opfer sie vielleicht geworden sind, auch und vor allem gesucht werden, was dort schon das Desaster ankündigt. Dritte These: Die revolutionären Texte von Otto Gross zeichnen sich durch einige Züge aus, die sich zweifellos in vielversprechender Weise von der dominierenden Art über Revolution zu sprechen unterscheiden. Aber gleichzeitig bringt ein Studium seiner Schriften – und darum wird es in den folgenden Überlegungen gehen – durchaus Elemente zutage, die mit dem Desaster, das wir jetzt kennen, in Zusammenhang zu bringen sind. Anders gesagt – obwohl Gross nicht nur in Bezug auf die »bestehenden Verhältnisse«, sondern auch in Bezug auf die revolutionäre Bewegung Außenseiter war und somit auf letztere wohl kaum wesentlichen Einfluss ausgeübt hat, erweist sich ein bestimmter Aspekt zumindest seiner Schriften als »symptomatisch« hinsichtlich der Weise, in der sich diese Bewegung tatsächlich entwickelt hat. Indem man die Schriften von Gross in solcher Weise betrachtet, vernachlässigt man freilich einiges, z.B. die Tatsache, dass sie auch, wie man zu zeigen versucht hat, verschiedene Aspekte der späteren Entwicklung der psychoanalytischen Theorie in der einen oder anderen Form vorwegnehmen. Im weiteren wird aber um einen anderen Aspekt seines Werks gehen.

Bezüglich der Untersuchung eines Zusammenhangs mit dem Desaster ist es nicht notwendig, sich auf komplizierte historische Ableitungen einlassen, d.h. auf Hypothesen hinsichtlich der etwaigen Folgen, die der Text über Umwege – indem er gelesen wurde und dann zu Handlungen führte – hätte zeitigen können. Solches Eingehen auf äußere politische Zusammenhänge, die, wie gesagt, wohl nicht existiert haben, erscheint insofern nicht nötig, als die Katastrophe schon im Text selbst stattfindet – im Text selbst gleitet Gross in sozusagen symptomatischer Weise von demjenigen, was man das Versprechen der Revolution nennen kann, unvermutet zu etwas Katastrophalem hinüber: Ereignisfeindlichkeit und exzessive Gewalt als eindrucksvollste und enttäuschendste Merkmale der kommunistischen Realität.

Wissen und Ereignis

Bevor wir uns der Gross'schen Theorie zuwenden, soll zunächst an einer kurzen Textstelle gezeigt werden, wie eine Formulierung, die zunächst von so etwas wie »Ereignisfreundlichkeit« zu zeugen scheint, bei genauerer Lektüre den Verdacht erweckt, dass sie das Gegenteil dessen meinen könnte, was sie ankündigt.
Der Text »Orientierung der Geistigen« beginnt mit folgendem Satz: »Unmessbar allgemein ist das dunkle und drängende Ahnen, erstickend beschränkt das klare Begreifen der Urgründe und Erfüllungen des großen Geschehens, das kommen soll.«[2] Hier scheint gesagt zu werden, dass der Revolutionär und die Bewegung, zu der er sich bekennt, von einer Erwartung bewohnt sind, die zu etwas drängt; von einer Erwartung, die – insofern sie als »unmessbar allgemein« qualifiziert wird – nichts vom künftigen Ereignis zu wissen scheint; nichts von ihm wissen kann oder will. Der zweite Teil des Satzes scheint dieses Nicht-Wissen des Künftigen zunächst zu bestätigen – das »klare Begreifen« ist »beschränkt«, schreibt Gross, und es ist dann von einem »Geschehen« die Rede, »das kommen soll«. Wir würden weder wissen, warum etwas geschieht (wir begreifen nicht die »Urgründe«), noch was geschehen wird (»Erfüllungen«). Wir wollen bloß, dass etwas geschieht. Man könnte dieses Fordern eines Kommens als eine Art leeren, noch inhaltslosen Imperativ auffassen, der das Auftauchen eines Ereignisses fördern möchte.
Aber im gleichen Satz ist bereits ein Element aufgetaucht, welches vielleicht das Katastrophale des weiteren Texts und von Gross' revolutionärer Theorie überhaupt ankündigt. Wieso, kann man sich fragen, wird die »Beschränktheit des Begreifens« von Gross als »erstickend« qualifiziert? Wenn es tatsächlich bloß um inhaltsloses Ahnen gehen würde, dann würde man doch eher erwarten, dass das als bedauerlich und vor allem als beunruhigend empfunden wird. Warum »erstickend«? Erstickend wäre es doch eher, wenn man schon alles wüsste – wenn ein Wissen, das alles ausfüllt, keinen Raum mehr zum Atmen übrig ließe.
Nun kann kein aufmerksamer Leser von Gross bestreiten, dass dieser selbst wirklich glaubte, *sehr viel* zu wissen. Einerseits lebte er, wie jeder Revolutionär, in der ungewissen Erwartung eines Ereignisses, von dem zu Beginn des Zitats die Rede zu

---

2   Otto Gross, »Orientierung der Geistigen« (1919), in *Von geschlechtlicher Not zur sozialen Katastrophe*, Frankfurt am Main, 1980, S. 32

sein scheint, aber andererseits wusste er auch sehr viel darüber, wozu dieses Ereignis führen sollte. Und er betont immer wieder, dass er bezüglich dieses Wissens nur bei einigen »Wenigen«, den Unangepassten, den Leidenden auf Verständnis rechnen kann. Die Formulierung, wonach das klare Begreifen »erstickend beschränkt« ist, bleibt dunkel. Aber man kann nicht ausschließen, dass es die Beschränkung auf die Wenigen war, d.h. das Alleinsein mit seinem Wissen, das Gross als erstickend empfunden hat, und nicht – wie man zunächst meinen könnte – die Beschränktheit des Wissens als solchen, d.h. auch seines eigenen. Als eher bestätigend hinsichtlich einer solchen Lektüre erscheint es, dass das selbe Wort »ersticken« kurz später im gleichen Text noch einmal verwendet wird. Man findet dort die Bemerkung, dass für die »Wenigen« einerseits (und das sind nach Gross' Auffassung diejenigen, die wie er etwas wissen, oder zumindest bezüglich des Wissens, über das Gross selbst schon zu verfügen meint, Verständnis aufzubringen imstande sind) und die »Angepassten« andererseits (die nichts wissen oder einem falschen Wissen vertrauen) das Leben unter den Bedingungen der jeweils anderen »Ersticken« bedeutet. Wenn wir die Situation von Gross' Seite her betrachten, so sagt er, dass er »das tiefe innere Wissen« hat, dass das Leben in der Welt der Angepassten, das heißt der nicht Wissenden, ihm »Ersticken« bedeutet.[3] Aufgrund dieses Kontexts ist zumindest nicht auszuschließen, dass das »drängende Ahnen«, von dem zu Beginn des Texts die Rede ist, vielleicht weniger die Möglichkeit eines nicht vorhersehbaren Ereignisses betrifft, als die ängstliche Frage, ob der schon im voraus bekannte paradiesische Zustand sich herstellen lassen wird oder nicht.

Die Lektüre einer solchen Textstelle beweist natürlich für sich genommen gar nichts. Nun gewinnt man aber auch bei näherem Eingehen auf die Theorie von Gross den Eindruck, dass dort zwar ein revolutionäres Ereignis gefordert wird, gleichzeitig aber nichts darauf hinweist, dass der allgemeinen Struktur des Ereignisses – und das heißt auch dem prinzipiell Unvorhersehbaren jeglichen Ereignisses – nachgegangen würde. Sollte das Wort Revolution nicht die Möglichkeit einer radikalen und zugleich nicht voraussehbaren Änderung implizieren? Falls das der Fall ist, könnte man sogar sagen, dass jedes Ereignis Revolution ist und dass jede Revolution Ereignis ist – dass also die beiden Worte das gleiche bedeuten. Fügen wir noch hinzu, dass eine solche Auffassung des Ereignisses auch mit sich bringen würde, dass es nicht möglich ist vorauszusehen, ob das Ereignis »gut« oder »schlecht« sein wird.

Das Wissen von Otto Gross ist ganz anderer Art als es ein solcher Versuch eines Denkens der Unvorhersehbarkeit wäre. Es ist zunächst ein äußerst präzises – und im Übrigen sehr interessantes – Wissen über die *Vergangenheit*, über einen Urzustand; und im weiteren gleichzeitig ein Wissen darüber, dass die Zukunft, das heißt

---

3 Ders., ebd., S. 33

das Resultat der Revolution, die genaue Reproduktion dieses bereits bekannten Urzustands darstellen sollte. Es ist auch ein Wissen darüber, dass die Gegenwart in Hinsicht auf die prinzipielle Möglichkeit, den idealen Urzustand wiederherzustellen, eine skandalöse Entartung darstellt – ein »Menschenmachwerk«, »ewig neuer Frevel gegen Gottes Werk«[4], schreibt Gross.

Man könnte einwenden, dass Handeln, selbst wenn es revolutionär ist, von irgendeinem Wissen ausgehen muss; dass es durchaus legitim ist, Geschichte zu betreiben und von da her Vorstellungen über die Zukunft zu gewinnen. Denn selbst wenn wir das revolutionäre Ereignis als prinzipiell unvorhersehbar qualifizieren, müssen wir auch einsehen, dass es keine Revolution ohne Tradition gibt und dass die Unvorhersehbarkeit nicht die prinzipielle Wiederholbarkeit des einmal eingetretenen Ereignisses ausschließt. Die französische Revolution war unvorhersehbar oder enthielt zumindest eine Unzahl von unvorhersehbaren Ereignissen, aber sobald sie einmal als Ereignis registriert wurde, gab es notwendigerweise etwas Wiederholbares. Jeder weiß, dass man die Geschichte des 19. Jahrhunderts nicht verstehen kann, ohne zu berücksichtigen, dass man versucht hat, diese Revolution – in Deutschland z.B. – zu wiederholen. Wir werden es also immer mit einer Spannung zwischen etwas Rituellem (oder Wiederholbarem) und dem Risiko (oder der Chance) zu tun haben, dass es ganz anders kommt.[5]

Urzustand

Untersuchen wir also, ob der Urzustand und die Zukunft – nach Gross' Auffassung sollte das im besten Fall das Gleiche sein – »ereignisfreundlicher« gesehen werden als die unmittelbare und »gegenwärtige« Einstellung des Revolutionärs, die es, das vermuten wir jetzt schon, nicht wirklich ist. Man könnte ja annehmen, dass Gross zu *wissen* meinte, unter welchen allgemeinen Bedingungen Ereignisse, von denen man prinzipiell *nichts wissen kann*, auftreten könnten, und dass er, unter »Anwendung« seines Wissens, diese Bedingungen herzustellen (d.h. für ihn: wiederherzustellen) wünschte. Wenn wir uns hier auf diese Erwägung einlassen, so heißt das allerdings nicht (*concesso non dato*), dass wir meinen, die Idee solcher allgemeiner Bedingungen, im Sinn eines »Erwartungshorizonts«, wäre imstande, der Möglichkeit eines Ereignisses und somit auch der Möglichkeit revolutionären Agierens hinreichend Rechnung zu tragen.

---

4 Ders., »Die kommunistische Grundidee in der Paradiessymbolik« (1919), in *Von geschlechtlicher Not zur sozialen Katastrophe*, a.a.O., S. 46
5 Vgl. Jacques Derrida, *Limited Inc.*, Paris, 1990, S. 41

Worin besteht dieser Urzustand vor der historischen Katastrophe (es gibt also auch bei Gross eine Katastrophe, nur ist sie nicht das gleiche wie das Desaster, von dem hier die Rede ist), der gleichzeitig Ursprung und Ziel sein soll? Was auffällt, ist, dass Gross bezüglich dieses Urzustands in fast zwanghafter Weise immer wieder ein Postulat wiederholt; dass er es vielleicht umso mehr wiederholt, als nichts es als gültig zu beweisen imstande ist. »Es ist eine volle Unmöglichkeit anzunehmen«, schreibt Gross zum Beispiel, »dass es die menschliche Naturanlage sei, in der die Grundlagen für die Entwicklung des entsetzlichen Zerfalls der Seelen zu suchen sein könnte«[6].

Wir müssen freilich diese Bemerkung über die Unmöglichkeit eines sozusagen konstitutionellen Mangels an Harmonie sehr ernst nehmen. Nur wäre es möglich, dass diese »Unmöglichkeit« nicht – wie Gross behauptet – als »allgemeine wissenschaftliche Erkenntnis«[7] anzusehen ist, sondern hauptsächlich einer Eigenart seines Denkens entspricht. Es scheint ihm buchstäblich *unmöglich* gewesen zu sein, jenen Verlust oder jene Spaltung zu denken, welche die psychoanalytische Theorie immer schon als am Ursprung stehend angenommen hat. Dass es da etwas für Gross schlechthin Unvorstellbares gab, scheint auch folgender, in Form einer Evidenz präsentierter Satz anzuzeigen: »[...] es ist uns selbstverständlich, dass alle Anlagen notwendig einheitlich sind; es erscheint uns absurd, die selbstverständliche Zweckmässigkeit des Angeborenen und Angelegten nicht schon an sich als Harmonie und präformiert-harmonisches Zusammenfunktionieren zu erkennen«[8].

Es scheint also, dass dieses Bestehen auf ursprünglicher Einheitlichkeit bei Gross einem tiefen inneren Bedürfnis entsprach, was heißt, dass er es auch anderswo als

---

6 Otto Gross, »Zur neuerlichen Vorarbeit« (1919), in *Von geschlechtlicher Not zur sozialen Katastrophe*, a.a.O., S. 40

7 Ders., »Zur funktionellen Geistesbildung des Revolutionärs«, (1919), in *Von geschlechtlicher Not zur sozialen Katastrophe*, a.a.O., S. 68 f. – Man kann hier notieren, dass Nietzsches *Zur Genealogie der Moral* ein vielleicht nicht weniger fragwürdiges, aber zweifellos weniger idyllisches Bild des menschliches Urzustands liefert.

8 Ders., »Protest und Moral im Unbewussten« (1919), in *Von geschlechtlicher Not zur sozialen Katastrophe*, a.a.O., S. 56. – Es solle »als allgemeine wissenschaftliche Erkenntnis« gezeigt werden – aber es wird niemals von Gross gezeigt –, dass die zwei großen ursprünglichen Strebungen (nämlich jene nach Freiheit und jene nach Beziehung) »der Anlage nach harmonisch sind, dass überhaupt natürlicherweise und aus den Anlagen heraus nichts Unzweckmäßiges abgeleitet werden kann, also für jede innere Zerrissenheit und Selbstsabotage im letzten Grunde stets nur Wirkungen von außen her, gewaltsame Durchkreuzung natürlicher Entwicklung verantwortlich zu machen sind« (»Zur funktionellen Geistesbildung des Revolutionärs«, a.a.O., S. 68 f.). »Es ist aber nicht möglich, anzunehmen, dass in der ursprünglichen Anlage, artgemäss prädisponiert, zwei Triebe angelegt sein könnten, deren naturgemässe Bestimmung es wäre, miteinander in einen unlösbaren, krankmachenden Konflikt zu geraten« (»Über Konflikt und Beziehung« (1920), in *Von geschlechtlicher Not zur sozialen Katastrophe*, a.a.O., S. 73). Gross bezieht sich auf »die angelegten großen, in ihrem ursprünglichen Charakter doch notwendig harmonisch koordinierten Triebe« (ebd., S. 74).

in der Biologie hätte finden können, auf die er sich beruft.⁹ Denn die Behauptung der Dekadenz eines harmonischen Urzustands stellt, wie man vielfach betont hat, ein wesentliches Merkmal der sogenannten metaphysischen Tradition dar, das heißt der abendländischen Tradition überhaupt. Nicht zu Unrecht spricht Kurt Kreiler hinsichtlich Gross von einer »platonischen Idee des im menschlichen Wesen a priori verankerten ›Guten‹«.¹⁰

Betrachten wir dieses Denken des Ursprungs näher. An Gross' Art, sich mit der Psychoanalyse und der Revolution auseinanderzusetzen, beeindruckt zunächst – wie schon bei seinen psychiatrischen Schriften – seine Fähigkeit, komplizierte Situationen auf einfache zu reduzieren. Die sehr interessante Geste besteht hier darin, die gesamte Freudsche Terminologie (und im weiteren auch diejenige der Theorie politischen Handelns) auf ein Gegensatzpaar zurückzuführen – auf den Konflikt zwischen dem »Eigenen« und dem »Fremden«. Soweit ich sehe, geschieht das zum ersten Mal in den Texten *Elterngewalt*¹¹ und *Über psychopathische Minderwertigkeiten*¹² und wird dann konsequent bis zum Schluss weitergeführt. Meine Thesen sind hier folgende: 1. Mit den beiden Ausdrücken des »Eigenen« und des »Fremden« öffnet sich die Möglichkeit, ein bestimmtes Verhältnis zu Alterität sozusagen explizit anzugehen, was in der Psychoanalyse damals niemand ausser Gross getan hat. 2. Im Gegensatz zu Freud, der sich – ohne sich dieser Terminologie zu bedienen – dennoch von Anfang an und konstant mit diesem Verhältnis auseinandersetzt, zielt das gesamte Werk von Gross seltsamerweise darauf ab, diese Frage zuzuschütten.

Skizzieren wir also dasjenige, was Gross als Ausgangspunkt definiert.¹³ Es würde anfänglich, d.h. am Beginn der Geschichte und ab dann bei jedem Kind, »angeborene Triebe« geben, von denen zwei für Gross' Theorie wesentlich sind: einerseits

---

9 »Ob etwas durch Anlage vorgebildet sein kann, entscheidet sich durch das Bestehen oder Fehlen einer biologischen Zweckmäßigkeit.« Das »teleologisches Moment« sei entscheidend, meint Gross (ders., »Über Konflikt und Beziehung«, a.a.O., S. 78).
10 Kurt Kreiler, »Zum Fall Otto Gross«, in Otto Gross, *Von geschlechtlicher Not zur sozialen Katastrophe*, a.a.O., S. 158. – Das metaphysische Denken zeichnet sich dadurch aus, Zeichen (Repräsentation) als ein auslöschbares Supplement aufzufassen; als einen Zusatz oder Ersatz in Bezug auf die als ursprünglich angenommene Gegenwärtigkeit des Dings – das Auslöschen des Zeichens würde Zugang zum unberührten Ding gewähren (vgl. Jacques Derrida, *La voix et le phénomène*, Paris, 1967, S. 57). Dieser Ersatz, den er nicht als Urspung, sondern als skandalöse Auslöschung des Ursprungs ansieht, wird von Gross unter anderem mit dem Wort »Surrogat« bezeichnet (»Über Konflikt und Beziehung«, a.a.O., S. 75, 77 und 80). Dem würde ich mit Derrida die Konzeption einer prinzipiellen Komplexität des Ursprungs gegenüberstellen, für die Gegenwärtigkeit als Produkt und nicht als Ausgangspunkt erscheint.
11 Otto Gross, »Elterngewalt« (1908), in *Von geschlechtlicher Not zur sozialen Katastrophe*, a.a.O., S.10
12 Ders., *Über psychopathische Minderwertigkeiten*, Wien und Leipzig, 1909, S. 62.
13 Ders., »Über Konflikt und Beziehung«, a.a.O., S. 74 f.

eine noch nicht verdorbene »ursprüngliche Sexualität«, die nur »*einen* von den eigenen Instinkten« darstellt[14] und als ein »Trieb nach Kontakt, im physischen und im psychischen Sinne« präsentiert wird; und andererseits einen »Trieb nach Erhaltung der eigenen Individualität«, der auch zur Funktion hat, der ursprünglichen Sexualität »Schutz« zu verleihen. Nach Gross' Postulat *müssen* diese beiden Triebe, wie gesagt, »miteinander zunächst harmonisch koordiniert« gewesen sein.

Störung

Hier tritt der erste Störfaktor auf – die Umgebung »bindet [...] die Aussicht auf Kontakt [...] an die Bedingung der Anpassung, des Verzichtes auf individualitätsgemäßes Sein«, wobei diese äußere Forderung nach Anpassung von Gross auch als »Suggestion« bezeichnet wird. Das hat – vermutlich dadurch, dass es sich nicht vollständig anpassen will oder kann – die »Vereinsamung des Kindes« zur Folge, die ihrerseits Ursprung »neurotischer Angst« ist. Es gibt also »inneren Konflikt«, »Konflikt des Eigenen mit dem eindringenden Fremden«, »der Individualität mit der ins eigene Innere eingedrungenen Autorität«[15], wobei dieser Konflikt in diesem Stadium sich noch durch eine »Reinheit«[16] auszeichnet, die er später (aber doch »eigentlich schon von Anfang an« – hier scheint mir Gross etwas widersprüchlich zu sein) durch »Triebverschränkung« verliert. Insofern Gross betont, dass die beiden Triebe »miteinander zunächst harmonisch koordiniert sein müssen«, ist das bloße Entstehen eines »inneren Konflikts« schon als Folge des »Zwangs zur Anpassung« zu verstehen.[17]
Man könnte hier einwenden, dass Gross den Unterschied zwischen einer biologisch fundierten Selbsterhaltung, die das körperliche Überleben betreffen würde, und der Erhaltung eines »Selbst«, dessen Existieren ja schon Repräsentation voraussetzt, übersieht. Das Selbst, so elementar man es auch annimmt, zeichnet sich

---

14 Die Art dieser anderen Triebe wird hier nicht präzisiert. In einem anderen Text spricht Gross, unter Berufung auf Kropotkin, von einem »angeborenen »Instinkt der gegenseitigen Hilfe« (ders., »Protest und Moral im Unbewussten«, a.a.O., S. 56 f.) – was freilich dann notwendig machen würde, zu erklären, warum die als grausam dargestellte Erwachsenenwelt sich nicht von ihm leiten lässt.
15 Ders., »Zur Überwindung der kulturellen Krise« (1913), in *Von geschlechtlicher Not zur sozialen Katastrophe*, a.a.O., S. 14
16 Ders., »Über Konflikt und Beziehung«, a.a.O., S. 75
17 Das Problem ist hier paradoxerweise, dass wir bei Gross den »Anfang« – im Gegensatz z.B. zu Freuds abstrakten metapsychologischen Überlegungen – so gut verstehen. Man sollte nicht die Wirksamkeit von Gross' Strategie unterschätzen, wenn er sich – um zu überzeugen – gleichzeitig auf »hartes« (d.h. sich als unwiderlegbar gebendes) biologisches Wissen und »nachfühlbare« psychologische Vorgänge beruft.

durch seine notwendig paradoxe Struktur aus: Es ist nicht ohne und vor Repräsentation denkbar, aber gleichzeitig macht gerade diese Repräsentation es in gewisser Weise auch unmöglich. Man kann hier auf Derridas Untersuchungen über den Eigennamen, genauer: über dessen Unmöglichkeit, hinweisen.[18] Das Eigene wäre nicht denkbar ohne den Namen, der aber – aufgrund seiner prinzipiellen Wiederholbarkeit – dasjenige, was er schafft, gleichzeitig abschafft: erste, irreduktible Gewalt, und zwar *bevor* noch der von Gross unterstrichene »Zwang zu Anpassung«, dessen Existenz niemand bestreiten wird, in Erscheinung treten kann. Gross hat also Recht zu behaupten, dass dem Kind sein Selbst gestohlen wird. Aber gleichzeitig impliziert die Struktur dieses Selbst auch, insofern es notwendigerweise schon Repräsentation ist, dass das Kind es in gewisser Weise dem anderen gestohlen hat. Es gibt kein Selbst ohne Sprache, und diese Sprache gehört nicht mir.

Die Frage des Selbst oder des Eigenen ist also, bevor sie noch psychologische oder anthropologische Aspekte betrifft, eine Frage der Logik der Repräsentation, was heißt, dass sie mit der ursprünglichen Einschreibung von Gedächtnisspuren in Zusammenhang gebracht werden muss. In diesem Zusammenhang ist es erstaunlich, in wie idyllischer Weise Gross – ganz anders als Freud, der schon in seinen frühesten psychoanalytischen Schriften über die gewaltsame Erzeugung von »Bahnungen« spricht[19] – die Anfänge der Sprache schildert. Er sagt zwar zunächst sehr überzeugend, dass dem sprachlosen Kind die Welt der Sprechenden wie ein »fremdes Volk« erscheinen muss und bezeichnet das »Erlernen seiner Muttersprache« als etwas »Unbegreifliches«[20]. Aber er meint vor allem, dass »jeder einzelne seine erstaunlichste Leistung, das Sprechenlernen, im Anfang seines Lebens vollbringt, solange die produktive Fülle der angeborenen freien Kräfte noch vorhält«; und zwar genauso wie »im Entwicklungsgang der Gattung [...] Abstraktion und Sprache sich [haben] vollenden können, bevor noch die progrediente Domestizierung den Geist auf Talente der Herrschaft und Unterwerfung reduziert hatte«[21]. Die soeben besprochene Unmöglichkeit des Eigennamens beruht aber auf der Annahme einer *Gleichzeitigkeit* des Auftretens von Sprache und Gewalt (oder Unterwerfung); auf der Behauptung einer ursprünglich wirkenden Gewalt *durch* Sprache.

---

18 Vgl. Derrida, *De la grammatologie*, Paris, 1967, S. 157-173
19 Freud, *Entwurf einer Psychologie*, in *Gesammelte Werke, Nachtragsband*, S. 393; vgl. Derrida, »Freud et la scène de l'écriture«, in *L'écriture et la différence*, Paris, 1967, S. 344, dt. in *Die Schrift und die Differenz*, Frankfurt am Main, 1972, S. 308
20 Otto Gross, »Die kommunistische Grundidee in der Paradiessymbolik«, in *Von geschlechtlicher Not zur sozialen Katastrophe*, a.a.O., S. 41
21 Ders., ebd., S. 43

Halten wir also fest, dass sich in Gross' System keine Spur einer auch nur metaphorischen Einsicht (wie es bei Freud der Fall ist) in die wesentliche Alterität von Sprache findet; dass er aber gleichzeitig in sehr eindrucksvoller Weise die Wirkungen solcher Alterität betont. Die Frage ist hier, ob es eine Aussicht gibt, die unbestreitbare Gewalt, von der bei Gross konstant die Rede ist, zu vermindern, wenn man eine Einsicht in das notwendige Bestehen ursprünglicher Gewalt, wie es bei ihm der Fall ist, grundsätzlich verweigert.

Gross' Auffassung würde also insgesamt auf einer Art Weigerung oder subjektiver Unmöglichkeit beruhen, Alterität »als solche« zu denken. Beispielhaft ist hier sein Postulat des Bestehens einer angeborenen, nicht perversen homosexuellen Komponente, die der »›normalen‹ Sexualität angeschlossen« sein soll, und, wie er schreibt, zur Funktion hat, »die Einfühlung in die sexuelle Einstellung des anderen Geschlechts zu ermöglichen«.[22] Obwohl freilich die Möglichkeit solcher Einfühlung ins andere Geschlecht durch Identifizierung nicht bestritten werden kann, hat die homosexuelle Komponente als angeborenes und, wie Gross schreibt, »teleologisches Moment«, in seinem Denken eine ganz bestimmte Funktion – nämlich die Begegnung mit Andersheit grundsätzlich überflüssig zu machen. Alterität als solche und sexuelle Alterität im besonderen ist nichts anderes als dasjenige, worin Einfühlung eben *nicht* möglich ist, was also heißt, dass Gross die sexuelle Differenz dessen, was sie auszeichnet, im voraus beraubt. Die von Gross behauptete homosexuelle Komponente soll es mir ermöglichen, im anderen Geschlecht ausschließlich das Gleiche, d.h. dasjenige, was ich selbst schon bin, anzutreffen.[23]

Ideale Feinde: Otto Gross und Carl Schmitt

Ein weiterer Punkt zeigt, wie bei Gross ein gewisses glückliches Abstandnehmen von etablierten Formen des Denkens in sein Gegenteil umschlägt. Gross gibt in »Orientierung des Geistigen« seinem Bedauern Ausdruck, dass »das fortan unverlierbare Erleben tiefsten Einsseins«, das innerhalb der revolutionären Bewegung

---

22 Ders., »Über Konflikt und Beziehung«, a.a.O., S. 78. – Wohl im Sinn von: Weil ich als Mann auch Männer begehre, kann ich nachempfinden, was eine Frau fühlt, wenn sie mich begehrt.
23 Diese Konzeption weist auf eine jenseits des Unterschieds zwischen früheren und späteren Texten bestehende grundlegende Kontinuität in Gross' Denken hin. Denn das psychiatrische und frühe analytische Werk hat – im Gegensatz zu demjenigen Freuds – die grundsätzliche Möglichkeit von »Bewusstseinskontinuität« zur Grundlage. Das Unbewusste hat – selbst wenn sein Bestehen als konstant angesehen wird – ausschließlich pathologische Funktion. In diesem Sinn schreibt Gross über den modernen Zustand des Seelenlebens: »Ausnahmslos in jeder Psyche ist die Einheit der Gesamtfunktion, die Einheit des Bewusstseins durchgerissen, hat sich ein Unbewusstes abgespalten, das sich der Führung und Kontrolle durch das Bewusstsein und jeder Selbstwahrnehmung überhaupt entrückt enthält.« (ders., »Elterngewalt«, a.a.O., S. 14)

entsteht, hinter den bloß »wirtschaftlichen Zielen« in Vergessenheit gerät. Im Folgenden betont er, dass er den Gegensatz zwischen jenen, die gegen »Suggestion« Widerstand leisten, und den »Angepassten« für wesentlicher hält als jenen zwischen »Rasse, Geschlecht Kultur und Klasse«.[24]
Aber wie schon die zu Beginn des gleichen Aufsatzes aufscheinende revolutionäre Ahnung sehr rasch in ereignisfeindliches Wissen umschlägt, geht hier der Wunsch nach nicht organisierter Unmittelbarkeit einher mit der Behauptung eines unüberbrückbaren Gegensatzes zwischen zwei grundverschiedenen Menschentypen. Die scheinbar Gesunden sind »Charaktere zweiten Ranges«[25], zeichnen sich durch »Unterwertigkeit«[26] aus; die an Konflikt Leidenden stehen »höher« als die Angepassten.[27] Vor allem aber wird angesichts solchen »tödlichen« Gegensatzes jegliche »Vermittlungspolitik«, »Kompromiss« oder »Verhandlung« als aussichtslos angesehen – es handelt sich um »verschiedene seelische Typen«, »verschiedene Ansprüche an das Sein«, die letzten Endes zwei Welten entsprechen, zwischen denen jegliche Vermittlung prinzipiell unmöglich erscheint.

Dieses prinzipielle Ausschließen jeglicher Vermittlung bringt uns schließlich zu dem sehr interessanten Gegensatz, den Nicolas Sombart zwischen Otto Gross und Carl Schmitt hergestellt hat.[28] Carl Schmitt behauptet, dass für Gross – wie für alle Anarchisten – das Volk gut und die Staatsgewalt schlecht ist.[29] Das ist insofern etwas ungenau, als für Gross, wie man gesehen hat, das Volk in zwei Teile zerfällt, von denen nur einer, derjenige der Unangepassten, die darüber hinaus die Minderheit darstellen, gut sind. Aber es besteht tatsächlich ein scharfer Gegensatz zwischen Gross' grundsätzlichem Optimismus (der Mensch, bevor er noch der Suggestion des Fremden ausgesetzt war, muss gut gewesen sein) und Schmitts grundsätzlichem Pessimismus (er glaubte, »dass alle echten politischen Theorien den Menschen als ›böse‹ voraussetzen«[30]). Nur scheint es mir, dass das Verhältnis zwischen Gross' und Schmitts Auffassung letzten Endes doch viel weniger gegensätzlich ist, als Sombart es meint.

---

24 Otto Gross, »Orientierung der Geistigen«, a.a.O., S. 32 f. – Von der »bestehenden Gesellschaft« aus gesehen ist die Auflehnung des materiell Bedürftigen »verstehbar«, während das gleiche Verhalten, wenn es bei Abwesenheit solcher Bedürftigkeit aus reiner »Überzeugung« erfolgt, als »Wahnsinnszeichen« ausgelegt wird (ders., »Offener Brief an Maximilian Harden« (1914), in *Von geschlechtlicher Not zur sozialen Katastrophe*, a.a.O., S. 26).
25 Ders., »Zur Überwindung der kulturellen Krise«, a.a.O., S. 15
26 Ders., »Offener Brief an Maximilian Harden«, a.a.O., S. 26
27 Ders., »Zur Überwindung der kulturellen Krise«, a.a.O., S. 15
28 Nicolaus Sombart, *Die deutschen Männer und ihre Feinde*, München und Wien, 1991, S. 102-121
29 Carl Schmitt, *Politische Theologie*, Berlin, 1990, S. 71
30 Ders., *Der Begriff des Politischen*, Berlin, 1996, S. 61. – Schmitt meinte, »man könnte alle Staatstheorien und politischen Ideen auf ihre Anthropologie prüfen und danach einteilen, ob sie, bewusst oder unbewusst, einen ›von Natur bösen‹ oder einen ›von Natur guten‹ Menschen voraussetzen« (ebd., S. 59).

Gewiss, Gross verkörpert in idealer Weise dasjenige, was sich Schmitt als Feind vorstellt und dem der Kampf angesagt werden muss. Aber es ist offensichtlich, dass für Schmitt ein solcher Feind letzten Endes nicht das Ärgste darstellt, sondern »bloß« dasjenige, was vernichtet werden soll und *kann*. Das Ärgste, der eigentliche Alptraum von Schmitt, war die Vorstellung, es könnte *keinen identifizierbaren Feind mehr geben* – und aus diesem Blickwinkel gesehen musste eine Figur wie Gross für ihn paradoxerweise eine letztlich liebenswerte und beruhigende Erscheinung darstellen. Die beiden waren sich zumindest über den wesentlichen Punkt einig, dass ein absoluter Feind existiert, mit es dem nichts mehr zu verhandeln gibt[31] und dem der Krieg erklärt werden soll. Beide, könnte man in analytischer Terminologie sagen, schließen aus, dass es im Verhältnis zum anderen so etwas wie irreduktible Ambivalenz geben könnte; beide hätten wohl nichts mit Freuds Behauptung anfangen können, wonach in jedem Wesen, auch im geliebten, »ein Stück Fremdheit« steckt[32]. Falls wir Freuds Behauptung über die irreduktible Fremdheit des anderen ernst nehmen, werden revolutionäre Bewegungen gerade hinsichtlich des Umgangs mit solcher Fremdheit zu beurteilen sein.

---

31 Vgl. Otto Gross, »Orientierung der Geistigen«, a.a.O., S. 33
32 Freud, »Zeitgemäßes über Krieg und Tod«, *Studienausgabe*, Bd. IX, S. 53; vgl. mein *Das Andere im Gleichen*, Stuttgart, 1999, S. 30

Drucknachweise

»Autistische Geistesblindheit«: in *Psyche 8*, 58. Jahrgang (August 2004), S.707-735; »Die Hand des Autisten«: unveröffentlicht; »Autismus und Schrift«: französisches Original in *Savoir et clinique 2* (2003) S. 33-39, deutsche Übersetzung in *Riss 56* (2003-1) S.69-80; »Überschreibung«: unveröffentlicht; »Denkzwang«, in: *Phänomenologische Forschungen*, Hamburg, 2003, S. 169-182; »Schrebers Herz«: in *Phänomenologische Forschungen*, Hamburg, 2003, S. 213-232; »Wahnsinn und Werkabwesenheit«: in *texte*, 3/2002, S. 7-15; »Verrücktheit, Biopolitik und Dekonstruktion«: unveröffentlicht; »Freuds später Pazifismus«: in *Riss 50* (2001) S. 95-119; »Deportation und Neue Gemeinschaft«: in Gerhard Dienes und Ralf Rother (hrsg.), *Die Gesetze des Vaters*, Wien, 2003, S. 210-221; »Überlegungen zu Otto Gross' Spätwerk«: in *2. Internationaler Otto Gross Kongress*, Marburg an der Lahn, 2002, S. 117-127.

rre
Kräfte
acht Psychopharmaka

224 S., Gebunden mit Schutzumschlag
ISBN 3-935300-60-3
Euro 24,90 / CHF 43,00

Psychopharmaka zählen zu den umstrittensten Medikamenten unserer Zeit. Ihre Verabreichung ist ebenso eine gesellschaftliche Praxis wie ein Politikum – von ihrer Anwendung in der Psychiatrie über die Gabe von Ritalin an hyperaktive Kinder bis hin zur Ruhigstellung von Abschiebehäftlingen durch die Polizei.

Philippe Pignarre, der selbst Klinische Psychologie lehrt und in der Pharmaindustrie gearbeitet hat, liefert eine akzentuiert gesellschaftliche und politische Reflexion von Psychopharmaka. Er geht von einer scheinbar harmlosen Frage aus: Was sind Psychopharmaka überhaupt? Wie werden sie konstruiert? Und weiter: Welches ist ihre Funktion in der ärztlichen Praxis, was hat ihre Erfindung im Feld der Wissenschaft und der Psychiatrie bedeutet, welches ist ihre Wirkung in der Gesellschaft?

Das Buch richtet sich an Betroffene und professionell Beteiligte, an Anhänger und Gegner dieser modernen Technologie gleichermaßen und fordert sie dazu auf, sich den neuen Handlungsoptionen, die es anbietet, zu stellen. Der interessierte Laie erhält entlang von Berichten von Ärzten, Forschern, Pflegern, Pharmakologen und Patienten anschauliche Einblicke in die sozialen und politischen Probleme, Konflikte und Paradoxien eines sonst allzu segmentarisierten Gesellschaftsbereichs.